东极日出

老区新貌

迎宾城门

抚远口岸

江海联运深水港

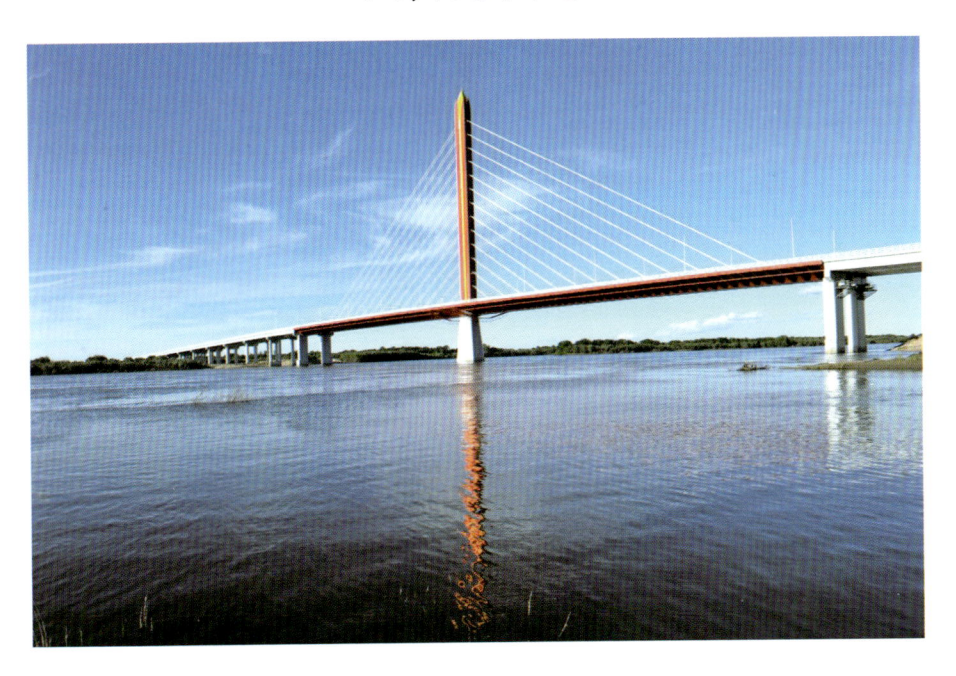

中国东方第一桥

抚远火车站

东极飞机场

东极广场

东极宝塔

抚远火车站

东极飞机场

抚远市革命老区发展史

抚远市老区建设促进会 编

黑龙江教育出版社

图书在版编目（CIP）数据

抚远市革命老区发展史 / 抚远市老区建设促进会编
. -- 哈尔滨：黑龙江教育出版社，2021.5
ISBN 978-7-5709-2203-1

Ⅰ. ①抚… Ⅱ. ①抚… Ⅲ. ①抚远—地方史 Ⅳ.
①K293.54

中国版本图书馆CIP数据核字(2021)第078438号

顾　　问	于万岭			
丛书主编	杜吉明			
副 主 编	白亚光	张利国	李树明	李　勃

抚远市革命老区发展史
Fuyuanshi Geming Laoqu Fazhanshi

抚远市老区建设促进会　编

责任编辑	高　璐
封面设计	朱建明
责任校对	杨　彬
出版发行	黑龙江教育出版社
地　　址	哈尔滨市道里区群力第六大道1305号
印　　刷	哈尔滨博奇印刷有限公司
开　　本	787毫米×1092毫米　1/16
印　　张	19.75
字　　数	250千
版　　次	2021年5月第1版
印　　次	2021年5月第1次印刷
书　　号	ISBN 978-7-5709-2203-1　　定　价　48.00元

黑龙江教育出版社网址：www.hljep.com.cn
如需订购图书，请与我社发行中心联系。联系电话：0451-82533097　82534665
如有印装质量问题，影响阅读，请与我公司联系调换。联系电话：0451-51789011
如发现盗版图书，请向我社举报。举报电话：0451-82533087

《抚远市革命老区发展史》编委会

主　任　沈　滨　葛立彬
副主任　李宁宁　孙秋丽　马立刚　富　强
　　　　　王忠山　邹泉波　丛云生　于贵富
总　纂　丛云生　王秀坤
委　员　孟　欣　祝司民　宋雪梅　祁　巍　佟永纯
　　　　　孙艳君　董　平　任　成　姜清波　孙永会
　　　　　王志远　李　喜　王秀坤　赵广智

《抚远市革命老区发展史》编写组

主　编　丛云生
顾　问　于贵富
副主编　李　喜　王秀坤　赵广智
编　辑　王凤霞　聂志刚　丛　珊　咸永彬　王秀坤

东北地区有条件发展规模化经营,农业合作社是发展方向,有助于农业现代化路子走得稳,步子迈得开。

——习近平

2016年5月24日上午视察抚远玖成水稻种植专业合作社时的讲话(摘自新华社"新华视点"微博报道)。

岛上建设的基础设施都应该是对生态起保护作用的。保护生态,留一张白纸。

——习近平

2016年5月24日上午视察抚远黑瞎子岛时的讲话(摘自新华社"新华视点"微博报道)。

决不能让一个群众受冻。

——李克强

2013年11月4日晚李克强总理在抚远主持召开会议,部署救灾复产和群众安全越冬工作时的讲话(来源:中国政府网)。

| 总 序 |

总 序

在举国欢庆新中国成立70周年前夕,中国老区建设促进会王健会长请我为《全国革命老区县发展史》丛书作序,作为一名在老区战斗过并得到老区人民生死相助的老兵,回首往事,心潮澎湃,感慨万千,深感义不容辞,欣然应允。

中国革命老区,是以毛泽东为代表的中国共产党人在领导人民推翻帝国主义、封建主义和官僚资本主义三座大山,争取民族独立和人民解放伟大斗争中建立的革命根据地,在这片红色的土地上,诞生了无数可歌可泣的革命英雄儿女,为后人树起了一座不朽的丰碑。她是新中国的摇篮,是党和军队的根。

在艰苦卓绝的战争年代,老区人民把自己的命运与中华民族的命运紧紧地联系在一起,与中国共产党和人民军队的命运紧紧地联系在一起,他们生死相依,患难与共。我曾亲历过战争年代,并得到过老区红哥红嫂的救助,切身感受到发生在身边的一幕幕撼天动地的革命故事,在那极其艰难的条件下,老区人民倾其所有、破家支前,不怕艰难困苦,不怕流血牺牲。"最后一碗米送去做军粮,最后一尺布送去做军装,最后一件老棉袄盖在担架上,最后一个亲骨肉送去上战场",这是当时伟大的老区人民为建立新中国做出巨大牺牲的真实写照,它将永远镌刻在中国共产党、中国人民解放军、中华人民共和国的历史丰碑上。他们的光辉业绩永载史册，他们的革命精神必将影响一代又一代的革命新人，造就一代又一代的民族脊梁。

在社会主义革命和建设时期，革命老区和老区人民响应党的号召，面对落后的面貌、脆弱的经济、恶劣的生态环境，他们本色不变，精神不丢，自力更生，艰苦奋斗，干一行爱一行。始终坚持"革命理想高于天"，自觉做共产主义远大理想的坚定信仰者和忠实实践者，勇于向恶劣的自然环境和贫穷落后宣战，他们在各条战线上为国建功立业，用平凡的双手创造了一个又一个不平凡的奇迹，彰显了老区人的崇高精神和人格力量。

在改革开放的伟大进程中，老区人民解放思想，勇于创新，发奋图强，攻坚克难，老区的经济社会建设取得了辉煌成就。特别是在改变中国的面貌、中华民族的面貌、中国人民的面貌、中国共产党的面貌的伟大实践中发挥了至关重要的作用。老区人民既是改革开放的参与者，也是改革开放的推动者。

艰苦练意志，危难见精神。老区人民在近百年的革命战争、社会主义建设和改革开放的伟大实践中，孕育形成了伟大的老区精神：爱党信党、坚定不移的理想信念；舍生忘死、无私奉献的博大胸怀；不屈不挠、敢于胜利的英雄气概；自强不息、艰苦奋斗的顽强斗志；求真务实、开拓创新的科学态度；鱼水情深、生死相依的光荣传统。这是党和人民宝贵的精神财富、丰厚的政治资源，是凝心聚力、振奋民族精神的重要法宝，也是社会主义核心价值观的重要内容。

中国老区建设促进会怀着强烈的政治责任感和历史使命感，组织全国各地老促会人员克服困难，尽心竭力编纂《全国革命老区县发展史》丛书，记录老区的光辉历史和辉煌成就，传承红色基因，弘扬老区精神，是功在当代，利及千秋的一件大事。手捧这部丛书的部分书稿，读着书中的故事，倍感亲切，深感这部丛书具有资政、育人、存史的社会功能，有着重要的时代和历史价值。它是不忘初心、牢记使命的源头活水，是赞颂共产党、讴歌老区人民的一部精品力作，是弘扬老区精神、传承红色记忆的丰厚载体，是一项继承优秀传统文化、弘扬革命文化、发展社会主义先进文化，坚定"四个自信"的宏大文化工程。它必将成为一种文化品牌，为各界人士了解老区宣传老区支持老区提供一部有价值的研究史料。希望读者朋友们能从中了解并牢记这些为党和民族的利益不断奉献的老区人民，从中得到教益，汲取人生奋斗的精神动力。

新时代赋予新使命，新起点开启新征程。让我们更加紧密地团结在以习近平同志为核心的党中央周围，坚持以习近平新时代中国特色社会主义思想为指导，增强"四个意识"，坚定"四个自信"，做到"两个维护"，弘扬老区精神，铭记苦难辉煌。为实现"两个一百年"奋斗目标，实现中华民族伟大复兴的中国梦做出新的更大的贡献！

2019年4月11日

编写说明

2017年6月,中国老区建设促进会组织全国各地老促会启动编纂《全国革命老区县发展史》丛书,按照"建立中国共产党、成立中华人民共和国、推进改革开放和中国特色社会主义事业"三大里程碑的历史脉络,系统书写革命老区百年历史,深入挖掘革命老区红色文化资源,这对于充实丰富中国革命史籍宝库、在新时代传承红色基因、弘扬革命精神、强固根本,对于激励人们在新的历史条件下夺取中国特色社会主义伟大胜利,实现中华民族伟大复兴的中国梦具有重要意义。

丛书编纂以习近平新时代中国特色社会主义思想为指导,以《中国共产党历史》《中国共产党的九十年》等重要文献为基本依据,以党的领导为核心,以老区人民为主体,以老区发展为主线,体现历史进程特征,突出时代发展特色,坚持辩证唯物主义和历史唯物主义相统一、历史真实性与内容可读性相统一的原则,书写革命老区从站起来、富起来到强起来的光辉革命史、不懈奋斗史、辉煌成就史,把老区人民的伟大贡献、伟大创造、伟大成就、伟大精神充分展示出来,形成一部具有厚重历史特征和鲜明时代特色的精品力作。这是一部培根铸魂、守正创新,既为历史立言,又为时代服务,字里行间流淌着红色血脉、催生着革命激情的传世之作。丛书的编纂出版将成为讴歌党讴歌人民讴歌时代、传播红色文化、为革命老区和老区人民树碑立传的重要载体。丛书按照编年体与纪事本末体相结合、以编年体为主的编写体例确定框架结构；运用时经事纬、点面结合的方式记述史实；坚持人事结合、以事带人的原则处理人与事的关系；采取夹叙夹议、叙论结合以叙为主的方法展开内容。做到史料与史论、历史与现实、政治与学术统一，文献性、学术性、知识性相兼容。

为编纂好《全国革命老区县发展史》丛书，打造红色文化品牌，中国老区建设促进会认真组织积极协调，提出政治立场鲜明、史料真实准确、思想论述深刻、历史维度厚重、时代特色突出、编写体例规范、篇目布局合理、审读把关严格、出版制作精良的编纂出版总要求，力求达到革命史籍精品的精神高度、思想深度、知识广度、语言力度，增强丛书的权威性和社会影响力。各省（区、市）、市（州、盟）、县（市、区、旗）老促会的同志，以强烈的使命感、责任感和紧迫感，勇于担当，积极作为，认真实施，组织由老促会成员、专家学者等参加的十余万人编纂队伍。编纂工作主体责任在县，省、市组织协调、有力指导、审读把关。各方面人员以高度负责的精神和科学严谨的态度，满腔热情地投入工作，为丛书编纂出版做出了重要贡献。丛书编纂工作还得到了党和国家有关部委、地方各级党委政府及有关部门的大力支持和积极参与，社会各界也给予了热情帮助。中共中央政治局原委员、中央军委原副主席、原国务委员兼国防部长迟浩田上将，对老区人民怀有深厚感情，对革命老区建设发展十分关注，欣然为《全国革命老区县发展史》丛书作总序。

| 编写说明 |

丛书由总册和1 599部分册（每个革命老区县编纂1部分册）组成，共1 600册。鉴于丛书所记述的史实内容多、时间跨度长和编纂时间紧，不妥之处，敬请批评指正。

中国老区建设促进会

目 录

序言	001
凡例	001
第一章　抚远概况	001
第一节　地理区位	001
第二节　历史沿革	002
第三节　各业初始	006
第四节　行政区划	014
第五节　气候气象	016
第六节　地质地貌	017
第七节　自然资源	018
第八节　人口与民族	022
第九节　宗教与习俗	027
第十节　外事与边防	031
第十一节　气象与灾害	033
第二章　日本侵略者的法西斯统治	036
第一节　殖民统治	036

001

第二节　经济掠夺 …………………………………… 049
　第三节　奴化教育 …………………………………… 050

第三章　艰苦卓绝的抗日斗争 …………………………… 052
　第一节　民众抗日游击队 …………………………… 052
　第二节　武装起义 …………………………………… 059
　第三节　中共党组织的建立与发展 ………………… 067
　第四节　东北抗联第十一军在抚远 ………………… 069
　第五节　东北抗联第七军转战抚远 ………………… 078

第四章　解放战争时期的革命历程 ……………………… 089
　第一节　土地改革 …………………………………… 089
　第二节　民主政权的建立和巩固 …………………… 093
　第三节　剿匪斗争 …………………………………… 096
　第四节　欢庆新中国成立 …………………………… 097

第五章　社会主义革命和建设时期 ……………………… 100
　第一节　革除积弊　惩治罪犯 ……………………… 100
　第二节　抗美援朝　支援前线 ……………………… 101
　第三节　镇反肃反　清理队伍 ……………………… 104
　第四节　农业经济增长 ……………………………… 105
　第五节　工业企业发展 ……………………………… 124
　第六节　基础设施配套建设 ………………………… 127
　第七节　社会主义教育运动和知识青年下乡 ……… 137

第六章　改革开放和社会主义现代化建设新时期 ……… 140
　第一节　经济体制改革 ……………………………… 140
　第二节　对外开放 …………………………………… 146
　第三节　科教兴县 …………………………………… 150
　第四节　交通运输 …………………………………… 159
　第五节　民生保障 …………………………………… 162

第六节　边境旅游 …………………………………… 165
　　第七节　社会事业 …………………………………… 172
第七章　新时代小康社会建设 …………………………… 183
　　第一节　三步走发展战略新部署 …………………… 183
　　第二节　新时期党的建设 …………………………… 185
　　第三节　三步走发展战略新追求 …………………… 191
　　第四节　三步走经济发展新突破 …………………… 193
　　第五节　小康社会建设新成就 ……………………… 200
第八章　脱贫攻坚 ………………………………………… 202
　　第一节　贫困成因简析 ……………………………… 202
　　第二节　扶贫工作运行 ……………………………… 205
　　第三节　脱贫攻坚规划 ……………………………… 206
　　第四节　脱贫攻坚办法 ……………………………… 217
　　第五节　脱贫攻坚政策 ……………………………… 219
　　第六节　脱贫攻坚成果 ……………………………… 224
　　第七节　巩固提升任务 ……………………………… 227
附录 ………………………………………………………… 229
后记 ………………………………………………………… 286

序 言

抚远，1909年设治，政务肇始。

设治之前，本地土著先民，利用资源，游移渔猎，定点拓荒，繁衍生息，守卫国土。设治后，随着汉人的流入，这里的生产生活逐渐发生变化，特别是1929年"中东路事件"发生后，这里的军民在与自然斗争、与侵略者斗争的艰难困苦中，不屈不挠，前赴后继，展示了不朽的民族气节和奋斗精神。尤其是东北抗联十一军和七军，在抚远的山野林海中，与日本侵略者的殊死抗战，创造了许多可歌可泣的英雄故事，建立了许多令人难忘的光辉业绩，牺牲了许多可敬可爱的革命烈士，历练了许多令人刮目的优秀儿女。

历史翻开了崭新的一页，伴随着"一带一路"和中蒙俄经济走廊建设的实施，兴边富民、守边固边、加快建设等重大战略的推动，黑瞎子岛开放发展的加快，各地各界的探索者、开拓者，专家、学者，商人、企业家、投资人，港澳台同胞和世界各国朋友们，南来北往，踵足频繁地踏上这块土地。抚远老区又热了起来，以其新时代的英姿敞开大门，走出龙江，走向世界，走上了发展的快车道。

《抚远市革命老区发展史》对本市的自然地理、历史背景、经社现状、历史印记等做了系统的归纳。既有志记，又有史述，横排门类，纵述过程，时间衔接紧密，给人以整体感；

内容丰富，笔墨谨严，忆旧见新，景意盎然，阶段特色明显，给人以时代感。

不忘初心勤使命，史传千秋励后人。对于后来者了解前人们是怎样从散居和游猎走上了集体生活，是怎样用鲜血和生命捍卫了祖国尊严，是怎样在这片土地上挨过了艰苦岁月，是怎样以不懈的奋斗成就了幸福生活。对于下一代不忘荣辱、缅怀先贤、继承遗志、弘扬传统，对于传承人讲述老区故事，传播老区声音，推介老区文化，展示老区形象都将起到一定的促进作用。

编辑部的同志，悉心查档、勤足寻访、暮写晨抄、反复修改，倾注了真情，付出了辛苦，成就了作品。

奋斗是老区的底色，魅力是老区的自信，幸福是老区的感受，繁荣是老区的回望，富强是老区的追求。

抚远尚真，真在坦荡如砥；抚远尚善，善在明德守正；抚远尚美，美在物博风纯；抚远尚好，好在生态自然。

东极晨光早，创建自当先。老区建设，任由你参与；六城同创，任由你奉献！

是为序。

沈宏

2020年12月8日

凡 例

一、《抚远市革命老区发展史》主要由总序、编写说明、序言、凡例、正文和附录、后记组成。正文部分8章49节。

二、本书本着远简近繁的原则，简叙抚远概况，详记抗日战争和解放战争时期、社会主义革命和建设时期、改革开放新时期、新时代小康社会建设四个时期的政治、经济、文化的发展，概述发展成果。

三、本书编纂以《中共抚远县组织史资料》和《抚远县志》为主要依据，以老区人民的边防斗争和抗日斗争为重点，以革命老区取得的巨大成就和发展变化为亮点，秉笔直书，尊重历史。

四、本书编纂采用章节体裁，主要以记述方法写作，力求观点正确、体例严谨、内容全面、特色鲜明、记述准确。除引用原文外，均以第三人称记述。

五、本书使用公元纪年，民国时期前纪年用公元纪年括注。如清宣统元年（1909年）。涉及地区、地名等均以当时称谓记述，人物称谓一般直书其名。

六、本书编纂文字、标点符号、数字用法遵循《中华人民共和国国家通用语言文字法》《标点符号用法》《中华人民共和国出版物数字用法的规定》的有关规定，数据一般采用阿拉伯数字，固定词组、习惯用语、缩略语等用大写汉字。

七、抚远辖区自设治以来几经变化，致使有些乡村的归属也发生了一些变化。为避免重复和争议，本书按现行的行政区范围进行编纂，对邻近区域有关联的历史事件做简要交代，并注明了区划变更情况。

八、本书以文为主，辅以图表和图片。

第一章 抚远概况

第一节 地理区位

抚远地处黑龙江、乌苏里江交汇的三角地带，地理坐标为东经133°40′08″—135°05′20″，北纬47°25′30″—48°27′40″；东、北两面以乌苏里江、黑龙江主航道中心线与俄分界，黑瞎子岛上中俄陆路接壤，边境线长212公里；西、南分别与同江、饶河毗邻。东西最大宽度81公里，南北最大长度104公里。

总面积6 262.48平方公里，其中市属面积3 937.27平方公里，占总面积的63%；省属国营农场面积2 325.21平方公里，占总面积的37%。

市域中还有三江国家级自然保护区和黑瞎子岛国家级自然保护区两个省、市直属单位。其中三江国家级自然保护区面积1 981平方公里，黑瞎子岛国家级自然保护区面积171平方公里。均属内陆湿地和水域生态系统类型自然保护区，主要保护对象以水生和陆栖生物及其生境共同形成的湿地和水域生态系统。

抚远地处祖国东极，沿边近海，与俄罗斯哈巴罗夫斯克互为边贸口岸，对俄合作空间潜力巨大，具备加快边境贸易大发展的地缘优势，是黑龙江省出海距离最短、基础设施最完备的江海联运大通道起始港，是创建自由贸易区和极地旅游示范区最佳的地理区位。

2019年耕地面积486.83万亩，占总面积的51.8%。其中市属耕地面积268.01万亩，占耕地面积的55.1%；省属国营农场耕地面积218.82万亩，占耕地面积的44.9%。山林水野中有丰富的珍稀食材和中草药材，为戍边军民和抗日队伍战胜饥饿和伤病，度过艰难和困苦提供了天然依赖。

抚远土地辽阔，市政生态自然，风光秀美，物产丰富。是"中国大马哈鱼之乡"和"中国鲟鳇鱼之乡"；是"全国商品粮生产基地县"和"全国粮食生产先进县"；是"全国魅力城市"和"全国最佳生态环境城市"。

第二节　历史沿革

抚远历史悠久，文积厚重。据有关考古证明，早在7 000多年前，肃慎人的先祖就在这里繁衍生息。商周时期（约前1600年—前250年），这一带的居民主要是肃慎人。及至东汉（约前50年—200年），生活在黑龙江流域和乌苏里江流域以及三江平原的居民被称为挹娄人，是肃慎人的后裔。南北朝至隋唐时期（约400年—600年），挹娄人改称勿吉人，开始了经常性的征战和掠夺，其势力扩展到松嫩平原和长白山地区，勿吉人改称靺鞨。辽契丹族灭渤海后，其南契丹称熟女真，即粟末靺鞨；遗留在黑龙江下游的称黑水靺鞨。至辽金时（约900年—1200年），黑水靺鞨改称女真，建五国部。到明朝中期（约1400年），女真族分为三部，即海西女真、建州女真和野人女真；野人女真生活在伯力至庙街（尼古拉耶夫斯克）的黑龙江两岸。明朝后期（约1600年），野人女真的一部分居住于乌苏里江下游及伯力附近的黑龙江两岸，称使犬部，就是现在生活在抚远、饶河、同江一带的赫哲族人。"赫哲"，有"下游"或"东方"之意。赫哲人自称"用日贝""那尼奥""那乃"，即本地人的意思，又称"黑真"（意为"东方之人""东方女真""东海女真"）、"奇楞"（意为"住在江边的人"）。中华人民共和国成立后，统一族名为"赫哲族"。

抚远村屯的形成约在清末民初（约1900年—1920年）。此前，由于清政府实行封禁政策，仅沿江散居一些赫哲族人。1861年后，以汉族为主的流民陆续进入，在这里垦荒、渔猎，尚未形成较大村落。1884年前后，黑龙江沿岸额图至通江段只有8个赫哲族村屯。

1906年，清廷于拉哈苏苏（今同江）设临江州，伊力嘎归其管辖。

1909年6月2日，清廷照准，于临江州东境乌苏里江附近伊力嘎地方设绥远州，隶属吉林省东北路道。同年12月30日，吉林省民政司始委派官员试办。绥远洲设治委员席庆恩于1910年4月29日到任视事。是时，沿黑龙江南岸有额图、勤得利、富唐吉（临江）、秦皇渔通（八岔）、科勒木（石头卧子）、小河子6个村屯；沿乌苏里江西岸有窝集口（乌苏镇）、海青2个村屯；两江沿岸未形成村屯的窝棚有160多处。全州共有1 207人，其中赫哲族395人，汉族812人。有耕地720亩，渔船31只。

"民国"初期，受俄国"十月革命"影响，远东地方极不平静，部分侨居俄地的中国商民纷纷回到黑龙江南岸和乌苏里江西岸居住。从事渔猎、经商等营生，有的兼种杂粮、罂粟，使抚远居民随之迅速增加，为后来形成村屯打下了基础，也加速了蒿通、国富镇、勤得利的兴起和发展。海青和抓吉则缘于乌苏里江盛产大马哈鱼，在捕鱼滩地的基础上形成了村屯。

这一时期，中俄边境贸易很活跃，侨居哈巴罗夫斯克（伯力）、尼古拉耶夫斯克（庙街）、符拉迪沃斯托克（海参崴）一带的华商来伊力嘎、窝集口、海青、蒿通等交通便利、人烟较密的地方开设商号、妓院和烟馆等，商业的发展促进了村屯的形成。

1913年3月2日，按"府、厅、州名均改为县"的规定，将绥远州改为绥远县。1914年6月，隶属吉林省依兰道（东北路道改称）。

1929年2月撤销道制，由吉林省直辖。同年9月经"中华民国"行政院批准，绥远县改称抚远县，为三等县。因行文邮递延误，直至1930年1月始正式改称抚远县。是时，抚远县行政区划为4区，即第一区抚远城区，下辖7个村；第二区勤得利，下辖5个村；第三区海青，下辖10个村；第四区太平镇，下辖5个村。

1931年"九一八"事变后，日本侵略者侵占东三省。1934年3月，"伪满洲国"更名"满洲帝国"，改行帝制。同年12月，划东北为14省，抚远划归新设立的伪三江省管辖。

1938年，饶河挠力河以北地区划归抚远县管辖。同年5月，日本帝国主义为加强对边境居民的控制，切断边民与抗日队伍的联系，强制推行归大屯政策。在近10个月中，将沿江散居的赫哲族人集中归到一、二、三部落和秦鳇鱼通，其他各民族居民则被归并到县城、小河子、宋家店（现团结村）、浓江、抓吉、腾家店（现东河村）、海青、马小山、亮子里、傅家屯、蒿通、国富镇、里小山、寒葱沟、石头山、四平山、太平山、大阪、斯马力山、卧虎山、别拉洪前山、勤得利、额图等24个村屯中。

1945年8月9日，日伪政权垮台，抚远县成立地方治安维持会。

1947年6月，东北新省区方案改东北为9省，将伪三江、东安两省合并为合江省。同年7月，抚远县民主政府成立，归属合江省管辖。

1949年5月，松江省与合江省合并为松江省，抚远县归属松江省管辖。1949年10月，抚远县民主政府改称抚远县人民政府。是时，抚远县有1街3区28个村屯。

1951年4月，松江省政府决定撤销抚远县建制，改设抚远渔业特区。同年6月，将挠力河以北原抚远县管辖的东安区及所属的9个村屯划给饶河县。是时，抚远县有1街2区19个村屯。

1952年8月，恢复抚远县建制。1954年6月19日，松江省与黑龙江省合并，称黑龙江省，抚远县归黑龙江省合江地区专员公署管辖。

1958年，始建人民公社。1959年4月24日，黑龙江省人委决定，将富锦县的同江区（包括同江、乐业、三村3个乡）划归抚远县管辖，并将同江区改为同江镇，抚远县人民委员会由抚远镇移驻同江镇。是时，抚远县有2镇9社33个生产队。

1965年8月23日，国务院决定设置同江县。抚远县西部以黑鱼泡河口，中经清水河口，然后沿鸭绿河与同江分界，原属抚远县的同江镇、乐业公社、三村公社、街津口公社、八岔公社、勤得利农场划归同江县，抚远县人民委员会驻地迁回抚远镇。是时，抚远县有1镇4社16个村屯。

1966年1月，抚远县与同江县正式分开，4月份抚远县人民委员会由同江镇迁返抚远镇。11月，省委、省人委决定抚远县实行政企合一的体制，为全民县。

1974年始建集体生产队，1975年开始组建东方红（今浓桥）、曙光（今寒葱沟）、向阳（今别拉洪）3个人民公社。

1978年取消全民县体制。1984年4月22日，建立乡镇人民政府。是时，抚远县有1镇7乡61个村屯。

1985年1月1日，合江地区专署撤销，抚远县改归佳木斯市管辖。是年6月29日，浓桥乡改为浓桥镇。

1992年6月1日,增设鸭南乡。1992年10月25日,寒葱沟乡改为寒葱沟镇。

1993年12月28日,抓吉乡改为抓吉镇。2013年4月19日,抓吉镇改为乌苏镇。

2011年7月13日,抚远县作为黑龙江省省直管试点县,划归省政府直管,赋予地市级经济管理权。

2016年1月15日,经国务院批准,抚远县撤县设市。

2017年11月29日,省直管县试点结束,抚远县回归佳木斯市管辖。

2018年7月3日,经民政部批准,抚远市增设黑瞎子岛镇,11月28日正式挂牌。

第三节 各业初始

捕捞渔业 追溯远在唐代以前,赫哲人及其他少数民族的先世就在这里进行捕鱼。

元朝人黄晋在描述东征元帅府所属地区情况时说:"道路险阻,崖石错立,盛夏水活,乃可行舟,冬则以犬驾橇(爬犁)行冰上,地无禾黍,以鱼代食。"

明朝永乐十一年(1413年),在努尔干都指挥司衙门近处所建立的永宁寺碑上也有如上述的记载:"况其地不生五谷,不产布帛,畜养唯狗,或以捕鱼为业,食肉而衣皮。"

渔业生产以商品交换为目的约始于清光绪初年,即1875年以后。据有关资料记述:"光绪初年赫哲族人还以各种兽皮、山货、鳇鱼骨、鳇鱼筋从依兰哈喇换回少量小米为副食做稀粥。"

清末民初,由于汉族人进入,大量鱼产品开始以商品形式向外出售。1949年江鱼捕捞总产量922.8吨，其中大马哈鱼644.5吨，江杂鱼278.3吨。

拓荒农业 清朝末期，山东流民入抚，自行开垦一些荒地。设治之初，人们多以捕鱼为生，州境内仅有耕地280亩。1909年至建国初期，抚远县农业生产发展经历了从无到有、从小到大的发展过程。民国初期，耕地有所增加。1934年达到35 805亩，用于粮食生产的23 595亩，用于种植罂粟和其他作物的12 210亩。伪满末期，农业种植面积发展到73 275亩，后因突出渔业生产，种植业一度被冷落。1949年有耕地31 650亩。

薪炭林业 设治前，民用采伐林木主要用于烧柴、取暖和搭建房屋，也有一些采伐林木打桦子卖钱为生的。设治后，公用采伐主要用于供应轮船用薪和建筑用材，年均采伐量10 000立方米左右。1939年以后，轮船改为以煤为燃料，林木采伐量骤减。到1949年，年均采伐量约为2 000立方米。基本上是只采伐不植树。

家养牧业 清末渔猎户饲养一些鸡鸭鹅狗猪等禽畜；民国时期开始饲养役畜；1931年至1949年平均年生猪饲养量500到2 000头左右。

手工作坊 民国初期，有手工榨油作坊两个，产出的豆油仅供自家和附近村民食用。1921年后，有"洋铁铺"2家，从业2人。1934年新增油坊1处，有5名工人。另有窑业、烘炉各1家，工人2名。1941年有砖窑3处，工人23名；烘炉2处，工人11人；被服厂4处，工人21人；1943年砖窑和被服厂倒闭；1949年，工业仍是"铁匠炉打马掌，小作坊织渔网"。

商品交换 最早出现于光绪末年，用于销售的商品主要是为过往轮船提供能源的木桦子。清末，土著赫哲族则把特产鱼品和各种皮张卖到内地，换取生活用品。绥远州设治后，开始出现中俄边境易货。1909年4月，中国吉林省与俄国哈巴罗夫斯克签订在绥远州东科勒木凿运花岗岩石的合同，从业华工近千人。到1913年，共凿运花岗岩石8万多立方米。1917年，俄国十月革命后，许多华商回国，部分商人在抚远安家，壮大了商贾队伍。1919年，全县私人商户达23家。民国时期，苏俄百姓经常过江买货，商业开始红火。1920年以后，土匪猖獗，打家劫舍，抢掠商铺，抚远商业蒙受严重灾难，乌苏镇9家商号被洗劫一空。1931年"九一八"事变以前，随着交通运输状况的改善，每年由内地来抚远赶"鱼市"和"烟市"的人越来越多，商业又恢复发展到40余家。1939年以后，由于日伪统治者强化边境治安管理，实施"肃正计划"，强行集家并屯，以及《重要物资专管法》《小麦及面粉统治法》《物价物资统治法》等政策的颁布与实施，使全县商业受到重创。其后，"满洲必需品株式会社"和"消费组合"的成立，迫使县内民企大部分倒闭。1949年，全县私营商业仅剩10多家。

客货进出 绥远设治后到解放初期，交通条件差，没有通往外县的公路。与内地的沟通，明水期没有班船，主要依靠水路上的过往船只；冰封期仅凭爬犁（雪橇）进出客货；流冰期既行不了船，也走不了爬犁，处于内外隔绝状态。

1860年，中俄《北京条约》签订后，黑乌两江变成界江，航道归中俄共同管理和使用，清末民初，在两江航道上来往的轮船大都是俄国火轮。1918年后，才有中国自己的轮船在黑乌两江上航行。是时，轮船多为客货混载，货运多为民用生活必需品，年运输量约为2 000吨。客运常集中在两市（鱼市、烟市）期间，年客运量约为3 000人。伪满初期，黑乌两江沿岸有两条"爬犁道"（山林小路）：一条是从抚远县城到同江县城，途经生德库、八岔、王家店、额图、街津口、三村等村屯，全程180公里；另一条是从抚远县城到东安镇，途经小河子、宋家店、滕家店、海青、蒿通、国富镇、瓦盆窑等村屯，全程180公里。1940年到1945年，日伪当局修筑的警备公路三条：即县城至浓江里屯10公里；县城至机场2.5公里；海青至石头山36.5公里。1945年至1949年，陆路状况无大的改观。

电报电话 绥远州设立之后，绥远为自三姓（依兰）以下沿松花江、黑龙江沿岸设置22处驿站的最后一站。1921年，抚远正式设立三等邮政局，下辖勤得利和海青两个信柜（分所）。1927年，抚远电报局成立，1931年"九一八"事变后停业，1933年重新开业。1939年增设储蓄和航空速达邮件（主要为日伪服务）业务，同年又在抓吉、东安镇、蒿通、国富镇增设4处邮政分所。

清朝末期，绥远通往内地的邮路只有一条。据《增订吉林地理纪要》记载，期间共为22站，顺序为：绥远（抚远镇）、浓江、八岔、富唐吉（临江）、勤得利、额图、陆邻镇（街津口）、尼尔固、图斯克、古比扎拉、富克锦、霍悦路、合尔库马、瓦里霍通、文登岗、苏苏屯、蒙古力、佳木斯、火龙沟、大碇子、阿穆达、依兰。每年5至10月明水期，来往信件均由轮船捎带。每年11月至翌年4月结冰期，邮件乘爬犁由乌苏镇过江，至俄罗斯卡杂科维茨沃（即二站）。然后用火车转运至满洲里入境到哈尔滨邮局，再向全国各地分发。1921年始建电话线路，是东北军驻抚二营自架营部至二连连部电话线路200米，安装电话机2台，是抚远最早的电话通讯设备。1927年，绥远至同江电话线路建成，之后又沿乌苏里江岸架设线路，年底通至东安镇。抓吉、海青、蒿通、国富镇、东安镇等地各设电话一台。1939年伪抚远国境警察本队另建警备电报电话，新开线路220.5公里，其中抚远至勤得利110公里，抚远至太平镇110.5公里。1948年，县民主政府设电话室，配置磁石式电话10门，交换机1台，有话务员、线务员各1人。

村镇建设 1909年，州址所在地伊力嘎不过几家居民，范围仅限于西山脚下，面积不过0.5平方公里。1927年，县衙始建石基础、土坯墙、泥瓦盖房屋3栋，是绥远的最好建筑。1929年，中东路事件后，商民重建土草房50余栋。伪满时期，砖瓦（铁皮）房首次出现，多为日本人住宅或官署用房。

1949年，县城内仅有4米宽、600米长的街道2条，均为土路基、沙石路面。

民国初期，县内农村居民多散居于沿江一带，村屯不足20个。住房多为土草房，建筑面积一般每户30—50平方米。通常各户均于室外建仓房一座。为防水害、潮湿，仓房底板一般距地面80厘米左右。赫哲居民多就江岸构筑简易草屋，亦有挖地窨子或搭"撮罗子"居住的。1939年，日伪反动统治者强行集家并屯后，迁入新住地的房屋外墙大多是草筏子垒筑的，低矮、潮湿、阴暗。是时，全县31个村屯，平均每个村屯约30余户人家。1949年，全县乡村房屋总面积不到3万平方米，其中公有房屋3 360平方米。城乡人均住房面积7.4平方米。

1909年至1949年间，大多数乡村没有砂石道路，每逢雨季，泥泞不堪，出行不便，车辆不通。

科技研发 解放前，抚远县设有科技研究机构。解放后，直到1957年才建立了农业技术推广站、农业科学研究所和农业机械研究所。其后，根据农业生产的发展需要，又相继建立了水产技术研究室、良种繁育场和种子站。1959年，抚远渔场试用亚麻线、棉线、尼龙线三种材料编成单层网和三层网，使捕鱼产量得以提高。1963年，抚远渔场革新渔具，用改进的单层胶丝网代替原有的快钩和大拉网捕捞大马哈鱼，全场年产50万尾，单船产4 300尾，比以往年捕捞量提高4倍；1976年，县医院建立药品制造作坊1处，引进外地配方，反复研和临床试验，研制了"三颗针"注射液，生产近万支，应用于临床，收到了预期效果。

儿童教育 1912年，绥远始有学堂，时有学童8名，教师一人；1914年，始建第一所公立国民学校，有学生16名。后因境内土匪横行，学堂时停时办。直至1920年，才重新复课，当时仅有13名学童。但转年6月，兵祸重起，学校又关门了。后来张作霖当政时，绥远开办了"公立优级国民学校"一所，设2个班，有学生61余人，教师2人。并在海青、太平镇、别拉洪、小河子、抓吉、浓江、勤得利等地各设一所学校。是时全县共有8所学校，280多名学生。1929年中东路事件爆发后，学校又停办一年多。伪满时期，教育有所发展，但很大程度上接受的是日本侵略者对中国人的奴化教育。1935年，全县学生增加到300多名。

1949年，全县公办完全小学2所（抚远镇、东安镇各1所），乡村自办初级小学11所，有班级46个，学生536名。1950年，有小学14所，在校生660人。1957年建立了初级中学，学生数量和教学质量逐渐提高。

游医土药 设治前，处于无医、无药的空白时期，这里的赫哲人得了病只能请"萨满"跳神，祈求神灵保佑。实际上是生死存亡，凭命由天。这也是赫哲族人支不旺的主要原因。民国时期，没有医疗卫生机构，只靠几名江湖郎中游医乡里。伪满时期，县城与太平镇、东安镇、海青、勤得利等地先后办起了小型药店，始有坐堂医生；伪满中期，在县城和东安镇开办了两处"公立医院"，但几乎都是为日本官吏服务的。是时，每当霍乱、天花、伤寒等疾病流行，这里的人们只能靠游医的土方草药治疗。1945年，抚远解放后，有关人士收集了日伪遗留的部分西药和器材，在县城原"庆发永"商号旧址开办了"回春药房",经营两年左右,因药源与资金匮乏而停业。1948年,县政府建立了第一家医疗卫生机构——抚远群众卫生所,时有医务人员4人。

新中国成立后,建立人民医疗机构成为各级人民政府的首要任务,县、乡医疗卫生事业迅速发展。1953年始建抚远县卫生院,人员编制11人,其中医务人员6人,行政管理人员5人。内设医疗股和总务股,负责全县医疗、卫生防疫、妇幼保健等工作。1957年开设计划生育业务。之后,逐步建立了县人民医院、县中医院、县卫生防疫站、县疾控中心、县妇幼保健站和各乡镇卫生院等医疗卫生机构。

民间娱乐 抚远早期为赫哲人聚居地,因其民族没有自己的文字,娱乐活动仅以"萨满舞""伊玛堪""说胡力"等口头说唱形式进行。设治之初,随着石头窝子采石场的兴起,群众业余文化生活逐渐丰富。华工中业余习唱京剧、秦腔者不乏其人。劳动之余常汇聚于抚远一栋木楼里演唱,并嬉称之为"同乐处"。民国初年,石场停工,好唱好乐的票友仍留下不少,加之"鱼市"和"烟市"期间,亦有外地艺人进入,"同乐处"经久不衰。县优级中学公演的大型话剧《大烟叹》颇有教育意义,很受欢迎。

赫哲族的萨满舞

1945年以后，苏联红军带入的各种各样动画故事片和卫国战争影片（无声），丰富了边民文化生活，开阔了边民的文化视野。

1949年冬，县民主建政工作结束后，学生们组成演出队，在抚远街、勤得利、小河子、抓吉、东河等地巡回演出。演出剧目有大型歌剧《血泪仇》《白毛女》《兄妹开荒》《土地还家》等，使翻身做了主人的广大人民群众受到深刻的教育。

1957年秋，在八岔赫哲族村采风、体验生活的黑龙江省歌舞团年轻作曲家汪云才，随八岔村捕鱼队来到乌苏里江畔八岔村捕捞大马哈的网滩——"白灯滩"。他和渔民们住着"撮罗"，划着木船，下沟撒网，吃鱼喝酒。一天，应汪云才之请，吴连贵用箫吹奏了一曲《想情郎》。听了这首优美流畅、情意缠绵的民歌小调，作曲家汪云才被深深地感染，并灵感大发。他以此基调，很快完成了《乌苏船歌》音乐的创作。回到哈尔滨，词作家胡小石作词配歌，著名歌唱家郭颂演唱。就这样，一首表现赫哲族人民生活的赫哲民歌《乌苏里船歌》应运而生，并迅速唱红了祖国大江南北。后被选为亚洲声乐教材。

《乌苏里船歌》传唱数十年，经久不衰，堪称中华民族音乐文化的经典。这首歌曲的主旋律音乐原创地，就是乌苏里江抚远段的捕鱼滩地——"白灯滩"。

大众体育 体育活动从民国时期开始，逐步发展。主要是叉草球、顶杠、角力和叉鱼比赛。1925年，东北军率先开展了赛跑、跳高、跳远、单杠等军事训练和体育比赛活动。1935年，县辖东安区朝鲜族小学校召开了首届春季朝鲜族运动会，汉族学生和群众应邀观摩。本次运动会项目较多，历时3天。1937年，抚远优级中学牵头，召开了全县学生田径运动会。1948年，县政府民教科组织召开了有县完小和浓江小学、生德库小学参加的学生运动会。

第四节 行政区划

1910年，绥远州西部和西北部以二吉利河与临江州分界，南部以挠力河与饶河分界。1911年饶河知县方世立向绥远知州春融借东安镇立县衙，确定东起固米小河，向西延至小孤山，中经斯马力山、太平山为绥饶临时分界线。北、东分别以黑龙江和乌苏里江主航道中心线与俄国分界。

设治初期，因为地方荒僻，人烟稀少，外埠人员来去无常，居址不定，所以未行区划。以后商贾日益增多，行政管理逐渐走上正轨，行政区划开始。

1919年，区划为6区。第一区伊力嘎，第二区乌苏镇，第三区海青，第四区莴通，第五区太平镇（现归饶河），第六区勤得利（现归同江）。

1938年，抚远南以挠力河与饶河分界，东安镇复归抚远县（饶河县治移往团山子）。

1949年区划为1街、3区、6村、28屯。抚远街辖抚远屯；东安区辖3个村，东安村下辖东安屯；太平村下辖太平、斯马力山、明山、大阪4个屯；二龙山村下辖别拉洪、二龙山、胜利、四平山4个屯；海青区辖海青、亮子里、莴通、国富镇、外小山、大岗、石头山、马小山8个屯；勤得利区辖勤得利、额图、新兴3个屯；生德库村辖生德库、浓江、八岔3个屯；小河子村辖小河子、宋家店2个屯；抓吉村辖抓吉、南岗、北岗、滕家店4个屯。

1951年4月，以瓦盆窑河与饶河分界，东安镇及所属9个村屯均划归饶河县。

1956年并村划乡后，区划为1镇5乡15个自然村。抚远镇辖抚远、生德库、浓江；勤得利乡辖勤得利、额图、新兴；海青乡辖海青、亮子里、四合；抓吉乡辖抓吉、北岗、东河；小河子乡辖小河子、团结；下八岔乡辖下八岔。

1959年4月，原富锦县同江区划归抚远县，是时西界为松花江，南部与富锦县和饶河县为邻。北、东无变化。区划为2镇9社33个生产队（屯）、3个渔场（队）。同江镇（抚远县人委所在地）辖功德、向阳；抚远镇（抚远渔场所在地）辖抓吉、海青、浓江3个渔场；乐业公社辖乐业、朝阳、南店、一庄、青年庄、前万发、后万发、平安、太平；三村公社辖头村、二村、三村、莲花、五屯；街津口公社辖街津口（赫哲族渔村）；八岔公社辖八岔（赫哲族渔村）；勤得利公社辖勤得利、额图、新兴；浓江公社辖浓江、生德库；小河子公社辖小河子、团结；抓吉公社辖抓吉、北岗、南岗、东河；海青公社辖海青、亮子里、四合、别拉洪。

1965年8月，设立同江县后，西部以黑鱼泡河口，中经清水河口，然后沿鸭绿河与同江分界，南按1951年分界。

1966年，区划为1镇4社16屯。抚远镇（县政府所在地）；浓江公社辖浓江、生德库、亮子、貂场；通江公社（原小河子公社）辖通江、小河子、东风、团结；抓吉公社辖抓吉、北岗、南岗、东河；海青公社辖海青、亮子里、四合、别拉洪。

1968年后建立前锋、前哨、二道河三个省属国有农场。

1986年，区划为2镇6乡3个省属国营农场。分别为抚远镇、浓桥镇、寒葱沟乡、海青乡、浓江乡、抓吉乡、通江乡、别拉洪乡；前锋农场、前哨农场、二道河农场；1992年增设鸭南乡，2018年增设黑瞎子岛镇，村屯行政区划随之有所调整。

2019年区划为5乡5镇，68个行政村，3个省属国营农场，25个管理区。

第五节 气候气象

抚远属于温凉带湿润大陆性季风气候，冬长夏短，雨水充沛，光照充足。四季温度变化明显，冻结期长。全年结冻期在210天左右，积雪期在150天左右，无霜期平均在115天至130天之间；年均日照时数为2 304小时；降水集中。年均降水量为591毫米，最多年份为949毫米；常年风速不大，平均风速为3.6米/秒。夏热而不酷热，冬寒而不酷寒，具有海洋性气候特征。常年平均气温为2.2℃。

冬季（12月—次年2月），进入12月份气温逐渐下降，1月份最冷，平均气温为-20.0℃左右，极端最低气温可达-40.0℃左右，一般出现在1月20日左右；冬季雪深历年平均60厘米左右，最大雪深可达80厘米左右；平均日照时数480小时左右；平均风速为3.3米/秒左右。

春季（3月—5月），进入3月份，气温缓慢上升，终霜一般出现在5月末，平均气温4.2℃左右。降水一般为90毫米，日照时数为640小时左右，平均风速4.3米/秒左右。

夏季（6月—8月），气温逐渐升高，平均气温为20.0℃左右。7月份最热，极端最高气温可达35.0℃左右；日最高气温≥30℃的日数为7天左右；降水一般为350毫米左右；日照时数530小时左右；平均风速3.0米/秒左右。

秋季（9月—11月），气温日渐凉爽，平均气温4.5℃左右；初霜日一般出现在9月20日左右；降水一般为130毫米左右；日照时数为500小时左右；平均风速3.3米/秒左右。

全年有5个月平均温度在0℃以下，有7个月平均气温在0℃以上。各月平均气温7月份以前逐月上升，8月份以后逐月下降。是休闲避暑、垂钓江湖、游乐冰雪、举办赛事的优良场所。

第六节　地质地貌

抚远地质构造属于中生代同江内陆断陷的次级单位——抚远凹陷的中部，由入侵岩到新生界有八个组的地层单元构成。黑龙江和乌苏里江沿岸为第四系全新统河床冲积层，由亚黏土，沙砾石组成；寒葱沟镇西北部和海青乡西部为全新统和更新统冲积——湖积的亚黏土，淤泥质亚黏土、细砂、沙砾组成；浓桥镇南部多为上更统顾乡屯组的亚黏土，粉细砂、砾石组成；浓桥镇附近多为入侵岩、朱罗系下统向阳组的硅质岩、含砾凝灰砂岩、凝灰质粉砂、岩层凝灰岩组成；山区为燕山期黑云母花岗岩、二云母花岗岩组成。境内地层除低山丘陵、残丘有入侵岩外，绝大多数被新生代第四系地层所覆盖，组成物基本是四纪冲积物。第四纪以来，本地区一直呈间歇性沉降，尤其是全新世纪以来下沉幅度更大，形成冲积平原。大面积为河流的一级阶地，海拔一般在40~66米之间，而抚远三角洲海拔最低为34米。地面起伏不大，一般相对高程为10米左右。北部沿黑龙江岸为低山丘陵，南部平原地区只有少数孤山或残丘散立。地势北高东北低，总趋向为自西南向东北缓缓倾斜，坡降较小，一般为1/8 000—1/10 000，大片低洼处积水形成沼泽。沉积物表层普遍分布有2~17米厚的亚黏土，下为细沙、沙砾和中粗砂，中夹黏性土薄层，间夹亚黏土透镜体，总厚度100~300米。

由于地质构造的不均一性和间歇性下沉，抚远地貌相间形成了四种地貌单元。

低山丘陵区 属完达山余脉延伸部分，面积为196 961亩，占市属面积的4.3%。组成物有花岗岩、闪长岩、玄武岩、千枚岩等。土壤发育为暗棕壤和岗地白浆壤。

中部低漫岗区 面积为733 231亩，占市属面积的16%，一般为西南东北走向，与河流走向同，海拔高度为60~80米，相对高差为10~20米，土壤发育主要是白浆土。

冲积低平原 面积1 378 010亩，占市属面积的29.9%，海拔在42~50米，坡降为1/10 000，土壤发育主要为草甸土、沼泽土和少量泥炭土。

洪泛地 主要分布在黑龙江和乌苏里江沿岸的高低漫滩和抚远三角洲上。面积为2 281 547亩，占市属面积的49.7%，海拔在34~42米，坡降为1/10 000，土壤发育主要为泛滥草甸土。

第七节　自然资源

矿物资源 抚远地处沉降的三江低冲积平原东部，地势平缓，西部略高于东部，地貌组成明显，分低山地，漫平原，低平原，洪泛地四种类型。平原区海拔在37米到60米之间，多沼泽荒地。矿物资源种类不多，但储量较大。抚远镇东南4.5公里猴蜜蜂场泉水矿化度183.13~208.38mg/L，为中性低矿化淡水矿泉水，储量丰富；花岗岩石材矿储量约在2.6亿立方米左右，仅南北石头卧子储量就可达600多万立方米。

已开发利用的有花岗岩、矿泉水、粘土矿、建筑用砂等，待开发的有沙金（生德库西北10公里河谷矿砂的矿物品位在0.0 718克/立方米）、草炭（浓桥镇西5公里芦清河泥炭带储量400多万吨）、锡、锰、汞等。

植被资源 现有天然林面积53.48万亩，人工林面积6.91万亩；林木蓄积约200万立方米，其中天然林蓄积约180万立方米，人工林蓄积约16万立方米。树木种类多为杨、桦、柞、椴、黄檗、山核桃树等。人工林多为落叶松，少为杨树和柳树。

野生食材药材种类较多，食用菌主要有猴头菇、榛蘑、木耳、白蘑、趟子蘑、扫帚蘑、花脸蘑等；山野菜主要有四叶菜、明芽菜、猫爪子菜、黄花菜、枪头菜、山白菜、寒葱、山韭菜、柳蒿芽、巨荬菜、婆婆丁、蕨菜、薇菜、金针菜等；山野果主要有山葡萄、蓝莓、托盘、山丁子、山里红、山梨、山核桃、北国红豆、稠李子、野樱桃、矮秧榛子、高秧毛榛子、橡子等。另外还有刺五加、龙丹草、黄芩、党参、五味子等上百种中草药。

水利资源 河流总属黑龙江和乌苏里江两大水系。辖境内一级支流有4条，即鸭绿河、别拉洪河、浓江河、抚远水道。其他尚有二、三级支流60余条。沿江、沿河地带湖泊50多个，其中水面在50亩以上的较大湖泊有16个。总水面40多万亩，其中湖泊水面2万多亩，湖泊水深平均80厘米，最深174厘米。

黑龙江流经抚远区段河床宽1~3公里不等，平均水位86.6米；乌苏里江流经抚远区段河床宽1~2公里，平均水位95.41米。

湿地资源 三江湿地是我国六大湿地之一，最大的黑土地湿地。保护区南部与饶河为邻，西部跨鸭绿河进入同江市境内，北部和东部分别隔黑龙江、乌苏里江与俄罗斯相望。总面积1 981平方公里，其中核心区面积660.50平方公里，缓冲区面积279.64平方公里，试验区面积1 040.86平方公里。2000年4月被批准为国家级自然保护区，2002年被列入《国际重要湿地名录》。

黑瞎子岛湿地是世界唯一的两国界岛，全岛地势平坦，大面积湿地上江汊纵横，水草丰盛。西侧171平方公里陆地及其水域回归中国后，已被批准为国家级湿地保护区。

三江湿地和黑瞎子岛湿地主要保护对象为陆生、水生生物等共同组成的湿地生态系统。

动物资源　抚远野生畜禽种类较多、分布较广。据1985年调查，有珍贵动物5种，经济动物8种，珍禽数种，一般鸟类上百种。珍贵动物有马鹿、猞猁、雪兔、水獭等；经济动物有紫貂、黄鼬、黑熊、狐狸、麝鼠、野猪、狼、狍子、獾子、乌苏里貉等；珍禽主要有白天鹅、丹顶鹤、白鹳、鸳鸯、海东青和白尾海雕等。

抚远野生鱼类资源丰富，是大马哈鱼和鲟鳇鱼主产区，江河湖泡中盛产20多科100多种鱼类。常见的捕获量较大的除大马哈鱼（鲑鱼）、鲟鳇鱼（史氏鲟、达氏鳇）和"三花"（鳌花、鳊花、鲫花）"五罗"（哲罗、法罗、雅罗、同罗、胡罗）"十八子"（岛子、嘎牙子、斑鳟子、鲤拐子、鲫瓜子、鲢子、鲶鱼球子、柳根子、船钉子、泥鳅勾子、白漂子、麦穗子、黑鱼棒子、狗鱼棒子、青根子、草根子、七星子、细鳞子）之外，还有比较常见的怀头、胖头、老头鱼、雅里红、重唇、鳜条、兔子鱼、黄瓜香、银鱼、板黄、红尾等。被命名为"中国大马哈鱼之乡"、"中国鲟鳇鱼之乡"，是驰名中外的"淡水鱼都"。历史上年渔获量最多达2 150多吨（1963年），进入20世纪80年代以来，年渔获量徘徊在1 000吨左右。

风能资源　抚远年平均风速为3.1米/秒。最大风速（10分钟平均）16.7米/秒，极大风速23.9米/秒。一年中，10—12月风速最大，6—9月风速最小。一天中，风速有明显的变化，早晨日出后风速开始增大，中午后为最大，日落前开始递减，凌晨至日出前最小。

大蜂山风电场（龙源风力发电有限公司）始建于2008年1

月，装机21台1.5兆瓦金风水冷型机组，容量为31.5兆瓦。风电场配网接线采用单元式接线，每台风机配备一台独立升压变压器。配网线路采用地埋电缆敷设，全场近19公里，分别通过6条机群线汇集入66千伏变电站。风电场建有主变器一台及其他与之相配套的电气设备。送出线路为66千伏架空线路，由大蜂山风电场升压站至前哨变电所，共计长度40.18公里。风电场升压站及中控楼、高压室、库房等建筑物，总建筑面积为970.46平方米，总占地面积3 225平方米。场内交通道路总计12.8公里。风电场于2009年1月16日投入运营。

旅游资源 抚远是最早把太阳迎进祖国的地方，每天见到中国的第一缕阳光。夏至是观看日出的最佳时节，凌晨2时以后，黎明就悄然开始，登上东极广场的观日亭，看一轮红日从两江交汇处涌出，透过薄雾，光芒四射，万物披霞，美不胜收。是自驾游、骑行游露营观赏日出的理想场所。

这里是东北亚鸟类和黑熊等野生动物迁徙和繁衍栖息地，有"百鸟家园""熊罴故乡"之美誉；生态保护完好，是森林、湿地、江河、湖泊共同构筑的天然氧吧；这里的赫哲人与哈巴罗夫斯克边疆区的那乃人同出一源，民族文化久远而独特，是避暑养生、体验民俗、领略异国风情的首选之地。

双熊缘柳

这里水陆空立体交通网络已经形成，是连接中国东北地区和俄罗斯远东地区无可替代的交通枢纽，会让你体验灵通与便捷。

这里大江河润泽田园，大岛屿两国邻边，大湿地名录世界，大冰雪竞技首选。大草原风光无限,大森林生机盎然,大鱼都全国唯一,大粮仓国民饭碗。会引你即兴诗画,尽采风华。

这里有东极广场、英雄的东方第一哨、黑瞎子岛湿地公园、野熊园、东极宝塔、白四爷庙、东明寺、东极阁、湿地博物馆、黑龙江鱼博馆、大力加湖风景区、森林公园、滨江公园等,会叫你流连忘返,不想家!

这里有刹生鱼、烤塔拉哈、氽鱼丸子、刨花鱼片、清炖鲫鱼、清蒸大马哈鱼、炸大马哈鱼块、鱼心炒尖椒、红烧白塔、大马哈鱼子酱、鲟鳇鱼子酱、烤狗鱼、炸胡罗子、炒鱼毛、酱嘎牙子、蒜烧鲶鱼、焖鲫鱼、和和饭(鱼粥)等全鱼宴,鲟鳇鱼一鱼十吃,大马哈鱼一鱼六吃等,会使你欲罢不能,吃不够!

这里有抚远—哈巴罗夫斯克观光考察三日游,抚远—共青城民族文化五日游,抚远—海山崴风情体验五日游,抚远—贝加尔湖生态风光六日游,抚远—萨哈林野营探秘七日游,抚远—堪察加休闲垂钓七日游。

冬钓狗鱼

第八节 人口与民族

1909年设治之初,绥远州仅有1 000多人。人口来源大致有以下几个途径:一是赫哲族自然增长人口,设治时有395人;二是本省(当时为吉林省)迁入的人口,时有14户,102人;三是直、鲁两省流落过来的贫民。这部分人居本县人口之多数,且一般多为男性。总人口中女性有204人（其中赫哲族女性175人），占比为17%；四是1921年以后，俄远东地区不宁，其地大量朝鲜族和汉族商贾流入；五是伪满时期日本侵略者推行拓荒政策，大批朝鲜人来此谋生。

1938年，全县人口达到9 400人。其中女性2 896人；1956年，安置接收哈尔滨市移民33户41人；1957年，接收安置安徽灾民191户263人；1966年春迁入转业官兵600多人；1968年至1978年先后接收省内外下乡知识青年2 322人；1974年开荒建点，从省内呼兰、汤原、桦南、富锦、集贤等县移民897户4 814人。此间盲目流入人员还有170户753人，致使人口增加50%左右。1979年全县人口达22 176人，以后进入稳定增长期。1982年全县人口达40 079人，每平方公里6.4人。2019年，总人口156 000人，其中户籍人口83 434人。市属户籍人口55 137人，占户籍人口的66.1%；省属国营农场户籍人口28 278人，占户籍人口的33.9%。每平方公里25人，是1949年每平方公里0.6人的42倍，比现阶段全国人口密度每平方公里144.3人少119.3人，比黑龙江省每平方公里81人少56人，比佳木斯市每平方公里75人少50人。属于人口小县，资源大县；规模小县，特产大县；偏远小县，边贸大县。

解放后，抚远居民以汉民族为主，同时间有赫哲族和朝鲜族等10多个少数民族居民。

1951年全县总人口3 384人，少数民族人口192人，占全县总人口的5.67%。其中赫哲族155人，朝鲜族37人。

1964年全县总人口为4 917人，少数民族人口85人。占总人口的1.73%。其中赫哲族人口46人，满族33人，蒙古族、回族、苗族、壮族、朝鲜族、达斡尔族各1人。

1982年全县总人口25 987人，少数民族人口1 144人，占总人口数的4.4%。其中满族606人，赫哲族60人，朝鲜族90人，蒙古族17，回族10人，壮族6人，锡伯族8人，达斡尔族3人。

2019年户籍人口83 434人，少数民族3 324人，占总人口的3.98%。其中满族1 762人，赫哲族893人，朝鲜族257人，蒙古族278人，回族38人，壮族10人，锡伯族18人，达斡尔族16人，瑶族5人，鄂伦春族7人，土家族3人，俄罗斯族37人，黎族1人。

赫哲族是东北地区一个古老的民族，其先民长期生活在黑龙江、乌苏里江、松花江流域。19世纪50—60年代，沙皇俄国侵占了黑龙江以北、乌苏里江以东中国部分领土之后，赫哲族变成了一个跨国民族。据有关资料介绍，俄罗斯远东地区有赫哲族居民约10 000人，大部分在乌苏里江口以下的哈巴罗夫斯克（伯力）和阿穆尔共青城，俄罗斯称其为"那乃人"。居住在我国境内的约5 000人，仍称"赫哲人"。赫哲族与满族有着共同的族源，元末明初，住在今依兰一带的满族胡里改部，与其东邻的兀狄哈人发生械斗，胡里改部失败后南迁，与其他民族逐渐融合，便形成了以后的满族，而留在依兰一带直到黑龙江下游的兀狄哈部族则成为以后的赫哲族。居住在抚远一带的为使犬部（《吉林通志》）。

"赫哲"一词，最早见于官方文献是《清圣祖实录》："康熙二年癸卯……三月、壬辰（1663年5月1日）命四姓库里哈等进贡貂皮，照赫哲等国例，在宁古塔收纳"。这里的"国"是女真各部，不是今天国家的概念。从后金到清初（约1616年—1636年）统一女真各部的进程中，曾相继将赫哲部编户编旗。编户始于天命二年（1617年），就是按照血缘（姓——氏族）和地域（乡——村屯）的原则，把赫哲人分为若干姓，每姓设若干乡，再由姓长和乡长管理。顺治二年（1645年）开始编旗，直接把赫部纳入满洲八旗本部，称为"伊彻满洲"（新满洲）。直到19世纪初叶，从牡丹江至黑龙江下游,所有赫哲部的22个氏族,都由清廷按其氏族与分布地区编入满洲八旗本部,行使有效的管辖。在清代,赫哲与由内地及当地各民族的产品交换关系日益发展,赫哲渔猎工具也逐渐有所改进,生产力逐渐提高,原始社会渐趋分解,至清末已从原始社会末期踏入阶级社会。辛亥革命以后,三江平原开发速度加快,赫哲族人与汉族人杂居,渔猎产品的商品化程度加深,在政治、经济等方面形成与汉族及周围其他各族不可分割的联系。日本侵占东北后,对赫哲、鄂伦春等人数较少的部族,实行野蛮统治,使赫哲族人口更加减少。抗日战争胜利以前,赫哲族人口已濒于灭绝的境地。解放以后,赫哲族人分为两部分,一部分融合于满族共同体,一部分从满族八旗中分离出来,成为今天的赫哲族。

赫哲族人喜居山边水畔,以捕鱼狩猎维生。

很早以前这里分布着许多赫哲族人,后来逐渐减少,减少原因不

外乎是由于黑龙江以北和乌苏里江以东被沙俄侵占之后,大批哥萨克人经常越过边界到我岸烧杀淫掠,逼得人们无法生存,而四处逃散了。

抚远设治初期,浓江河西一个叫生德库的地方,住有七八户赫哲族人;生德库西南约3公里,有个叫三岔口的地方,那里住着五六户赫哲族人;从三岔口再往西到勤得利东面,有一家子、四家子、沃泥口等地,都是赫哲人居住的地方;抚远县城里有两三户赫哲族人,还有两个赫哲族妇女嫁给了两个汉人(商铺掌柜);从抚远城往东南方向的抓吉、海清每处也都有三五户赫哲族人;最多的就是黑瞎子岛上,乌苏里昂阿住有十几户赫哲族人,莫罗密住有四五户赫哲人;在三岔口不远的一个漫岗上,还有一处赫哲族古墓地,分布有五六十座古坟,如今坟地全部被一

片三四米高的柞桦林所覆盖。据说，那里原先就是赫哲族人古居地，其中有一个大坟，都叫它"公主坟"，是什么朝代？是哪家公主？已无从可考。

  日伪统治时期，抚远有赫哲族居民395人，占全县总人口的三分之一。到1942年，日本侵略者把分布在嘎尔当、大屯、齐齐喀、茂日红阔、街津口、勤得利、八岔、浓江、小河子、抚远、抓吉、别拉洪、海青、东安镇等地的赫哲族居民强行归至一、二、三部落。由于生活环境艰苦，瘟疫蔓延，致使人口大量减少。三年时间赫哲族人由归部落时的237人减至165人，死亡人口占总人口的33%。解放后，由于行政区划的变更和民族间通婚等原因，到1984年末，抚远实有赫哲族居民仅有81人，占全县人口数的0.3%。到2019年末，增长至893人，主要分布在抚远镇和乌苏镇。

  抚远地区赫哲族人属使犬部，也叫鱼皮部。古赫哲族人除穴居地窨子外，夏季多用草木搭起圆锥形棚子，名为"撮罗子"。常年从事捕鱼活动，所获鱼品，除随时充饥外，加工成鱼干，或炒成鱼毛（鱼松），存储备食。捕鱼工具主要为鱼叉、鱼钩、渔网等。自汉民族移入后，内地的生产技术传入，大型的鱼亮子、大型网具、滚钩等捕鱼工具开始推广应用。赫哲族人最早使用的船，小的是仅乘1人的独木舟；较大一点的为用白桦皮缝制的桦皮船，亦可乘3至4人，以桨划行；后来相继改用舢板船和"花鞋船"。

  赫哲族人善狩猎，古老赫哲人用弓箭、梭镖、扎枪和"索机"捕杀野兽（野猪、狍子）；用捕貂网、卡子捕紫貂；用地箭等工具捕大野兽（马鹿、虎、熊等）。冬季穿滑雪板追捕猎物，用狗拉爬犁运输猎物。

  赫哲族生活习惯与鱼类资源密切相关，吃鱼（兽）肉，穿鱼（兽）皮是其生活常态。冬兽肉，夏鱼肉，不足部分以粮食补充，主要是小米；也用皮张和鱼品换些粗布做衣服穿。布制衣服只穿在生产之余，下江或上山时仍穿鱼皮衣服，因鱼皮衣服既抗风防水又耐磨。随着商品经济的不断发展，赫哲族与汉族的交往日益密切，他们在生产生活中互相学习，取长补短，促进了生产技术的提高，改善了生活内涵。赫哲族由单一的鱼（兽）肉发展到以米面为主食，腌渍鱼代替了淡鱼干，开辟了家庭菜园，吃到了蔬菜瓜果；汉族喜庆食品包子、饺子进入了赫哲族餐桌；赫哲族传统的"拌生鱼"、"烤塔拉哈"、"削鱼片"（也称刨花），受到汉族人的欢迎，经过创新和改良，成为官民皆可的上等佳肴和招待尊贵客人的首选珍品。

赫哲族是中华民族大家庭中的一员，是抚远地方的最早开拓者，与后来移入的大批以汉族为主的各兄弟民族一起，成为屯垦兴业的边疆卫士。

第九节　宗教与习俗

一、在清理教

1921年绥远县城内建立忠善堂，作为在清理教公所。之后，海青、勤得利、东安镇亦纷纷设立在清理教公所。1925年于金生等五人在县城内布教。在清理教俗称"在清理"，以佛教观世音菩萨为本尊。自守"香、纸、像、鸡、猫、狗、烟、酒"八戒，以烟、酒为两大戒行。在清理教祀奉圣宗古佛、邱祖、羊祖和八仙（狐仙、黄仙等）。农历每月初一和十五为一般祈祷日，通称为"顺斋日"。大祭日为大斋日，俗称公斋日。大斋日一般要杀猪一口，任教徒吃净。在清理教的教义是取佛教之法，道教之行，儒教之礼以正修身，克己复礼为宗旨。入教人数200余人，大部分为商人，间有少数工人和农民。

1928年在清理教改为全国理善劝诫烟酒会抚远分会，会长于金生。1944年该会被日本统治者收买，成为日本侵略者用宗教进行反动统治的工具。1945年8月，随着日本侵略者的覆灭，在清理教销声匿迹。

二、帮会

1933年，"在家里"传入抚远。"在家里"帮会宗旨是"义气千秋"。"在家里"祖辈潘、钱、翁三姓，至伪满末期已排到27辈。"在家里"以堂为名，如"三义堂"等，其聚会点称"摆香堂"。抚远参加"在家里"者约100人，也是受日伪操控的帮会组织。1945年日本侵略者灭亡前夕，该帮会被解散。

三、基督教

1938年前，太平镇朝鲜族居民中有相当一部分人信仰基督教，其后由于禁种罂粟，朝鲜族人多移往他处，抚远遂无基督教。1970年，从本省鸡西市、二道河子迁入4名基督教信徒开始传教。1985年发展到112人，其中县内97人，前哨农场15人，受洗礼教徒6人。信徒多为家庭妇女和老人，亦有少数工人和干部。每逢星期三、星期日晚，信教者聚会活动，风雨不误。

2019年，信奉宗教的人数发展到1 859人。其中基督教1 216人，佛教643人。

四、衣食住行

衣 各历史时期县内民众的服饰常以年龄和身份不同而形成一定的衣着习惯。早期，土著居民赫哲人用鱼皮、兽皮缝制鞋服。民国时期，穿偏大襟结疙瘩扣的衣服，青年和公职人员一般穿对襟便服。夏着长衫冬穿棉袍，是一部分公职人员的习惯。每逢喜庆日子，多数公职人员还在长衫外罩里夫尼马褂。体力劳动者和妇女常扎裹腿或腿带以利干活和防毒蛇咬伤。赫哲族人则用鱼皮制作衣履。人们不分男女老幼和身份，一律都穿便裤。解放后人们的衣着方面变化很大，制服代替了便服，中山装代替了马褂。妇女则常着偏大襟布衫或旗袍。20世纪80年代，已从黑白灰蓝的粗布褂、中山装发展到"多色彩多款式混搭"。"小时候的衣服多是妈妈给我做的"时代一去不复返了。取而代之的是遍布大街小巷的服装商场、品牌专卖店、服装批发市场、服装服饰一条街，从十几元的廉价货到上万元的高档品，国产服饰与国际品牌同场亮相；运动牛仔、冲锋迷彩，短裙短裤、毛边带眼，百花齐放、风流尽显，百家争鸣、惹火时代，是现代人的衣着特点。

  食 解放前，由于贫困落后，人们在吃的方面并不讲究，以能吃饱为好。大体以高粱、玉米、小麦、谷子、水稻等产品为主食，辅以各种豆类、蔬菜、薯类、鱼、肉、蛋等。流入县内的辽宁人以高粱米为主食，一天两顿饭；山东人、河北人，以玉米为主食，一天三顿饭；吉林人以小米为主食，一天两顿饭。一般每逢年节才吃面，富裕人家，也只能每月或每半月吃一次面。抚远民众都喜欢吃鱼粥，即用大米先熬成粥，之后把鲤鱼或草鱼的肉切成细丝下到锅里，加上盐及其他调料煮粥。赫哲族人则喜欢用小米、稠李子（一种野果）和鱼肉做鱼粥。解放后，人们饮食结构随着生活水平的提高，逐渐由粗粮为主向细粮为主转化。副食方面最有地方特色、最受民众喜欢的菜肴是"拌生鱼"、"削鱼片"，是逢年过节、迎宾待客不可或缺的一道主菜。每年鲑鱼汛期，氽大马哈鱼丸子待客，也是抚远地方的一大特色。进入新世纪以来，已从"吃饱就好"，发展到"科学饮食"。过去是品种少，数量少，得想方设法地解决"肚子问题"。现在则是品牌多、品种全，须尽力达到"不仅吃得好，还要吃得科学，吃出健康"的目标。很多人深有感触地说，以前大家都追求大鱼大肉，现在，人们都意识到要健康饮食，要多吃绿色食品，要合理膳食、荤素搭配。

住 本县原住民族，夏季多搭圆锥形草屋，名为"撮罗子"，内铺干草以卧，门外立灶炊爨。亦有以木柱支成人字形屋架于地面上，上披草或桦树皮，无墙壁，正面留门，挂以草帘，名为"马架子"。冬天则以木条夹草为门。室内设灶塘、火炕。多数喜穴居地窨子，于干燥阜地挖深坑，上架木椽，覆草盖土，旁留洞口，以梯出入。内生火塘，全家围居，以草墩做枕头、白桦皮代席铺炕。

明清以后，受内地汉人文化影响，开始建造土草房屋，基本形式是木头房架子卧挂拉哈辫墙的草盖房屋。

20世纪初，受俄国建筑形式影响，本县亦有建造俄式木刻楞房屋的；受日本建筑形式影响，亦有建造日式马屁股房的。

20世纪60年代初，始见砖瓦结构房屋。90年代，初行楼房建筑。进入新世纪以来，乡镇的楼房和别墅也悄然兴起。由"拥挤狭小条件差"发展到"宽敞舒适重环保"。以前，全家人只能挤在一起，生活非常不方便。现在，百姓的住房质量和配套性能都有了提升，基本普及了电气化。

行 水路交通开发较早，从设治之初到60年代末，与内地的沟通联系主要依靠水路。陆路交通发展极其缓慢，从设治到1968年，抚远没有一条通往内地的公路，城乡公路大都是土路。70年代后期，伴随着开发边疆的热潮，地方道路建设才有了较快发展。1985年底，有通往饶河和富锦的国防公路两条，辖区内县级公路4条，地方道路45条。这些道路的开通对全县政治、经济、文化发展和国防建设起到了巨大的拉动作用。现在，已从"全靠步行"发展到"选择出行"。自行车、电动车、私家车、公交车、出租车、火车、轮船、飞机，可供百姓选择的交通工具和出行方式越来越多。以往，百姓既没有太多的闲钱，也没有太多的闲暇，节假日要么待在家里，要么走亲串友，即使出去走一走，活动半径也很小。现在，每逢国庆、春节便形成了旅游消费的"黄金周"。以前，没有几个人敢奢望拥有一辆属于自己的轿车，因为连买一辆自行车也得凭票供应。而如今，私家汽车随处可见，有的人家拥有两三辆。

第十节　外事与边防

一、边境外事

1689年9月7日，清政府全权使臣索额图与俄罗斯全权使臣戈洛文在尼布楚（今俄罗斯涅尔琴斯克）签订了《尼布楚条约》。此前，黑乌两江彼岸直至东海滨（包括库页岛）都是中国领土。此后，从黑龙江支流格尔必齐河到外兴安岭直至到海，岭南属于中国，岭北属于俄罗斯。西以额尔古纳河为界，南属中国，北属俄国。绥远属中国的内地，黑龙江和乌苏里江两江属中国内河。1858年中俄《瑷珲条约》，把黑龙江以北，外兴安岭以南约60万平方公里领土划归俄国，把乌苏里江以东的中国领土，定为中俄共管；1860年中俄《北京条约》（续增条约），把黑龙江以北、乌苏里江以东（包括库页岛）约40万平方公里的中国领土划归俄国。黑龙江、乌苏里江成为中俄界河。绥远地区亦随之由内地变成边境。

1917年，俄国"十月革命"后，列宁领导的苏维埃政府曾于1920年9月27日郑重宣布："以前俄国历届政府同中国签订的一切条约全部无效，放弃以前夺取中国的一切领土和中国境内的一切俄国租界，并将沙皇政府和俄国资产阶级残暴地从中国夺取的一切，都无偿归地还中国。"1924年5月31日签订的"中苏解决悬案大纲"规定，将中国政府与前俄帝国政府所订立的一切公约、条约、协定、议定书以及合同等概行废止。根据平等、互助、公平的原则及1919年和1920年苏俄政府各宣言的精神重订条约、协定等项，"将彼此疆界重新划定，在疆界未行划定以前仍维持现有疆界"。1926年，中苏双方举行会谈，商议重新划界，订立新约，但双方在边界问题上没有达成协议。1929年后，苏联公然派兵将中国抚远境内黑瞎子岛强行占为己有。此后几十年，中苏双方围绕边境走向、岛屿归属等方面的斗争从未停息过。

二、公安警事

1911年4月，经吉林省批准，绥远州将原有联庄会改编为地方武装预备巡警。1912年，绥远州始设警察机构。是时，绥远州警察事务所招募所长1人，警察6人。1915年11月，预备巡警改为预备保卫团。全县共分4区，每区15人，团丁纯属义务，不发薪饷，由政府酌拨地方捐供给包用。1919年改称绥远警察所，全县分4区，每区设分所1处，人员编制5—8人。1921年，正式建立保卫团，有团丁60人。1929年，"中东路事件"后，保卫团扩编到70人。1933年后，保卫团投降日本侵略军，被改编为伪抚远县保卫团。同年9月，改为抚远县警察大队。1949年10月，抚远县警察大队改称抚远县公安队。新中国成立后，人民警察机关在维护社会安定、参与边境管理、保障人民生活安宁、惩治违法行为、打击各种犯罪中起到了重要作用。

三、国防军事

1405年，明政府始在伊力嘎地方设立卫所驻军戍守。1854年，清政府在黑瞎子岛东北角设立乌苏里昂阿卡伦，由三姓副都统管辖。1884年，富克锦协领派兵戍守黑瞎子岛。1920年3月，东北军第四混成旅步兵三营一个排40多人驻防绥远，并分出十人驻防乌苏镇。1929年后，驻抚远部队番号改为东北陆军第九旅四十二团步兵二营。1929年7月，"中东路事件"爆发，9月初，苏军洗劫乌苏镇，还袭击了抚远县其他一些村屯。据档案记载，苏军在白灯登陆，将18家住户（其中4家商铺）洗劫一空。只有一个小孩和一个伙夫幸免于难。9月中旬，苏军趁抚远居民及防守部队撤往浓江里之机，侵扰抚远县城，放火烧了抚远半条街的房屋，并将陆军二营营部的木楼炸掉一角。

1931年"九一八"事变后，在中国共产党领导下，全县有41人参加了抗日游击队，并有20多人与抗日队伍保持密切联系。1933年至1939年，抗联十一军独立师和七军一师，在抚远地区同日伪军进行了长期的浴血奋战，有力地打击了日伪统治者。

解放战争时期，1947年3月，合江省第三军分区所属五团三连进驻抚远。同年8月，由五团七连换防，后组建中国人民解放军抚远县大队。1949年10月，县武装部成立后，县大队改为抚远县公安队。

第十一节　气象与灾害

抚远气象灾害主要有洪涝、内涝、低温和干旱，灾害频发对经济建设和社会发展影响很大。

一、外洪灾害

抚远位于三江平原下梢，地势低洼，沿江近海，夏秋季低温多雨，外洪与内涝常常相伴出现。根据几十年来水文资料记载，黑龙江抚远区段水位超过86.60米，沿江地带就开始遭灾，以致形成大面积洪水泛滥。从1928年至1978年，在省水文数据记载中，黑龙江抚远段水位，高于或等于86.6米的共有26年，平均三年就有两年发生洪水灾害。20世纪60年代中期以后，虽然年最高水位呈明显下降趋势，但由于黑龙江和乌苏里江洪水涨落过程比较平缓，持续时间长，与三江平原上内水的遭遇几率仍然很大。所以从1966年到1978年的12年中，只有6年最高水位低于86.60米。洪水灾害以每两年就发生一次的频率不断降临。

1872年、1897年、1911年、1928年、1932年、1953年、1958年、1972年、1984年、1994年、1998年、2013年为特大洪灾年。

二、内涝灾害

抚远涝灾多发生在春秋两季，其中以春涝为多，大多数每十年就有五六年发生春涝，从1961年至1978年的17年中，春季发生涝灾的共有12年，其中有几年为重涝。秋涝10年中也不下于5年，且往往形成一年秋雨两年涝。另外，由于降水集中和气温影响，夏涝也兼有出现。

三、低温灾害

抚远低温冷害较多，在夏季常伴随洪灾同时出现，在一般情况下，如果6—8月的气温比常年低0.7度以上，则发生低温冷害，如果6—8月份只有一个月偏低，则为次低温年。从年积温看，如果低于2 350℃（正常积温为2 380℃）就要发生低温冷害。低温冷害多发生在辖区的中部和北部，南部较少。

从1966年到1978年的12年中，发生低温冷害4年，平均每三年发生一次。

四、干旱灾害

抚远旱灾也时有发生，包括春旱、伏旱和秋旱。春旱大约每十年发生一次，伏旱大约每三年发生一次，秋旱约每八年发生一次。

第二章　日本侵略者的法西斯统治

第一节　殖民统治

一、肆意的欺凌

日本帝国主义侵略者早有图谋吞食我国东北三省的野心，1931年9月18日，驻沈阳的日军突然于柳条沟的地方自炸铁路，反诬我国所为，以此为借口，当夜炮轰北大营，引爆了震惊中外的"九一八"事变。

（一）沦陷后的苦难

东北被侵占之后，虽有李杜、马占山等爱国将领几经抗战，终因南京政府的不抵抗政策，将东北主力部队撤走去了西北，使东北战场既缺乏部队又缺少统领，各部孤立无援。加之日寇利诱分化，汉奸投降出卖，使东北抗日武装战斗力渐减，不到半年时间，东北三省全部被日本侵略军占领，并在长春组成了伪满洲国傀儡政府。翌年3月9日，改民国21年（1932年）为"大同元年"。

1932年秋，混入饶河抗日救国军的郭荣廷、邓良谟（原名邓维新）叛变，入冬后，受富锦县日本军司令官小宾之命辖制抚远县。

1934年2月，伪军100多人，日军60多人进入抚远，并送来

第二章 日本侵略者的法西斯统治

日本人滕吉保家到抚远就任参事官（相当于副县长）。滕吉保家即着手组建伪抚远公署，设立科、股等若干行政办事机构，改警察大队为警察署，在各村设保甲，并在抚远城乡插上了日本"膏药"旗和伪满洲国国旗。从此，抚远县正式沦陷于日本侵略者铁蹄之下。

在日伪的反动统治下，人们每天都提心吊胆的过日子，谁能知道自己在哪天，为点儿什么事儿或者说了一句话，甚至还不知道为什么，就被扣上"反满抗日""思想不良"或"通苏"等国事犯罪的帽子。如果一旦被警察队或宪兵队抓去，轻者"灌辣椒水""压杠子""抽鞭子"，在"笆篱子"里折磨上几个月；重者要押上断头台，或到劳工队去修工事、做苦役，被慢慢地折磨死。卢清河、小河子、城子山、宋家店一带的几十名平民百姓就是这样被迫害死的。

为了活命，许多人就过江去苏联避难。小河子、城子山一带不到一年就先后有十几户过了江。

日伪军警宪特残害抚远人民，实行法西斯统治，这仅是明的一手。他们还有暗的一手，那就是利用"鸦片"来麻醉，把人逼上死亡之路。日本法西斯侵略中国后，一方面假惺惺地成立什么"满洲禁烟公司"，大吹大擂地宣传"禁烟""禁毒"。另一方面，却又大面积地种植鸦片。以1936年为例，那时抚远有耕地3万余亩，而烟地则占18 445亩。鸦片收割后，日本人又利用禁烟公司的合法名义，给那些抽大烟的人（实际上有不少人并不会抽，而只是为了倒卖）发"鸦片证"，月月保证供给。那时，抚远不过百十户人家，可是公开职业性的大烟馆就有三家。

那时，种地就必须向日本人缴规定量很高的"出荷粮"，当时老百姓辛苦一年打下点儿粮食还不够交"出荷粮"的，只好吃糠咽菜。至于大米白面甭想见个面，赶上年节谁家能吃顿饺子，那就算是莫大的幸福了。即使家里有了病人，想方设法弄了点儿大米或白面，还得偷着吃，若被警察、特务看见了就被当成"经济犯"，弄不好也要进"笆篱子"的；日本人对棉布进行统购，百姓在市面上买不到，唯一能买到的就是日本人用破布条、烂棉花重新纺织的"更生布"。这种布疙疙瘩瘩麻麻拉拉的，非常粗糙，也很不结实。一件儿新衣，干活人早晨穿上，晚上就出窟窿，你就得天天晚上补衣服。可是，补衣服连补丁布也没有啊。后来，日本人在缴"出荷粮"的时候，根据你交粮多少，奖销你几尺布，这样补丁才有了着落。不过补在衣服上，浑身红一块儿紫一块儿，也够难看了。有的人家，衣服不够用，就只好让干活的男人穿出去，剩下老婆孩子，干脆猫在家里，不敢见人；穿衣服是这样，要说铺盖那就更惨了。在老百姓家里多是破席铺炕，晚上睡觉一条破麻袋，全家人东拽西扯地盖不全乎。屋子冷全靠烧样子取暖。"土改"前一个冬天，有一户人家从浓江迁往小河子，没衣服也没铺盖，怎么办呢？只好把几个孩子装进一个大木桶里，再塞进些麦余子，用爬犁拉到小河子屯，孩子们从大木桶里爬出来时，浑身上下没有一根布丝，一个个冻得哆哆嗦嗦的，赶忙往屋里跑。

（二）赫哲人的遭遇

日本帝国主义侵入我国东北之后，对赫哲族人实行了灭绝人性的迫害。从1931年"九一八"事变到1945年日本帝国主义无条件投降，这个本来就人口很少的赫哲族居民被迫害致死100多人。

1942年，日伪统治者为了防止赫哲人"通苏"、参加抗日队伍，切断赫哲族人和东北抗日联军的联系，把赫哲族人和其他民族的人分开，在抚远地区实行"坚壁清野"，集家并屯，强行赫哲族人归并部落。把赫哲族驱赶到离山林和江河较远的沼泽地带，进入了打鱼没有江、种粮没有地的困境。本来就穷得穿鱼皮、喝鱼粥的赫哲人，又陷入了痛苦的深渊。在没有任何生产工具的情况下，饿了吃野菜、冷了披麻袋，住的是又暗又潮又冷"地窖子"，过着令人难以想象的非人生活。

一部落 一部落距离八岔40多公里，距离勤得利80多公里，这里荒无人烟，没有河流，没有道路，是蚊虻滋生，野兽出没的荒草甸子，和外界无法联系，而且还有武装警察日夜看守，使集中到这里的人们失去了行动自由。

一部落的人都是从勤得利被逼着搬去的，向里面搬家的时候已开始化冻，正烂道呢。日伪警察用马爬犁把人们拉进去，一到那里住的是帐篷。头一批是一家去一个劳力盖房子，一共盖了两趟房子，一趟7幢，共有16家。开始给些小米、黄米，都舍不得吃。粮没了就给麸子，掺着野菜和冬青煮着吃。或爬到很高的树上去掏"老等"蛋和"老等"仔熬汤吃。吃野菜时间长了人身上浮肿，不会医，没有药，一病倒就会死去。三年时间，一部落的人，死了一半还多。

二部落 二部落位于勤得利南，在一部落西南，距离三部落50多公里。二部落的人都是在同江三江口下游被逼搬去的。开始，发点小米，吃完了就吃豆饼，再吃完了就不管了。吃完了粮食吃野菜、橡子、冬青、"老等"蛋，像野人一样。住在那里，就像蹲监狱。去勤得利没有道眼儿，得拉慌走，走在漂筏上，一踩挺深，前后起来很高，像江里的大浪似的，得赶紧走，站下就要陷进去。

刚去时，二部落的人都住在3个大地窖子里，后来用木头、草筏子盖房子，两户住一幢，全屯人用一口泥井。

有两个武装警察（汉族人）看管，外出都得先报告，要按时间回来。人一有病，两三天就死了。二部落共集中了12户人家，解放时只剩下4户没有死人，其他户都有死人，有的户死了多半，有的户死得一个不剩。

三部落 三部落在距离现青龙山农场1.5公里处四连的位置。居住在街津口和哈鱼岛两个屯的赫哲人，全部被驱赶到这远离江边、四周是漂筏甸的野林里。五个大地窨子，一个地窨子住七八户。住也得住，不住也得住，冬天冷啊！刚到那里时，吃的是小米，小米子吃完了吃豆饼，豆饼吃完了就自己想办法了，没人管。以后就得摘冬青、采灰菜、山白菜，抓沟子里的泥鳅鱼、山胖头鱼。总吃那些身体受不了，还得偷偷地去二屯、三屯、街津口向汉族老大哥讨点粮食回去。警察看见了不让，没有证明就得被抓起来过堂，打一顿。汉族老大哥给点皮粮吃完了，剩点糠麸用锅炒干了，再磨碎拌灰菜吃。

三部落一共有20多家，光复时仅剩下一半，老的小的，不抗折腾，大部分都死了。

由于长时间缺粮又吃不着鱼和肉，身上穿不暖，归部落时活蹦乱跳的青年人逐渐地消瘦下来，老年人、儿童、妇女就更不用说了。再加上各种疾病的折磨，生活就更艰难了。有一年流行伤寒，全家都病死的很多，所以这种病又称为"窝子病"。本来就缺医少药的赫哲人，只好用针扎，拔罐子的办法来治病，也有的跳"萨满"来治病，结果都无济于事。一家人若是死了老的小的，还有青壮年料理后事，可一旦是青壮年死了，只好求助屯里的人来发送。疾病夺去了许多人的生命，不少人家死得一个不剩。据《赫哲族简史》记载：在短短的三年内，一部落77人，死亡18人，占这个部落人口的23.4%；二部落51人，死亡19人，占这个部落人口的37.2%；三部落109人，死亡35人，占这个部落人口的32.1%。归部落的赫哲人口总数为237人，死亡72人，占总数的30.4%。死亡者大部分是青壮年，另有一些虽然当时没有死在部落里，但因为在部落内受到严重摧残，也于东北光复后不久，大都相继死去。

还有一部分未去部落的赫哲人，大部分都隐姓埋名四处逃亡，或改变了民族，才幸免了这场灾难。现在的依兰、佳木斯、桦川等就有这部分人。

（三）劳工之死

日本侵略者占领了大半个中国后，野心勃勃地觊觎于苏联的远东地区。从他们进入抚远境内那天起，就一直忙着准备进攻苏联。经过勘测，决定在抚远镇东牤牛恍河边岗地建飞机场。这里三面环山，飞机跑道建在漫坡上，既省工又省材料，还便于隐蔽。于1938年6月破土动工，到封冻时才不得不停工。第二年6月又干上了，按照日本厅长的命令，秋季必须交付使用。但劳工少，进度慢，日寇不得不从富锦、同江一带抓来60名劳工充实施工队伍，事件就出在这批新劳工身上。

抚远镇人家少，原来的劳工住处都是硬安排的，又来了60多人，实在没有地方住，只好在伪县公署东北角（现抚远宾馆处）围墙内架起帐篷。人多帐篷小，厨房还安在里面。6月的晚上，烟熏火烤蚊子咬，天气又闷又热，劳工们连气都喘不过来。为防止劳工逃跑，日本人派了一个警备班守卫。除非大小便，否则一律不准出帐篷。一吃过晚饭，劳工们打蚊子声、呻吟声、日本工头酗酒划拳与日本妓女挑逗嬉笑声交织在一起，一直到夜半更深，吃饱了喝足了玩腻了的日本工头儿像死猪一样昏睡了。天放亮把劳工们轰到工地后，他们又轮流睡回笼觉。劳累一天的工友们，半夜实在熬不住才入睡，一亮天就出工，晚间点灯吃饭，一日三餐是糠菜，吃不饱，睡不安，十几天的时间里就十分消瘦，病倒病死的时有发生。

一天早饭后，一位劳工病得实在起不来了，连嚼口饭的力气都没有了。狠毒的工头还"八嘎、八嘎"地直叫骂,手里的大棒子劈头盖脸打下来,那位劳工只好硬挺着站起来,刚到门口儿又昏倒了,日本工头跑过来,用他穿的长筒皮靴狠狠地踹劳工的胸部,顿时这位劳工大口大口地鲜血喷到地上、帐篷上,不一会儿,就含恨离开了人世。

刚刚走到伪县公署门口的劳工们一看这个惨状顿时炸了营,他们抱起惨死的工友,哭着、叫着、喊着,有的操起石头准备拼命!吼声震撼了伪县公署,也震撼了抚远城。闻声赶来的人们看着死去劳工的惨状,也流下了同情的泪水。

在人们抗议声中,日本警官只好露面了。望着人们愤怒的目光,他意识到,一旦激怒整个抚远镇民众,其后果是不堪设想的。便当即叫来日本医官验尸,在众目睽睽之下,医官不得不宣布"肺部严重损伤致死",当场开了"因踢致死"的检验书。于是,日本警官当场把这个日本工头"逮捕"并"监禁"起来。

第二天上午,伪警务科长装模作样地向劳工宣布:日本工头犯伤害致死罪,依法交付三江公署涉外法庭审判。劳工们也深深地知道,日本人杀一个中国人,如碾死一只蚂蚁,他们这样做,无非是为了他们的飞机场,这一切只不过是逢场作戏罢了。

就在劳工们掩埋和哀悼难友的时候,两个伪警察陪着戴手铐的日本工头儿登上了一架小型军用飞机直奔佳木斯飞去……

现在,这位没有留下姓名,不知道籍贯的中国劳工,仍然长眠在抚远牤牛怵河畔。

二、残酷的镇压

日伪政权建立后,抚远警察署下设警备股、司法股、特务股,同时在抚远城区、海青区、蒿通区、太平区、勤得利区设立警察署,在别拉洪、东安镇设两处警察分驻所,总人数约达200

人左右。

（一）疯狂大"讨伐"

1935年至1938年间，日伪为了巩固他们的反动统治，确定了以"讨伐抗联"为重点的统治方针，对本地反满抗日民众实施血腥镇压。1938年春，小河子、宋家店等处百余名群众越境不成，被逮入狱，其中一名被冠以"造谣惑众罪"处死。1938年5月23日，日伪特务在勤得利南45公里处包围并打死抗联战士5人。

1939年后，根据日伪"三年肃正计划大纲"要求，加强了对抗日联军的扫荡，采取扩充情报网，收缴民间武器，强化保甲连坐，增设特务据点，归并大屯等一系列手段加强殖民统治。在归并大屯中，日伪统治者采用强制手段逼迫农民迁移，毁地700多垧，烧毁房屋数百栋。

（二）秘密大逮捕

1939年，日本宪兵队在抚远地区建立了多处特务活动据点，如海青的"佐藤洋行"和"福泰祥商号"等，发展特务，培植走狗。活动在抚远、同江地区的特务多达38人，他们就像38条毒蛇，潜伏在善良的民众之中。与此同时，在抚远县城设立了伪警察特务股，下设特务分室，加上日本关东军，成了一张多层面的特务网。特务经常在农民、渔民中活动，从中寻找"苏谍"线索。日特的头目，都随身携带大烟份，用来奖励为他们效力的人。

经过一段时间的秘密查访，佳木斯日本宪兵队本部特高课汇集特务们的情报，拟出了黑乌两江下游的"苏谍"名簿和"肃正工作计划"。

第一次大逮捕开始于1943年3月，伪三江省日本特务头子佐藤带领佳木斯宪兵队、富锦县宪兵分队、同江县宪兵分队三路人马，开往海青、国富镇和东安镇。佐藤坐镇海青，指令佳木斯宪兵队在东安镇抓捕，富锦宪兵分队在国富镇抓捕，同江宪兵分队在海青抓捕。历时近一个月的时间，乌苏里江下游阴风四起，鸡犬不宁。无辜的百姓提心吊胆，惶恐不安。大马哈鱼期结束后，被捕的人集中到海青的"佐藤商行"，分批由"三江客轮"载运至佳木斯宪兵队和伪警务处。

第二次大逮捕是1944年5月开始至10月结束。被捕的群众都被送到三江省佳木斯宪兵队和伪警务处进行审讯，并被施以各种酷刑。如绑吊、跪铁丝、扎竹签、灌凉水、烧大腿等。

两次大逮捕和前后零星抓人，共计100多人。两次逮捕有据可查的就有65人。东安镇被捕12人，其中1人因拒捕被当场枪毙。国富镇一带被捕27人，海青地区被捕15人，小河子被捕11人。被捕人中大部分下落不明，生不见人，死不见尸。是死在监狱内还是被喂了狼狗，还是押到哈尔滨香房细菌杀人试验工厂，就不得而知了。经查证，被处死的有28人，病死10人，下落不明的4人，生还的仅有23人。

由于日寇的无端残害，更使抚远地区人烟稀少，田园荒芜，满目凄凉。国富镇原有30户，几经抓捕，到光复前夕，只剩下5户人家了。

（三）血染浓江河

1938年初春，日伪统治集团对我边境实行强化治安，推行并屯子，建立集团部落，落实保甲制。抚远人不甘心在鬼子的刺刀下过暗无天日的"集中营"生活，就成帮成伙的往江北、江东的苏联边地逃难。然而，由于我边境居民大批越境避难，苏联便封锁了边境，一些越境的难民被苏军驱赶回来。被赶回来的人，不是被日本人捉去枪杀，就是被伪警捉进监狱，受尽折磨。农历三月初十，在黑菜营上游的浓江河面上，几只陈旧的舢板船缓慢地逆水而行，上面坐满了大人和孩子。太阳偏西了，突然一声刺耳的枪声，紧跟着排子枪一起射来，船上十几个人纷纷落水。

被阻击这几条船上的人，是万家店的30多个投苏不成，想转而逃往深山老林的黎民百姓。

枪声继续响着，血染的河面上，5只小船赤裸裸地暴露在追捕警察队的枪口之下，紧接着船上又有十几人中弹身亡，剩下的几个人被抓俘送到县里蹲了大狱。

三、长治的野心

1931年"九一八"事变后，日本侵略军很快占领了东北大部分地区。1932年，当日本侵略军铁蹄踏上富锦之后，三江地带的东北抗日义勇军的主力部队为了保存革命实力，转到抚远等边远地区开展游击战。他们同活跃在边境的小股抗日武装密切配合，出其不意地打击日军，日本侵略者被打得焦头烂额。恼羞成怒的日军于1933年春发动了一次大扫荡，反而促使抗日小股武装力量走向了联合，扩展游击区，更加有效地打击了侵略者。当时同江、萝北、抚远和饶河的官吏们，虽然已投降了日军，归驻守在富锦县的日本军部管辖，但是小宾大佐对这里旧官僚们仍疑心重重，于是策划了"靖边"军事行动。

（一）公开靖边调查

为了所谓强化治安，日伪统治者软硬兼施，由"扫荡"转为"靖边"。一则显示日本皇军的威风；二则欲借此收买边民人心；三则窥探抚远、饶河两县旧官吏投降后的表现。1933年冬，调动日军一个小队和伪军两个连，经同江街津口，进入抚远境内。这时，同江至抚远长途电话线路已被抗日队伍切断，街津口的越河高压线杆也被截断。这次日伪军经过时，一并进行了修复。

日伪军乘坐30多张马爬犁，一路冻得叫苦连天。伪军先头部队进入勤得利时，命令村长安排食宿。要求皇军集中住，伪军安排几大商民家中，其余马夫随便安排，并要求屋子暖、火炕热，饮食炊具由日伪军自理。这些举动，无非是日本人初到，警惕中毒被害。当日傍晚，一个满脸胡茬子、大个子日本人来到勤得利保安第二中队办公室，从名片上知道他是第一任抚远参事官（即后来的副县长）腾吉保家。他用半拉喀叽的中国话，连说带比画又借助书写，折腾大半天，才使保安队长和在旁边的保安明白，日军这次行动是"靖边"调查，不是打仗，不扰乱老百姓，明日拂晓出发去抚远。同时还让保长带两名村民从日本住处，背回毛巾和香皂，发给每一个村民一条毛巾和一块香皂，以示"关怀"。当时有的中国老百姓说："这是黄鼠狼给鸡拜年呢！"

郭荣庭和邓维新亲自率领县公署人员夹道欢迎滕吉保家，并在县公署内设宴款待。日军小头头和伪军营、连长由商会负责招待。几天后，日伪军出发经海青、蒿通、东安镇、太平镇向饶河进发，所到之处，同样以示"关怀"。其目的是以"靖边"之名，为实施长久统治做准备。

（二）秘密布设据点

1934年春，伪国务院调查局派遣两名日本人和一名中国翻译来到抚远，分别对抚远、海青、蒿通、勤得利等地进行调查。调查当地的地理人口、土地、物产、民族、交通等情况。同期伪国务院统计处一行20多人，乘坐十辆汽车（其中日本人和中国人各半数），装备足够的食宿用品，从虎林经饶河到抚远，再去同江、萝北等边境地区，实地测绘。乌苏镇到抚远这一段路走了十几天。那时候，边境地区，历来是夏天靠船，冬天靠爬犁。人们第一次看到汽车在雪地里行驶，觉得很新奇。这批日伪勘测队又经过20多天的奔波进入了同江县境内。

南山瞭望哨所 1937年夏，抚远又来了一批全副武装的日本关东军测量队，这批人员受日军调动，人数不断变换，少则20多人，多则40多人。他们在境内的山林及泡沼地带巡查一年多，也死了一些人，他们把死者遗物带到抚远，寄回日本国。大批人员于1938年调离抚远，只留下20多人住在西山公园伪图书馆，号称日军驻抚远守备队，俗称"西山队"。他们还在南山最高点建三间草房，设置大倍数望远镜，窥探苏方行动。在山顶和半山腰挖了弯形堑壕，储备了大量食品。这些设施，在抚远解放时被苏军炮火全部摧毁。

寒葱沟中间站 1938年，日本侵略军开始"坚壁清野"，妄图肃清我抗日武装力量，并做攻击苏联和预防苏联进攻的准备工作。早在1936年，伪三江省警务厅命令伪抚远县警务科着手计划，并实施修筑从抚远经寒葱沟到二龙山的公路，当修到浓江南时，遇到漂筏甸子就停止了。此路修不通，又决定在寒葱沟建一个中间站，以切断饶河与勤得利各抗联队的联系。寒葱沟中间站位于浓江河东南（现寒葱沟良种场附近）。夏季因陆路不通，只有在浓江河涨水时，靠木板船运输物资，冬季穿踏雪板或乘坐爬犁出入。尽管此地条件艰苦，但地理位置十分重要，可守可退，也方便与佳木斯联系。1936年春，抚远伪警察队强行抓来20多名劳工到这里建点，盖起五栋木头垛房，还建造了围墙，占地面积约3万平方米。1940年，又建了一座土砖窑，盖起几栋砖房，分别为办公室，独身宿舍和家属宿舍。这里驻伪警察20多名，有一名警佐负责，归抚远县伪国境警察本队管辖。

中间站建立以后，伪警察强迫当地老百姓出劳工修通至抚远的电话线路，并成立了护线班，同时设立了电话室及鸽子通讯班。每年冬季，伪警察署派遣踏雪板队20多人（其中有白俄特务7人）巡查寒葱沟一带地方，侦查抗联出入情况。从1941年起，日本侵略军的大批物资弹药不断地运往寒葱沟中间站，伪警察队还动用供给全县伪职员的面粉，全部烤成馒头片运到这里，做了大量的防苏、攻苏和退却时的食品准备工作。1943年之后，派来一名日本人负责该站。1945年8月9日苏军解放抚远时，派飞机到寒葱沟做了侦查，当时伪警人员早已逃窜。所有建筑物及物资在伪警逃跑前全部破坏，中间站从此成了废墟。

  水亭子站据点　1937年，日本侵略军测量队在乌苏里江一带测量时，发现水亭子这个军事要地，便以测量队的名义驻扎。水亭子位于乌苏里江西岸，下游是国富镇，上游是瓦盆窑，此地是乌苏里江道最狭窄的地方。在这里可以清楚地看到苏方一个火车站，是一个目能视其微，耳能闻其声的地方。以前这里只有一户农户私种鸦片，后因禁止又改种粮谷。日军进驻后，盖起了哨所房，架设高高的瞭望塔，昼夜窥探对岸苏方的情况。当时这里驻有日军十几名，后来日伪实行靖边并屯政策。把国富镇的"永记""同兴长"两家商户撵走后，拆掉他们木垛房子，用船把木料运到水亭子，建一栋木制二层楼房，面积大约有300多平方米。建成后，这里约有50多名日本军人驻扎。夏季，由日军护航的"三江号"客轮，定期到水亭子停靠，为驻军供应给养。日本人还安装了直通抚远守备队的专用电话，警犬和信鸽比其他站多。1941年以后，驻水亭子的日军逐渐调出。到1945年时，这里只剩下20多名日军。当苏军解放抚远炮击水亭子时，这20多名日军多数被炸死，剩下几个在逃窜途中被当地人民群众杀死或途中自杀，建筑物也全部被炸毁。

（三）强行购买土地

  日伪为了长久霸占东北，为向东北移民做准备，开始强制收买土地。1938年以后，伪公署与日本满洲开拓株式会社，趁并屯之机大量低价收购民有土地。为使掠夺合法化，伪公署组成了"抚远开拓垦地整备委员会"，专门负责收购土地工作。土地作价：一等地31元/垧，二等地30元/垧，三等地24元/垧，二荒地一等2元/垧，二荒地二等1元/垧。1939年日本侵略者先后三次在抚远收买民有熟地6万多亩。

第二节　经济掠夺

一、税赋剥削

日伪统治时期，对农民的压榨是极其残酷的。一是无论熟地或新开荒地，一律交保甲费，每垧20元。若种鸦片则每垧20两鸦片（合吉洋30元）；交地方捐10~16元，交官税10元左右。担负"出荷粮"的地所交的更多。去掉各种税费，农民所获报酬甚微。据档案记载，是时日伪官方给出荷粮谷的报酬是每吨伪币12元（约合棉布25尺，棉花1市斤，线2支）。不管丰歉，出荷任务一点不能少，即使歉年也须用春菜或马草顶上。

二、搜刮民财

日伪"生活消费品配给社"由日本人负责，对日伪职员实行配给制。中国人一般配给玉米面、高粱米，日本人则配给大米，每人定量30斤。到伪满后期，布类、食用油等均无供应。与此同时，伪政府在各村屯也设立了"配给店"，通常每年配给"更生布"8—12尺，棉絮不超过半斤，粮油之类则无供应。由于宪兵、警察、伪村长等的盘剥，老百姓食不果腹、衣不蔽体。从1939年起，林谦商店、东亚产业、北满水产、依兰星火开拓团先后挤进了抚远捕渔业，从此水产资源也遭到日伪统治者的掠夺。他们组织大拉网队强行霸占了乌苏镇滩地，进行掠夺性生产。伪兴农合作社也把鱼品收购权控制在手，为日本侵略者筹备军需。日本宪兵、特务则用鸦片廉价换取鱼品进行出售，从中谋取私利。这一时期，当地渔民被迫迁移到一些穷滩地捕鱼，收获甚微。

三、放纵烟毒

1932—1937年，日伪统治者以筹集地方开支为由，经伪鸦片专卖总署许可，抚远可公开种植罂粟。同时，设大东公司专门在抚远地区进行鸦片收购。罂粟的种植不仅使抚远农业生产发展受到严重的冲击，而更严重的是部分群众遭受了鸦片的毒害。吸毒的人穷困潦倒，以至于沦为乞丐暴死街头。农民种罂粟每年每垧地需交70~110元的各种捐税。1938年，日本统治者开始"禁种罂粟"，却在全县设烟馆4处，以合法身份定时定量向烟民供应鸦片烟（也称"福寿膏"或"福膏"），特务机关还利用鸦片收买汉奸特务，用鸦片换取情报。为获取鸦片而行诬告的"能事"之人，使很多无辜者被诬陷致死。

第三节　奴化教育

一、教材浸入

日本侵略者占据抚远后，即着手进行奴化教育。1935年，根据伪满洲国文教部令，在新教科书编印之前，各学校均以《四书》为课本，而日语则为必修课。在教学中，把日本的"忠于君，孝于亲"，"日满一德一心"等思想纳入日语教材。1937年以后，伪满当局又下令以"建国"精神为基础陶冶人格，教养忠良国民，虔心诚意崇拜日本天皇和满洲皇帝，赞颂"日满亲善"，"民族协和""王道乐土"等内容也列入教学内容。

二、课堂灌输

日伪当局为加强奴化教育，命令各学校都必须要求学生背诵伪满国家的"即位"和"回銮"两篇诏书；伪满后期，日本侵略者又强迫学生背诵"时局诏书"和"国民训"两篇文章，灌输关于所谓"大东亚圣战"必胜的思想，以达到使其淡漠民族意识的目的，从而为永久地侵占中国东北奠定思想基础。另外，为了消磨青少年学生的斗志，在各学校教育中掺杂了法西斯教育，老师可以殴打学生，高年级学生可以打低年级学生。

三、生活渗透

日本侵略者除了控制学校教育这块阵地外，还极力地采取其他手段，全方位地实施思想统治，主要是利用"协和会"劝诫烟酒分会来进行奴化教育。日本侵略者称赞"协和会"是建立精神的、思想的、教化的、政治的实践组织。抚远县"协和会"成立于1943年，伪县长任会长，"协和会"成员有伪行政机关的头头和各村屯保甲及绅士。同年又建立了"协和义勇奉公队"，挑选当地青年30余人进行精神训练、军事训练和技术训练。1944年6月，抚远县"理善"劝诫烟酒分会以举办戒烟公斋为名，在白云寺演出了一幕为行将就木的日本侵略者和伪满洲帝国招魂的丑剧：祝愿"大东亚共荣""满洲帝国万岁"，并把所收13 650元资金捐给伪官方作为献纳，所谓"表教化团体热心有益于国家"。

第三章　艰苦卓绝的抗日斗争

第一节　民众抗日游击队

1931年"九一八"事变后，东北人民奋起抗击日本帝国主义的侵略。这一时期，当地居民和闯关东过来的流民，在民族危难之时，在党组织的秘密领导下，揭竿而起，形成了许多民间抗日组织，逐渐与东北抗联融合，共同抗日。在生与死、血与火的救亡抗战中，给侵略者以沉重打击，用鲜血和生命写就了许多壮丽的抗日战歌。

抚远地区民间抗日斗争最活跃的时候是1932年至1936年。这一时期，本县太平镇（1951年划给饶河县）朝鲜人金圣培、崔一山、梁义凤等人于1932年12月由苏联返回，在太平镇朝鲜民众间宣传共产主义思想，动员民众抗日救国。1933年8月李学福组织成立了抗日救国会，吸收了76名会员，组织了抗日游击队。随着抗日斗争的不断深入，1934年2月，李学福担任了饶河游击队大队长，带领抗日游击队在饶河、抚远地区广泛开展抗日斗争，激发了边疆人民的抗日热情。是时，抚远民众参加抗日游击队的有40多人。其中大寒葱沟2人，水清村8人，龙山洞4人，斯马力山6人，大兴洞5人，四平山5人，大阪屯3人，与抗日队伍有联系的21人。同年，在抚远地区活动的还有占山、青山、北河、盖平、君子仁、雅民等几支抗日游击队。

这些抗日队伍以抗日救国为宗旨，密切联系广大人民群众，表现了坚贞不屈，勇于奉献的革命精神。他们在抗战中不断发展壮大，给抚远人民增添了抗战必胜的信心。

一、山林队

1933年秋，一只百吨老式帆船"利济"号满载面粉、酒、军用牛皮乌拉、棉衣、皮帽和办公用品等，从富锦县嘎尔当江岸拔锚起航，挂起半蓬趁着旁风顺流而下，向抚远方向驶来。船上有船老大和水手各1人，随行旅客3人，伪抚远县保卫大队押运人员5人。

船行到离港30多里的地方，江北岸出现了急转弯，船只好靠近岸边通过。刚到崖下，突然听到一声断喝"站下"！船上的人立刻紧张起来，不好，"小线"（截道的）截船。"啪啪啪"几声枪响，船老大腰部受伤倒下了，失去控制的船一直朝下游漂去，"轰"的一声，船头撞在北岸上。岸上跳下来几个着便衣的青年人，枪口对着船上的人，强令全船上的人登岸，5名押运人员当即被掠走。船上的物资尽其所需都卸在岸上，用马车拉走。截船的人扣留了2名押运的官兵，其余的都放回，船也放行了。

这支武装队伍自报山头"占山"和"青山"，有60余名弟兄，是由当地农民、渔民和几名公职人员组成的。他们都是不甘心受欺侮、压榨，不愿当亡国奴而毅然离家抗日的，他们的武器装备很好，有半数人身挎两大件（步枪、手枪）。他们经常向群众讲中国人要起来抗日的道理，把截获的物资分给贫困农户，平时吃用老百姓的东西也按价付钱。

1933年冬，以占山、青山为主体，联合雅民、盖平、北河等小股武装，组成的120多人抗日队伍，进入抚远境内，与抚远伪保安大队进行了多次的交火和谈判，后转战同江、饶河，加入了抗联队伍。

二、访贤队

1933年农历腊月三十午夜时分，一支100多人的抗日武装——访贤队（原名：占山），从生德库出发，直奔抚远县城，不到两小时便包围了方圆不到1.5平方公里的抚远镇。

早晨5时许，进攻的枪声响起，一时间抚远镇的里里外外像炸开了锅。访贤队安置在山顶上的迫击炮也发出了轰轰的响声。

驻守在抚远镇里的抚远伪保卫队在队长邓良谟的指挥下，凭着旧城墙和堑壕拼死抵抗，战斗持续了三昼夜。初四早晨，枪声停了，访贤队派人送信，要求双方派代表进行谈判。九时许，从南山拐弯处飞驰出两匹高头大马，为首的便是访贤队的首领盛德彪。二人来到抚远镇的南门外翻身下马，盛德彪摘下佩带的手枪交给随同的警卫员，只身随着前来迎接的抚远商会会长鞠沛之，径直朝城内商会走去。

盛德彪要进城谈判的消息引起城内百姓的好奇，在去商会的小路旁已站满了人。人们用敬佩的目光望着远远走来的这位单身闯虎穴的抗日军首领。盛德彪中等身材，头戴一顶三元式貂皮帽，身披一件深灰色貂皮领大衣，黑眉大眼闪着刚毅的光彩。他大步流星地朝前走着，时而向路边的人致意。有几个老人小声议论："要是中国人都这样，日本人还敢滋楞毛吗！"

谈判开始了，根据当时在场负责端茶倒水的老柳头讲，盛德彪可真叫棒，面对暗藏杀机的邓良谟（双方协议，谈判代表均不准带武器，而邓良谟心怀鬼胎，在两侧裤袋里头各放1支手枪，谈判时总有一只手揣在裤袋里），盛德彪毫无惧色，他一条一条地数着邓良谟的变节行为和汉奸罪行，邓良谟几乎无言以对。盛德彪在谈判的最后说："我们双方已经僵持了三天，我相信能打进来，但为了百姓们的安全，不伤害无辜，我们不准备再打了。我们留着子弹打日本侵略者。但是我要正告邓先生，在国难当头的今天，许多中国人都在奋起抗击日本侵略者，而你却枪口对准抗日军，甘心当汉奸卖国贼，这是不会有好下场的！"盛德彪临走时盯着邓良谟厉声说："只要我们团结一致，日本侵略者就一定会完蛋！我仍希望你好自为之！"

商会会长陪着气宇轩昂的盛德彪走出城门，人们敬佩地望着两匹高头大马载着两位英雄奔入南山的密林中。盛德彪走了，然而他那英雄的气概、爱国的热情久久感动着抚远人民，激励着人们去同侵略者斗争。商会会长谈起此事时也不得不称赞说："真是英雄大度，胆量过人啊！"后来人们听说盛德彪退出抚远战斗后，回马同江，转战饶河，加入了抗联七军。

三、赫哲队

1943年5月23日，因为不堪日本人的压迫，赫哲族人毕发祥、董贵福串联了傅文昌、毕清林、毕春生、董贵喜、董贵寿、褚秀芝等人连同家眷老少共25人，在半夜一点多钟，乘上早已准备好的2条船过江去了苏联兵营，在那里受到了苏军的欢迎。不久，被编入到周保中、李兆麟等同志领导的教导旅当侦察员，开始了抗日救国活动。在那里，除了进行一些必要的军事训练外，经常回到抚远搞侦察。生德库、三岔口、石头卧子、海青、抓吉、八岔、勤得利一带，都是他们常来常往的地方，为苏军解放东北提供有价值的军事情报。1944年冬天，董贵福、毕发祥受命诱捕原本是苏联情报员，后叛变为日本人效劳，谋害苏军国境侦察员的特务（老张头）。他俩冒着生命危险，和敌人斗智斗勇，出色地完成了任务。

1945年8月，毕发祥、董贵福、傅文昌、董贵寿、毕清林等为苏联红军攻打日伪军,解放抚远担任向导。同年9月,苏联最高苏维埃主席团为毕发祥、毕清林、董贵福、董贵寿、董贵喜等颁发了"战胜日本"奖章。

四、富锦队

1933年8月,吕庆芳一家从富锦迁到抚远之后,吕庆芳的丈夫李永业认识了一些抗联的同志,不久李永业参加了抗日联军,吕庆芳便成了抗日联军的耳目,给抗联部队提供情报。

1934年,吕庆芳牵头组建了一支精悍的抗日游击队,活动在富锦、抚远、饶河等地,经常与地方反动武装、汉奸交战。在战斗中,她骑着一匹高头大马,勇敢杀敌,练出了枪响必中的本领。由于她的勇猛善战,战士们都赞誉她为"抗日女杰"。吕庆芳的威名,震慑着那些日伪军,他们每听到吕庆芳来了,就吓得狼狈逃窜。一时间,吕庆芳则成了远近闻名的传奇式人物。

1935年,吕庆芳孤身进入日伪军盘踞地——富锦城。因她先前在富锦住过,对城内的大街小巷都十分熟悉,并与许多居民们相处甚好,为探听确实情报,她毅然决然地亲自出马。但时间不长,就被日本特务机关的狗腿子发现,突然被捕。后来被押进日军的一间地下室,坐了水牢。

日本人早就听到吕庆芳的名声,没有刑讯逼供,只是施以诱降的手段,欲求得抗日游击队活动的情报,妄图放长线钓大鱼。吕庆芳看穿这骗局后,拼死也不吐露真情。驻富锦关东军和富锦特务机关,轮流给送吃的送用的,假意安慰。

1935年冬,海青日本关东军特务机关长近藤到富锦特务机关汇报情况,听到吕庆芳押在水牢的消息,便立生诡计。将想利用吕庆芳做引线,自己假投降,进入抗日游击队的根据地,探取真实情报,一举全歼游击队的意图报告给了驻富锦日本关东军今田少佐。今田对吕庆芳也实在无计可施,于是就同意了近藤这孤注一掷的想法。

近藤从牢里带出吕庆芳,假意安慰一番,然后劝吕庆芳到海青,并告诉吕庆芳:"本人是海青特务机关长,离饶河抗日队伍很近,抗日队伍也经常到抚远。如果你有亲人到海青,我会加以保护,也可以留在特务机关做事,你方便时也可以走"。从这些谈话中,吕庆芳猜透了近藤的诡计,考虑到可借此机会脱离虎口,她就将计就计,同意随其到海青。

吕庆芳来到抚远,轰动了全城,特别是她能骑马打枪,弹无虚发,更引起抚远街上大人和孩子的兴致,都想看一看这个抗日女英雄。偏厦小屋有些潮湿,吕庆芳经常在门外晒太阳。只见她满面风尘,身穿一件青湖丝带小花的长棉袍,外挎手枪,脚穿一双旧棉鞋,整齐的短发露出一张四方脸盘,眉目间凝聚着一股威武气概。东北口音快言快语,愿意同这些陌生的老年人和青少年唠家常。从外表看,她似乎有三十八九岁,显得老成持重。言谈中,吕庆芳不避讳在富锦、抚远、饶河山里的抗日活动,更不掩饰被抓的一段经历。

到了海青之后,近藤故意和她接近,并进一步表示出投诚到抗日联军的意愿。但吕庆芳却始终不露声色,时刻警惕着这个日本人的阴谋诡计,同时她也了解近藤常常越境入苏窃取情报等情况,更进一步看清了近藤的真实嘴脸。近藤则表示同意她住在海青特务机关,尽管她的亲人有抗日行为,如来到海青,也可既往不咎,一样安排在特务机关工作,绝不加害。吕庆芳也深深知道,日本人是想一网打尽。

1936年初,从饶河搬到海青落户的徐永田,在临来时,有个名叫周其昌的,给吕庆芳捎来一包大烟土(鸦片50两,是时公开流通),并捎口信:"夫在饶河很好。"吕庆芳收到烟土时,便知道周其昌的来头，实质上是化名在抗联的丈夫李永业。从"夫在饶河"的口信里，吕庆芳有了底，一颗久久悬念亲人的心才算落了下来。于是她抓紧谋划，想尽快起义，早日回到战友和亲人身边。

　　1936年，夏季来临，吕庆芳经过一段时间的观察，伪海青警察署中的老警察，特别是索永贵时常流露出不满情绪，尤其愤恨日本人迫害中国人的行为，还时常表露出不甘做亡国奴的想法。这些老警察都是从地方保卫队改编过来的，过去曾在抗日救国军里挂过名，日本人对这些老警察并不信任，因海青离苏联太近，怕一时生变，失去控制，从1936年就开始一步步地淘汰老警换新警。吕庆芳主动和索永贵接触，开始各揣心腹事，不吐真情，渐渐地互相信任起来，在谈到今后打算时，索永贵愤恨地表示：要快点拉出去（起义），不能再受窝囊气了。吕庆芳见时机成熟，就把自己真实想法讲出来，两人反复商量后决定：联系几个受日本欺侮和虐待、在本地无家室的真正可靠的老警察，一起投奔饶河抗日联军。

　　之后的一段时间里，索永贵联系了六名老警，一天晚上轮到起义人员站内外岗，在吕庆芳的指挥下举行起义，并抓获了近藤。这个鬼头鬼脑的日本特务，假意拥护起义，还要把海青一把火烧了，以表示他投奔抗联的"诚意"。原以为他只是说说，谁知近藤真的将一家商号仓库烧了。吕庆芳率领起义老警并带上近藤乘坐几张马爬犁，经蒿通和国富镇奔饶河方面而去。当时，除近藤以外海青伪警察署还没有日本人，只一名老署长任九如，他是由文书提升的，因没有民愤，所以没有除掉，后来因为索永贵等人起义事件，任九如被日本人撤职。这件事对日本军方和特务机关震动很大，但他们判断起义人员可能去苏联，因而没有调兵追击。吕庆芳在中途决定处死近藤，吓坏了这个日本人，他苦苦哀求，一再声称早就有心投奔抗联，这次是真心投诚。吕庆芳与索永贵研究后决定，带至饶河由总部处理。经过饶河抗联总部的审查证明近藤是假投降，命令将近藤处死，并由吕庆芳亲自执行，这一危害中国人民的日本特务，受到了应有的惩罚。

第二节　武装起义

一、护航队反正

1934年秋天的一个早晨，浓雾渐消，一轮红日从东山丫里爬了出来。停泊在抚远码头上的"营口"号客轮早已生火，锅炉里大块劈柴噼噼啪啪地烧得正旺，轮船正准备起航。

汽笛一声长鸣，船尾两人多高的大扒水轮子哗哗地转了起来，锚链摩擦甲板的声音很刺耳。船慢慢地向江心退去，好一阵才掉正了航向，溯流向佳木斯驶去。

这是一条陈旧不堪的蒸汽机客船，蓝灰色船体，油漆斑驳像生了大疮，寒碜极了。那蒸汽机发出的哼哧哼哧的声音，像是一头老朽的耕牛，极不情愿地负重前行。五等舱里坐着、躺着、歪斜着20多个旅客，脸上几乎一样木然的表情。三等客房传过来的阵阵狂笑声，那叽里呱啦的异族语言，给人们带来了无限的愤恨和愁闷。

护航队的老赵验完了五等舱的客票，便径直穿过五等舱门，拐进了正发出狂笑声的客房。忽然，那边传来了争吵声。老赵与两个喝酒挑衅的日本士兵争吵起来，挨了两记耳光。护航队队长老钱闻讯赶来，把老赵推到舱门外，解决了争吵。

船依旧哼哧哼哧向前航行。正午的阳光透过小玻璃窗射进护航队员住的客舱，屋里烟气腾腾，狭窄的地板上几乎被烟头铺满了，还有揉皱了、撕碎了的烟盒。

"好，既然大家都觉得这亡国奴的气不能再受下去了，大哥我也就豁出去了。"老钱站了起来，望着弟兄们期待的目光说："一会儿我们就开始行动，把那两个日本人连同那个汉奸侯文墨一起干掉，然后我们几个就上山，去走抗日救国的光明大道。"

按照预定的计划，起义开始了。老钱带领老赵、老孙、老李四个人直奔日本兵住的客舱，踢开舱门，四支手枪一齐开火。刹那间刚才气势汹汹不可一世的两个日本兵一声没吭便倒在了地板上。"侯文墨不见了，快向后边搜。"老钱向其他几个人说。枪响以后，又听见满船响起了"侯文墨滚出来"的喊声。侯文墨预感到大难临头，知道抵抗是无济于事的，便使了个金蝉脱壳之计，将大镜面匣子往甲板上一扔，只身溜到了船后水轮子旁藏了起来，逃脱了死亡的厄运。

船在勤得利附近靠了岸，老钱将船上所有的人都集中到甲板上高声说："同胞们，我们是中国人，不能甘心当亡国奴，今天这两个日本人是我们打死扔进黑龙江的，我们以后还要向所有的日本鬼子开火，我们到山里找抗联队伍去，再见了，同胞们！"

在苍茫的夜色中，7个起义的护航队员走远了，船上的人没有谁说一句话，只是望着那几个消失在暮色中的高大的身影。

在一声悠长高亢的汽笛声中，轮船又起航了。虽然还是那么慢，但船上的每一个人似乎都感觉到了它那破浪前行的意志和力量。

三天后，追剿的伪军在勤得利东沟吴树香地营收到了起义者留下的字条，上面写着："同胞们不要追，都是中国人，都应打日本侵略者，我们奔山里抗日去了。"

二、靖安军起义

1942年7月,国如阜、祁连生、周岩峰在抚远县东安镇策动了伪满靖安军70余人的武装起义,投奔了抗联队伍。他们的行动,给当时日伪统治者以沉重的打击,得到了东北抗日联军领导人周保中、李兆麟同志的热情赞扬和高度评价。

1939年以后,日本侵略者加紧了对东北抗日联军的"围剿",为解除进攻关内进而占领全中国的后顾之忧,为断绝抗联同人民群众的联系,他们采取了归屯并户的残酷手段。尽管如此,抗联仍然不断地冲破敌人的"围剿",并常常主动进攻,给驻守村落据点的敌人以出其不意的打击。这一年,伪靖安军二团二营六连到柳大林子去驻防,国如阜他们听到老百姓讲有关抗联保护人民、打击日伪的许多传说,开始对日伪有了不满。那时,他们所在的满军部队常在边防地区活动,目睹过日本鬼子抓来的成千上万的中国劳工为他们修筑工事。这些劳工,在鬼子的刺刀和皮鞭下,牛马不如。据说有些工程完成之后,日本人则把这些劳工统统杀掉。1940年秋,他们所在的满军被调到河北、热河一带"讨伐",当时国如阜正在生病,没有跟部队去。祁连生他们这次关内之行虽然没有跟八路军打过仗,却了解了许多八路军的情况。关内一些村庄的墙上到处可以看到"中国人不打中国人"、"团结起来,一致抗日"、"打倒日本帝国主义"等标语口号。他感觉到,八路军所到之处很受老百姓欢迎,这同满军所到之处的情形完全不同。从关内回来,他便把这些见闻悄悄地告诉了国如阜。国如阜听讲后,默默地思索。

当时的满军,是日本侵略者"以华制华"的御用工具。但日本人对这样的军队也采取既利用又控制的法西斯手段。在靖安军里,连以上的军官全由日本人担任。这些日本军官对士兵十分凶狠，在生活上，克扣军饷。吃的粮食不但发霉，还掺有沙子，士兵常常吃不饱，还要挨日本人的耳光、棍棒、脚踢等非人待遇。在思想上，严密控制。连里设有秘密组织，叫"思想对策委员会"，暗中监视士兵行动，稍不注意，稍露一点不满情绪，或违反了他们的意志，就要被扣上"思想不良""反满抗日"的罪名，而横加迫害，轻者挨耳光，重者则杀头，连家庭也受株连。当时国如阜他们所在的六连，连长叫根本正二，是个狠毒的家伙。有一天列队训练，有个大个儿士兵由于精神紧张，怎么也做不到符合日本连长的要求，连长先是打了他两耳光，然后叫排长打，打了人还不准人家动一动。国如阜目睹了这件事，气愤极了。他深深地感到当"亡国奴"的滋味！当天晚上，他找祁连生去外面散步，说出了他早已酝酿好的主意。

"这不是人待的地方！"他愤愤地说，"我们走，找李景荫去，回来打这些乌龟王八蛋！"

他的计划是：在走之前，先把日本连长根本正二干掉，然后到富锦山区寻找抗日联军李景荫的部队（李景荫是抗日联军第十一军负责人之一，其部队曾在富锦等地活动过）。可惜的是，他正要组织实施这个行动时，我病倒了，这次计划未能实现。

1941年12月，太平洋战争爆发之后，日本侵略者在北满的军事部署加紧了。国如阜他们先后到位于乌苏里江边的饶河、抚远驻防。这里对岸是苏联，东北抗日联军也经常在这一带活动。起初，当地老百姓也不敢接触他们。国如阜便利用饮马、遛马、打鱼等机会，想方设法同他们接触。久而久之，他同老百姓的关系搞得挺好，常常一起谈家常。老乡们给国如阜讲乌苏里江对岸苏联社会主义社会，是共产党领导的穷人当家的社会，那里人与人与人之间是平等关系；讲抗日联军在这一带活动的情况等等。这个时候，国如阜对共产党和抗联的向往更强烈了，起义的思想更成熟了。但是，起义不是件小事情，稍有泄露或不成功就要被杀头的，因此他秘密准备，寻找合适的机会。

1942年夏，日本在太平洋战争中受挫，美国飞机轰炸了东京市。一天，新来的连长黄谷成男给全连训话，他鼓励大家不要怕，飞机轰炸东京也没有什么了不起的，现在最重要的是警惕苏联。他的讲话尽管声嘶力竭，但同往常那种神气十足的神态完全不同了，流露出明显的惊慌失措的样子。黄谷成男的训话刚完，国如阜就来找祁连生，"到时候了！"他说，"日本侵略者要完蛋了，咱们应为最后赶走日本侵略者尽一分力量！"

祁连生当然同意他的意见。他们商定，这次起义要多发动几个可靠的人一起行动。这时，国如阜已同周岩峰成为至交，所以他做周岩峰工作是很顺利的。后来他又联系了孙学义，起义的人员又多了两个，起义只是个时间问题了。

日本鬼子虽然到了末日，但狗急跳墙，表现更加穷凶极恶。他们不仅加紧了对抗联的"围剿"，而且对内部的控制更加严格。连里有个姓祝的中士班长，是连里"思想对策委员会"的骨干成员，是日本连长控制连队士兵的帮凶，因效忠日本人"有功"，很快被提拔为上士。有一天，他召集班长们开会，了解全连士兵的思想状况。他在会上说，现在连里空气不正常，听说有的人要哗变，要渡江投奔抗联，他要大家查一查有无此事。他这套阴阳怪气的话，使祁连生感到很突然，他不由自主地瞧了瞧国如阜，国如阜镇定自若不动声色。最后，祝上士让班长们密切注意连里所有人的动向，发现情况立即报告。

事情到了这种地步，国如阜他们不能不认真考虑起义的时间。

当时，他们分析，祝上士所追查的对象，虽然不一定是指他们两个，但也不能排除亲日派确实已对他们有了戒心。不管怎样,他们的起义时间应当赶快确定。经过商量,决定在7月6日晚开始行动。

起义选择在这一天,那是经过周密考虑的。因那时,士兵只发枪不给子弹,弹药封锁在库里。6日晚,正轮到国如阜带班。国如阜平时在连里负责管理武器库,控制全连的武器弹药。起义时,即使行动被发现,也不至于束手无策。同时,6日晚上动手,第二天正是"七七"事变5周年纪念日,用行动说明中国人是不甘心做亡国奴的。

起义的时间确定后,祁连生心里却犯了核计:举行起义,我是一身轻,无牵无挂,而国如阜却不同,他刚结婚不久。妻子就住在富锦的上街基,家中还有年过半百的母亲,还有亲属都会受到株连……他考虑过没有?于是祁连生便去问他。国如阜听了以后,略有所思,然后以坚毅的目光看着祁连生,低声说:"要抗日,要求生,就得豁出来干……"从他坚定的回答中,看出他早已把自己和亲属安危置之度外了。

到了7月6日这天,国如阜和祁连生他们几个人装作嬉闹追逐的样子,到江边空房子里开了个会,做了起义的具体分工:国如阜安排祁连生和孙学义白天准备好渡口的船只,晚上行动时,祁连生负责兵舍,孙学义负责班长室,除掉亲日的祝上士、杨中士。当晚除了负责电台的日本台长和姓傅的排长值更外,连长和其他排长都回到附近的东安镇家里过夜。电台台长和姓傅的排长由周岩峰干掉。国如阜负责全面指挥,控制武器弹药并利用带班的有利条件做好一切起义准备。具体时间由国如阜临时决定,另行通知。他们还商定,起义如顺利的话,还要到镇里把黄谷成男抓来押走。

这天晚上,姓杨的中士喝了点儿酒,像故意和国如阜他们找别扭似的。到九点多钟,还坐在兵舍里和一个士兵谈什么。国如阜从哨所回来准备给大家分发子弹，见此情形，只好拖延时间。到了十点多钟，国如阜到江边看了一遍起义准备的船只，然后又回到兵营视察情况。他看到杨中士和那个士兵还在嘀咕，便灵机一动，就以"卫兵司令"的身份督促他们熄灯。过了一会儿，国如阜又一次走进兵舍，悄悄把子弹分给祁连生他们几个人。之后，他轻轻碰了一下祁连生，又出去了，祁连生知道这是叫他出去。隔了一会儿，祁连生装着上厕所的样子出去了。国如阜告诉祁连生，起义的具体时间定在下半夜二时整。定完时间，国如阜又问："薛兴起、王维林这两个人怎么样？他们也要参加进来，可靠吗？"祁连生说："这两个人对日本人很不满，参加起义靠得住！"国如阜点点头："让他们两个也参加好了！"就走了。

原来，这天晚间在观察所执勤的战士是薛兴起、王维林俩人，哨所在兵营西北面的小山包上。驻地营房紧靠江边，距东安镇有一里路。当国如阜来回从营房到江边，又到哨所上下走动时，引起了这两位值班战士的注意。在国如阜要通知2时动手，回头刚走几步时两人窜上去招呼他，薛兴起悄悄问："国班长，是否有事？要走，把我们也带着，有什么吩咐尽管说，我们一定跟你走。"国如阜默默地看着他们，然后爽快地说："好，不愿当亡国奴的一块儿走！"那天晚上国如阜还在士兵中接收了另外两个起义骨干。

大约一点钟，国如阜带孙学义、周岩峰到武器库去取枪支弹药，孙学义把压满子弹的枪，偷偷放在可靠人的被窝里。一切准备基本就绪，国如阜又觉得周岩峰负责收拾电台台长和姓傅的值更排长，任务过重，就又把薛兴起叫来，布置他负责解决排长。到了两点钟，薛兴起首先进傅排长的住所打了一枪，但由于紧张、慌乱，这一枪没有打准，姓傅的被枪声惊醒，光着身子就往班长室跑。此时，负责班长室的孙学义已开枪把祝上士、杨中士打死了。看到姓傅的失声叫唤着跑过来，孙学义就势给他一梭子。那边周岩峰听到枪声，用刺刀把电台台长给捅死了。正在这时，忽然电话铃响起来，祁连生叫人立即把电话线拉断了。

再说睡在宿舍里的满兵听到枪声后都惊慌失措，不知发生了什么事。国如阜和祁连生赶忙进来说："大家不要慌，我们今晚上举行起义，就是不当亡国奴，我们要到乌苏里江对岸，投奔抗日联军去，愿意去的就跟我们走，不愿意去的自便，现在就出发！"

"我们再也不给日本人当兵，受日本人欺负了，我们跟国班长走！"有人这么说。

"对，跟国班长走！"好多人跟着响应。

全连70多人都跟着起义，出乎他们的预料。这一方面说明，这些青年们有爱国热情，对日伪统治早已不满；另一方面也说明了国如阜在大家心目中有较高的威望。

行动进行得很顺利，大家先纷纷到武器库去领取枪支弹药，有的趁机将重武器零件拆下来扔到江中，接着就到江边乘船。70多人分乘十几条小船驶向东岸，有的过去根本不会划船，而且大部分船只没有船桨，大家就用钢盔和手划，终于在天亮时划到了东岸。

他们这一举动，给当时日伪统治者以沉重打击，伪满的《盛京日报》报道了这件事。据说那个日本连长黄谷成男受到了上司的严惩。自此把驻防在边境地区的靖安军全部撤回到内地。可见，此举对敌人的震动是很大的。

过江之后，全连71人全部集结在一起，经过一番周折，过了七八天之后，终于找到了抗日联军集结训练的地方。抗联的同志热情地欢迎他们，并且还为他们举行了欢迎会。周保中和李兆麟两位抗联领导人亲自参加会议并讲了话，高度赞扬了他们这一革命行动。

第三节　中共党组织的建立与发展

一、中共下江特委领导下的抚远党组织

1936年3月，中共满洲省委和吉东党组织决定将饶河中心县委改组为中共下江（乌苏里江下游）特委，抚远党组织隶属于中共下江特委领导下的中共饶河县委。

1938年6月下旬，吉东省委批示中共下江特委改组成立抗联第七军党特别委员会，除直接领导第七军内部各级党组织外，同时负责领导中共下江特委所属的虎林、饶河、抚远、宝清、富锦等地方组织，并根据游击运动战发展状况新创和重建地方组织，开展群众性抗日救国运动。至此，中共下江特委党的工作完全转为抗联第七军的党组织领导下的武装斗争。

1938年9月，抗联第七军大部分人马活跃在富锦、同江、抚远、饶河、虎林一带。1939年1月，东北抗日联军第七军一师师长王汝起、政治部主任彭施鲁、副师长刘雁来率部进入抚远地区，开展游击活动。在近一年的时间里，一师多次袭击伪警察和日伪军，召集群众大会宣传抗日，给日伪统治者以沉重的打击。

1947年春，根据上级指示精神，合江省抚远县裕东渔业公司在抚远成立，刘雁来（中共党员）任经理，公司内设一个中共党的支部委员会，有党员5人。

二、中共富锦中心县委领导下的抚远党组织

1947年7月，中共富锦中心县委派康非来抚远任职（当时称政委）。从此，抚远县人民在中国共产党的领导下进入了重整旧山河新的历史时期。当时全县仅有县民主政府机关和裕东渔业公

司2个支部，有党员9名。是时抚远县党组织的任务是：动员组织群众，协助部队剿匪，维持地方治安，为开展土地改革做准备。年底，在完成上述三项任务的同时，中共抚远县党的基层组织得到了较大发展。县大队有8人加入了中国共产党，基层支部由原来的2个发展到4个（县委县政府机关支部、裕东渔业公司支部、县大队支部、东安区支部）。

  1948年1月，抚远县正式开始了土地改革。夏初，中共合江省委派陈剑飞来抚远组建中共抚远县委员会，抚远县委隶属中共富锦中心县委，县委书记由康非担任。县委主要成员有康非、王永芝（县长）、龙水文（某部团长）、刘雁来（裕东渔业公司经理）、张健阳（县大队队长）。县委下设1个办公室。中共抚远县委成立后，把工作重点放在清剿土匪、土地改革、反奸清算、建立政权、支援前线、发展生产上。这段时间，从县委到区工委，党支部的活动都是秘密进行的。

  中共抚远县委建立后，在领导土地改革和支援前线等工作中始终把党的建设和培养干部工作放在首位。注意在清算斗争、剿匪斗争和土改斗争过程中发现积极分子。对出身贫苦，历史清白，为人正派，拥护共产党的政策，敢于斗争，办事公道的优秀贫雇农积极分子首先吸收到土改工作团里来，加以培养和考察。经过一段时间考验后，由工作团党支部党员介绍，党小组讨论，然后提交党支部大会审查，秘密吸收入党。

三、中共松江省委领导下的抚远县委

  1949年5月11日，松江省与合江省合并，称松江省，抚远县归其领导。陈景斌任中共抚远县委书记。

  1949年10月1日中华人民共和国成立。这一年在民主建政过程中，抚远县所属各村都有了中共党员，但人数很少。多的村有

3名党员，少的村只有1名党员。抚远县第一个农村党支部是在东安区民主村建立的，党支部书记1名，党员3名。

全县党的基层党支部由1947年的4个发展到7个。党员由1947年的17名发展到52名。党的组织活动由秘密转为公开。是时，县委组织党员分批集合到县委（或区委）举行入党宣誓仪式，进行党的基本知识（党纲、党章、党员权利义务）的初步教育。誓词的基本内容是：我志愿加入中国共产党，承认党章，交纳党费，执行党的决议，保守党的秘密，遵守党的纪律，不怕牺牲，为共产主义奋斗到底。

第四节　东北抗联第十一军在抚远

东北抗日联军，是在曲折的道路上、艰苦的环境中发展起来的。1931年"九一八"事变后，日本帝国主义把东北作为他扩大侵略的军事基地和战争物资供应基地，在经济上进行疯狂的掠夺，在军事上实行毒辣的"三光"政策，在政治上实行残酷的殖民统治，给东北人民造成了巨大的牺牲和无尽的痛苦。

抗联十一军，是1 936在祁致中所部"明山"支队基础上改编的抗联独立师，1937年10月改编为抗联十一军，军长祁致中，全军约1 500人。1937年，抗联十一军三次来到抚远地区，实施了旨在发动民众抗日，消耗日伪实力，威慑敌人，乘机杀敌除奸的军事行动，在抚远的抗日斗争中建立了赫赫战功。

一、柞树岗伏击战

1937年春，抗联第十一军某部以迅雷不及掩耳之势突然进入距抚远县城10公里的小河子屯。小河子屯在县城东面，全屯共有

30多户居民，住房稀稀拉拉地，从河口开始建房，往下游延伸10多公里，与东南方向的宋家店屯（现名团结村）散居户相接，是距县城东最近的居民点。

抗联部队向屯长和部分村民介绍了东北抗日战场的形势，说明这次进军的意图，并明确表示，决不打扰老百姓。这支队伍一部分是骑兵，一部分是步兵，还有马爬犁跟随，共130多人，备有步枪、手枪，还有一门平射炮。晚饭由屯内各户分别安排。第二天，师部派战士套牲口拉磨，自己加工苞米碴子和苞米面，做饭、挑水都由战士自己料理。战士们纷纷来到群众中宣讲抗联队伍打日本鬼子、救中国、不当亡国奴和英勇杀敌的抗战故事，小河子的住户非常敬佩和爱戴这支队伍。

抗联部队进驻小河子屯的当晚，县城日伪政权就得到这一情报，听说来了200多人。他们吓坏了，立即调动城内伪警绕城布防，同时向伪三江省（省会佳木斯）警务厅拍出无线电报求援。当时城内日军和伪警察仅有70多人，急忙将文职人员招来30多人，发给武器参加守城。晚上，抗联部队派出马队到牤牛怵河口附近侦察。去冬降雪量大，此时尚未融化，强攻县城困难太大，决定暂不行动。牤牛怵河口东岗边住着一个独身老汉，年年在那种菜，晚间看到抗联部队的行动，第二天清早就进城报告了。他夸大地说"来了数百人，大小枪支齐全，还有大炮"，日伪军警更吓坏了。他们命令这个老汉，抗联再来时，你就在家门口放一把火报信。当时，日伪军警和伪职员等吓得惊慌失措，一有动静就拉警报，弄得人心惶惶。日伪头头又强迫居民清理和修复旧战壕和已坍塌的炮台，重新分布现有兵力，试图顽抗。

第三天凌晨，牤牛怵河口东岗点起火，日伪头头立即下令全体进入工事。大约在10点左右，那个老汉高举着双手走进县城，他见到伪县长说："已经走了（指抗联部队）！"在场的日本军官当即打他两耳光,并质问:"走了你还放火。"这个老汉缓了一口气说:"他们架起大炮,待了一会儿,等我点着火再看,他们又退回去了。"日伪头头想,城内武装,防守还嫌不足,不能追击,况且抗联部队真走还是假走还弄不清,决定原地防守,等待援兵。

第五天头响,富锦五顶山约200多名伪军到达抚远县城,这时才搞清抗联部队确实是向浓江方向撤兵了。伪军休息两天后,接到命令,出发追击。伪军齐排长率领尖兵队乘坐抓来的马爬犁,追到浓江南小山老边槽子,离芦清河地营小柞树岗仅有一箭之地时,突然柞树岗响起密集的枪声,打得伪军趴在雪地上,不敢抬头。这时才明白,抗日联军用调虎离山之计,引诱日伪军追击,人家已经埋伏多日,就等鱼上钩了。抗日联军居高临下,又凭借树林掩护,打得伪军人翻马逃。等到伪军大队包围过来时,只留下一片空空的柞树林,抗日联军早已坐上爬犁向别拉洪河方向挺进,去那里发动民众、宣传抗日去了。伪军搜索了周围十余里,也没见到一个抗联人影,又纷纷回到柞树岗,把十多个轻重伤号和三个伪军尸体装上爬犁,返回县城。两天后按五顶山伪司令部电令,援军返回富锦。

这次军事行动,抗联部队无一伤亡,沉重地打击和消耗了日伪军。这次战斗的全面胜利,进一步鼓舞了抚远人民的抗日斗志,使人们看到了抗战必胜的希望。

二、太平镇围困战

1937年12月6日上午,抚远县伪警务科长付允中刚到办公室,就听到急剧的电话铃声。他慌忙拿起耳机,太平镇警察署长报告匪情,"抗联十一军马队100多人围攻紧急……"刚说到这,电话突然中断,再也没有声音了。伪县长蔡景襄和日本副县长听到报告后，急忙命令向伪三江省报告，请求派"毛斯飞机"（一种小型军用通讯飞机）协助侦察。

太平镇（现归饶河）位于抚远城东南约180公里，它是乌苏里江沿岸的边防重镇，是饶河抗日根据地进入抚远的唯一陆地通道，是抚远的东南门户。民国时期，太平镇公所和武装保卫团，在团所驻地周围修筑了高2米的土围墙，四角垒有土炮台，内有5栋土草房，可容50至60人驻扎，院内有一口水井，现由伪警察30多人镇守，围墙外是一马平川的草原，是易守难攻的地方。

抗联十一军某部进攻前，将县城通往东安镇，太平镇通往东安镇的两路电话线切断，却忘记了还有太平镇通往县城一路电话线，因而消息传到县城。但几分钟后，被我战士发现，立即切断。当天午后，伪三江省派来"毛斯飞机"侦察，一小时后返回抚远。报告说，警察都在围墙内抵抗，抗联部队在四周攻击，枪声密集，喊声震耳，战斗很激烈。飞机报告后返回驻地，这时抗联部队已发动多次冲锋，因当时没准备炸药，无法破坏围墙，双方在相持着。夜晚，抗联部队再次发动攻击，终因围墙太高无法进入，转为围困，坐以待其毙。

第二天，抗联部队继续围困，战士们高喊抗日口号，多次向伪警察喊话，发动政治攻势，这可急坏了伪警察署长邓良谟。这个汉奸，为保住狗命，极力和围子里的警察套近乎。这些警察，多数是他的同乡，又是从抗日救国军叛变过来的老部下，"在家里"教会上邓是师傅，他们是徒弟，再加上邓许下重金，封锁大门、谁也出不去，只好为邓卖命。主要是靠地势有利，这些警察才得到苟延残喘。

上午，"毛斯飞机"在围墙上空多次盘旋后，投下5件包裹，因抗联部队密集射击，都投到围墙外，成为抗联部队的战利品。共缴获到三大袋饼干和两大箱弹药，还有一封为警察打气的

"慰问信"。这一天，日伪军在勤得利和县城拼凑了60人的增援部队，富锦五顶山一个团伪军也到达抚远，牡丹江日本空军调来3架军用飞机，准备同时增援太平镇。这几天，上至伪三江省公署，下至抚远各乡镇伪政权都惶惶不可终日，生怕太平镇失守，各地日日夜夜调人调物，进行战备，像热锅上的蚂蚁一般。

打得赢就打，打不赢就走，抗联部队首长考虑到，连续两昼夜由于地形不利而未攻破堡垒，敌人增援部队将很快到达，又有飞机掩护，时间不宜拖长。现在已搅得敌人乱成一锅粥，耗费了敌人大量物资和弹药，我部队又缴获到全部空投物资，得到及时的补充，作战意图基本达到，果断地决定明天拂晓撤出战斗，向斯马力山转移。

8日上午，日本军用飞机抵达太平镇上空时，战场上已空无一人，只好返航，到斯马力山时，看见屯附近有一群散放耕牛，就扔下一枚炸弹，以炸伤一头牛的战果返回牡丹江报功去了。

三、海青渔场突击战

1937年12月，抗联十一军某部150多人由薛华带队出其不意地攻打海青渔场，赶跑了驻在当地的伪军。休整几天，转移到抚远县北野马山、小河子一带活动，一个多月以后，转战去同江、富锦和依兰等地。

四、最后的殊死决战

1938年初冬，崔振寰（主任）带领军校学员们去苏联寻找祁致中军长，开始向富锦、饶河方向艰苦转移，这是祁致中军长入苏求援行走的路线。这支队伍只有25人，除了崔主任外，都是20多岁的年轻人，徒步行军，费尽周折，于1939年元旦傍晚来到了抚远海青渔场。望着对岸的苏联不敢贸然过去，决定先派一个会讲几句俄语的战士，踏着冰封江面过境去苏联联系，其余24个人则在海青渔场附近一块平地休息，耐心等待消息。因天寒身冷，烤火取暖，惊动了当地渔亮子里的特务，就报告了从佳木斯来到这一带"剿匪"的日伪军讨伐队，日伪军分成三个方向秘密地把抗联队伍包围了。

第二天，太阳没冒红，天快亮了，放哨的战士听到住地的西边有马蹄踏地的声音，便紧急报警，全体学员们在崔主任带领下，急忙向北面的方向边打边撤，此时他们只发现一股敌人，最后来到一个地势略高的小漫岗上往四处一看，才发现东面和南面也有敌人。他们被日伪军包围并挤压在漫岗上，想撤不可能了，只能破釜沉舟，与敌人决一死战。

战斗从天刚亮开始，敌人从四面包围上来，荒坡漫岗上，稀稀拉拉地长几棵杂树，周围是一片一望无际的冰雪覆盖着的平原，根本就没有可以隐蔽的地方。敌众我寡，形势十分严峻。崔主任有力地挥着手，表情严肃地说："同志们，我们被敌人包围了，已经没有任何退路，我们要坚决同敌人血战到底，多消灭一个敌人就是为抗战多做一点贡献。"

"同敌人血战到底，决不投降！"面对强敌，战士们高喊着口号。

这时，敌人倚仗人多马快，"哇哇"叫着向我方阵地冲来。崔主任命令部队等敌人冲到阵地近前时再瞄准打。就在敌人马队冲到我方阵地前沿时，崔主任一声令下，手枪、步枪、机枪一齐向敌人猛烈地射击，打得日伪军人仰马翻，死伤30多人，被惊的战马四处乱窜，敌人的第一次冲锋很快被打退了。阵地上沉寂了一会儿，敌人开始第二次疯狂的进攻。这次敌人吸取了骑马进攻吃亏的教训，远远地趴在雪地上射击，重机枪"咕咕"地叫起来，像刮风一样向我方阵地扫射，打得小漫岗上的树枝纷纷下落，积雪漫天飞扬。崔主任指挥学员们："把敌人再放近点打。"在敌人冲到距我方阵地20多米远时，学员们在树后、雪堆后一阵机枪、步枪、手榴弹飞出来，立刻有20多个日伪军非死即伤，剩下的日伪军逃了回去，龟缩在远处的荒草树棵子里不敢动弹。敌人的第二次冲锋又被打退了，丢下了一具具尸体。趁打退敌人进攻的机会，崔主任组织学员们几次突围，都因敌人严密封锁而没有成功。打退了敌人一次次进攻，敌人的炮弹炸得漫岗上一个个弹坑，何忠全（排长）利用弹坑为掩体，有效地杀伤敌人。在一天的战斗中，死在何忠全机枪下的敌人不知多少。残酷战斗过程中，战士们越来越少了，但是战士们没有一个动摇和投降的，他们早已把生死置之度外。

太阳西沉，天空灰暗，敌人重新调整部署，在正面集中火力向我方阵地射击，我方阵地的枪声越来越稀疏，战士们都战斗到生命的最后一息。

五、不屈的孤胆英雄

漫岗阵地上只剩下何忠全和在海青渔场请来姓白的向导，还有一个重伤员躺在被血水染红的雪窝子里。何忠全看着已经牺牲的崔主任和战友们的遗体就在不远的身边，怒火满腔。他趴在一个弹坑中，看见一个日本兵摇摆着太阳旗连喊带叫地往上冲，何忠全心里想："让你再摆！"瞄准后，一颗仇恨的子弹射过去，把摆旗的日本兵撂倒了。这一下子又暴露了目标，敌人的重机枪呜呜地叫着向他扫过来，子弹在他身旁嗖嗖地飞，打得周围积雪和泥土四处飞扬，他的脚也被飞溅起来的积雪和泥土埋了起来。

敌人的轻重机枪不叫了，阵地上出奇的静，他有一种不祥的预感，是不是同志们都牺牲了？他探出头向身后的阵地一望，只见黄呼呼地一片，敌人已经从后面上来了，离他只有20米左右。他刚想转身顺枪，左手腕被流弹打伤了，影响了射击。他立即用右手抽出手枪，一甩手打出一梭子弹，两个日本兵应声倒下。当他用左手又去压子弹时，左胸又被敌人的流弹打穿，敌人"哇啦哇啦"叫着就要冲到他跟前，何忠全举起手枪，对准自己的脑袋一勾扳机，没响，偏偏是一个臭子，想死没有死成。这时敌人从何忠全的身后冲上来，使劲抱住何忠全，并把他按倒，抢去手中的手枪，把他活捉了。

敌人把他捆绑起来，拖着离开硝烟未散的阵地。他看到牺牲的战友们的尸体散落在漫岗上，鲜血染红了白雪，何忠全心中的怒火直往头上冲。他想宁肯和同志们死在一起，也不能让敌人带走，他躺在地上大骂敌人，并冲着敌人说："快开枪吧，死了死了的不怕。"讯问时，何忠全坚决不说，只要求日本兵给他补一枪，但日本人偏不让他死。日本兵打扫完战场，把自己同伙的尸体就地火化了，捡完尸骨，就准备返回佳木斯。日本兵把何忠全双手重新绑上，拴个绳子，然后系在马脖子上，牵着走。因何忠全就想死，躺在地上任凭拖拉。日本人下了马，把何忠全扶起来，说："我们不让你死，不要害怕，我们带你回佳木斯。"

从抚远的海青渔场到佳木斯路途很远，白天走、晚上打火堆，天气寒冷，何忠全的双手被绳子绑住，血液不能循环，慢慢地冻麻木了，晚上就往火堆跟前凑，结果手被火一烤，原来就有伤口，发了炎，手指头变成紫黑色。

终于到了佳木斯，日军把何忠全押送到了佳木斯日本宪兵队，关进监狱，日伪法官审讯过堂，残暴的敌人给他灌凉水，用酷刑逼问抗联的事，关于抗联的事，何忠全宁死也不说，一口咬定自己是个当兵的，什么都不知道。日本人见问不出什么，也没办法，监牢房里冷得像冰窖，冻坏的双手发了炎，手指头全烂了。蹲了4个多月的牢狱，在那没医没药的环境下，靠自身的免疫力，胸部的伤自愈了。天气转暖，日本人看何忠全变成了废人，没啥可用的价值，还得在狱中白吃饭，就把何忠全释放了，当场给了1元钱，说这是回家的路费。

这时的何忠全，披头散发，头发长得可以梳个小辫。一件毛衣，上面满了血嘎巴，衣服里的虱子，一抖搂噼里啪啦地往下掉。一身的臭腥味，加上多少天没有洗脸了，比大街上"要饭花子"还狼狈。何忠全手上的伤口没有好，淌血流脓，艰难地走出监狱的大门。监狱外充满春天的阳光，4个月的铁窗囚徒，双眼突然被室外阳光照射，刺激得睁不开眼睛，适应了好半天，才睁开眼睛，走进路边一家挂幌的剃头棚（理发店）。掌柜的以为何忠全是要饭的乞丐，或"臭无赖"来捣乱的，就要给哄出去，何忠全解释说："我有钱，我要剃个头。"掌柜的看了何忠全手中拿着1元钱说："多少钱也不给你剃。"何忠全站在剃头棚屋里的墙上挂着的大镜子前，看了一下自己的形象，理解店家的心情，无奈地走出了剃头棚。

这时，有一个在剃头棚排号等待理发的人，30多岁，脚跟脚地跟随何忠全身后，走到一个没人的地方，喊住何忠全问："朋友，你怎么造成这样？"何忠全见这个有山东口音的人，不像是坏人，便实话直说："我三年前参加了抗联的'独立师'，今年的阳历年，战友们在海青渔场都战死了，就剩我一个，还受了伤，被日本鬼子擒了，蹲了4个月的'笆篱子'。日本人看我成废人了，给了我1元钱，今天才把我放了。我一寻思都成废人了，就想用这1元钱，先剃了头，吃顿饱饭，再投江不活了，像我这样的人活着多难啊！"山东汉子一听说何忠全因是为抗日而落难的，十分同情，便把何忠全又领回到剃头棚，对掌柜的说：

"今天你们一定得给他把头剃了，要多少钱我都掏。"掌柜的没办法，就让一个徒弟先给剪去长头发，再推成平头。随后山东汉子领何忠全去"澡堂子"洗了个热水澡，到商店买了一套衣服，又领到饭馆吃顿饭，都是这个不曾相识的山东汉子花的钱。吃饭的过程中，他问何忠全："你有家吗？"何忠全说："我家在富锦农村宝宝山，我参加抗联好几年了，只回去过两次，现在家啥样？我就不知道了。"他说："你不能寻死，你应该回家，让你父母看到你回来了。"他又说："我送你回家，一切费用都由我出。"何忠全感动地说："我这一天没少麻烦你，怎么好再让你费心呢？"山东汉子让何忠全在饭馆里等他一会儿，他马上返回家，说是告诉家属一声，然后就回来。

热情的山东人与何忠全一路到了富锦宝宝山，一打听何家已经搬到桦南陈兴屯，于是又从富锦送到桦南陈兴屯，途中在十大户住了一宿。何忠全的父母亲在陈兴屯住一个小马架子房，炕上连炕席都没有，可料想生活是多么艰难，这位山东汉子看见何家太困难了，只住了一宿，临走时又给留下一些钱，何家再三追问好心人的名字，以图后报，山东人只说姓叶，没说名字，让何家全家人感激不已……

何忠全回到家后，因无指的双掌，流血流脓，只好截掉，成了缺失双手的残疾人。后来靠着失去双手的两只胳膊给别人推磨糊口，一直苦熬了5年，迎来了抗日战争的胜利，看到了日本侵略者无条件投降的下场。

第五节　东北抗联第七军转战抚远

抗联七军是中共饶河中心县委领导下的"特务队"改编的

饶河农工义勇军，后改编为第四军二师。1936年11月，四军二师改编为抗联七军，军长陈荣久（后为李学福），是活跃在中苏边境的一支重要的抗日队伍。抗联七军在西风嘴子伏击战和"老等窝"伏击战大捷后，极大地鼓舞了抚饶地区民众的抗日热情，东北抗联七军的声威迅速传遍北满大地，令日伪军闻风丧胆。

一、抗联七军宣言

我们（东北人民革命第四军第二师、君子仁队、北海队、三江队、宝山队、友好队、东山队、海鸥队、访贤队、永远队等）在这五年抗日战争中，得到血的教训，知道"团结则生，分裂则死"这句话是天经地义至理名言！我们深信中国苏维埃中央政府和中国共产党主张建立国防政府及抗日联军，停止内战，一致抗日，这一号召实为救亡图存唯一办法；我们为了对抗日寇"各个击破""并大屯""冒充抗日军"的毒辣政策和阴谋；我们没有统一领导，没有整个的计划，就不能在将来更大的事变中，取得更大的胜利；并且我们在这一年中，因为同志的英勇作战，群众的竭诚拥护，使我们的队伍有长足的发展，根据以上的条件，所以我们放弃个人的称号与山头，以平等的原则，成立抗日联军第七军。

自今以后，我们愿意与东北的各抗日联军共同组织统一的军事领导机关，从而与全中国愿意抗日的各党派的军队，建立总的军事领导机关；我们希望全国各政党、各团体、各名流学者，"兄弟阋墙，外御其侮"，早实现国防政府领导我们；我们欢迎"满洲国"的军队不要再受日寇和卖国贼的欺骗，赶快反正到抗日联军来，共同作抗日救国的神圣事业，我们愿意与日本爱好和平的士兵和劳动群众亲密的联合起来，打倒共同的敌人——对外侵略弱小民族对内剥削劳苦群众的日本帝国主义者；我们不分民族，不分籍贯，不分党派，不分职业，不分信仰，不分性别，不管过去有任何敌对行为，不管有任何旧仇宿怨，只要是不愿意当亡国奴的同胞们，都要与他们巩固的团结，以打倒残暴的日寇，收复锦绣的山河，并且我们愿意牺牲一切，在抗日救国事业中作群众的先锋。同时我们不论家族、亲属、朋友，凡是亲日的都是我们不共戴天的血仇，与日寇一律看待。我们相信唯有这样，才能实现中国共产党和中国苏维埃政府的预言："共产党和苏维埃政府坚决相信：如果我们四万万同胞有统一的国防政府作领导，有统一的抗日联军作先锋，有千百万武装人民群众作战，有无数万东方和全世界无产阶级和被压迫民族作声援，一定能战胜内受人民反抗外受列强敌视的日本帝国主义！"

东北抗日联军第七军
中华民国二十五年十一月

二、血战独立家屋

1938年4月末，抗联七军的隋长春、刘凤山和抗联五军的郝德芳、姜记才、明山等5位战士横渡乌苏里江，由苏联回国进入抚远境内。5月23日，在抚远第五区勤得利东北45公里的一间小屋内过夜时，被日伪军包围，战斗从早3时30分开始，一直打到6时30分，由于寡不敌众，5位战士全部牺牲。

三、老等窝伏击战

1939年1月中旬，抗联七军一师180余人（其中妇女40余人）。在王汝起师长和刘雁来副师长的率领下，将追缴七军达40余天的日军横木部队（日伪军一个团约500人）引到寒葱沟附近的"老等窝"七军伏击圈内。经过一天激战，毙敌170余人，缴获战马4匹、步枪9支，以及其他一些物资，敌人狼狈逃窜。

战斗刚结束，又有80余名日伪军前来支援，被七军阻击，毙敌20余人（其中日本军官3人），俘虏18人，缴获手枪26支，驳克枪7支。

四、夜袭浓江里

1939年1月末，一个寒风凛冽的夜晚，抗联七军一师转战到抚远地区。趁夜摸进了距县城仅有10公里的浓江里屯，逮捕并处决了伪警、汉奸、地头蛇王生武等4人。

五、奇袭蒿通镇

1939年6月，抗联七军一师奇袭蒿通镇，迅速攻下了伪警察所，活捉两名伪警察。翌日，开群众大会，宣传抗日救国。经过一天休整，撤走时放火烧了伪警察住所。

六、智端抓吉伪警署

王汝起任抗联七军一师师长后，为扩大抗日影响，开辟新的抗日游击根据地，率队北上，经常在同江、抚远一带活动。在抚远镇的东南部，有一个叫抓吉的村镇，它三面环水，一面是平原。别看这只有几十户的小村镇，因地处伪三江省的东北角与苏联相望，又是抗日游击区，日伪在这里设置了一个警察署，40多个伪警察，还有两个日本人在这里当教官，其实是监督伪警察的。村边修着高高的护城墙，并筑有岗楼和炮台。

1939年6月下旬，王汝起带队来到这一带后，决定攻打抓吉镇，拔掉敌人的这个据点。为了打有把握之仗，王汝起一面派出侦察员到抓古镇侦察地形，一面亲自到抓吉镇附近的村屯了解敌情，研究攻敌方案。通过侦察和了解情况，大家认为抓吉镇城堡坚固，戒备很严，镇外又无隐蔽物，只能智取，不能硬攻。假若硬攻，将会给部队造成很大伤亡。于是，一个智取抓吉镇的作战计划在王汝起的心里渐渐形成。

第二天清早，趁着大雾，一支身着伪军服的"讨伐队"，打着伪满洲国的国旗，大摇大摆地向抓吉镇走去。这支伪军"讨伐队"是王汝起他们装扮的。他要用伪军这个幌子，诈开抓吉镇的城门。

当王汝起他们走到城门口时，一个站岗的伪警察高喊着："哪个部分的？"王汝起装着伪军官的样子，傲慢地说："快开门，老子是'讨伐队'的。"伪警察一听，急忙赔着笑脸说："长官不要发火，兄弟马上就来。"说着就下了岗楼来开门。

城门一开，战士们一拥而进，两名战士迅速冲上去，把这个伪警察绑了。王汝起带领其他战士直奔警察署大院，警察署的大门是敞开的，王汝起他们进去后，并没有引起伪警察们的怀疑。当一支支黑洞洞的枪口顶住他们的胸口时，伪警察们一个个吓得目瞪口呆，都傻了眼，乖乖地举起手来。

王汝起他们没打一枪就将镇内的20多名伪警察俘虏了。经审问得知，还有20多名伪警察和两名日本教官乘船出去巡逻，一会就能回来。王汝起根据伪警察的口供，留一部分战士把守镇内，随后带其余战士到镇外江畔的草丛里隐蔽起来。

夏日的早晨，正是蚊子、瞎蠓活跃的时候，它们不断向潜伏的战士们袭来，战士们的脸和手都被咬起了一层大包，可他们依然聚精会神地盯着江面。过了会儿，江面上出现一只木船向镇子驶来。当敌船驶到战士们的伏击圈内时，王汝起命令战士鸣枪示威，向船上的伪警察喊话，敦促他们投降。船上的敌人听到喊声后，根本不予理睬，反而向岸上疯狂地射击。船夫也调转船头，大有遁逃之意。"打!给我狠狠地打!"王汝起一声令下，战士们集中火力，一阵阵弹雨打在船上，敌人被打得鬼哭狼嚎，在船上乱窜找隐蔽物。失去控制的木船，晃晃悠悠地顺水漂下，漂着漂着一头扎入江中。两个日本教官16个伪警察毙命江中，其余活着的伪警察都爬到岸上缴械投降。共缴获长短枪30余支。

战斗结束后，王汝起带领战士们清理完战场，处死了一名群众愤恨的日本特务（徐培昌），迎着冉冉升起的红日，又踏上了新征途。

七、杨木林子阻击战

1939年7月，抗联七军一师在杨木林子村夜袭了前来追剿抗联的东安镇伪军，战斗半小时，消灭了约一个连的伪军，俘虏20多人，缴获了大量枪支、弹药和其他军用物资。俘虏人员经教育后，大多数人参加了抗日队伍，其余人员发给路费遣散。

八、抗日小英雄

这是1939年4月中旬的一天。蓦然，一道火龙似的闪电掠过，照见一间两面透风的柴火房（即原招待所东老印刷厂那栋房的北间）。这是个坐东朝西的房子借着闪电的阵阵光亮，可以看见这间柴房（临时改成的牢房）里，靠里边墙角草堆上斜卧着一个看上去年纪不足十七八岁，身着青色制服的小伙子，尽管衣服已经扯破，面部和胳膊都有斑斑血迹，他仍是那么俊秀，看得出他聪颖中又带着几分稚气。这就是至今仍被抚远人民纪念的抗日英雄——小毛。

小毛已经很疲乏了，右腿被打折，殷红的鲜血已浸透了厚厚的裹腿，一阵阵剧痛不时袭来，使他在这生命的弥留之际难以入睡。他多么想念那些朝夕相处的，而今不知转战何方的战友啊，他也眷恋着这块正在为之战斗的土地。他睁大了眼睛看看窗外，看着那雷电交加，骤雨倾泻的夜幕，轻轻地唱起了自己最喜欢的

《露营之歌》："铁岭绝岩林木丛生，暴雨狂风……"一道闪电在眼前闪过，接着又传来了一阵阵的雷声。小毛停止了歌唱，3个月来的战斗经历又一幕一幕出现在他的眼前。

那是旧历年刚过，在行军中小毛掉了队，被日伪军俘虏，押到抚远县警察本队。第二天特务警长富田和小岛初男（原名金云鹤，朝鲜族人，后认贼作父，加入日本国籍，取名小岛初男）便审讯了他。然而小毛一口咬定自己刚参加抗联十来天，所以什么也不知道，不知是富田盲目轻信，还是老谋深算另有企图，两天后小毛便被释放，成了他的勤务员。开始小毛并不想干这鬼差事，但转念一想，我何不利用这个方便条件多了解点情况，或许以后能有用，另外也可以找机会逃出去么。他佯装心安理得地干起勤务工作来。在虎穴的日子可真难熬啊！他十分注意自己的言行，从不跨进伪县公署各个机构半步，即使是有几次富田故意考验他，他也装得若无其事，好像对什么都不感兴趣，他只是认认真真地扫地，擦拭用具、打开水。平时没什么事了便跑到县公署的院里，同其他年岁不差上下的小勤务员一起玩。在玩耍中，他慢慢地摸清了整个日本守备队及汉奸武装的情况。了解到全镇共有轻机（日式歪把子）4挺，长枪112只，手枪57只，火力点及炮台共6处。他兴奋极了，多想把这些情况赶紧送回部队啊！时机终于来了，4月中旬，一个漆黑的夜晚，小毛把富田和一个汉奸的两支手枪偷了出来，并挎上两条子弹带，溜出了大院，飞奔三道沟子。准备趁炮台上的岗哨打瞌睡的时候越过浓江河，向南寻找自己的队伍（他听一个小伙伴说警务科的傅科长曾报告：抗联有一支队伍在浓江河西一带活动）。来到河边，他听见了涓涓流淌的沿流水声，猛然间，他想起前两天一张伪警察巡逻的马爬犁掉进了河里，他放弃了立即过河的打算，决定沿浓江河岸向上游寻找合适的过河路径。由于道路不熟，加上路上漂筏、塔头坎坷

第三章 艰苦卓绝的抗日斗争

难行，天放亮时，他才走出30里地。于是他找石头坐下，吃了点儿头几天准备下的干粮，喝了几口河里的冷水便又向前走去。

小毛哪里知道，伊力嘎山（即抚远山）上的日军瞭望哨早就从高倍望远镜里发现了他的行踪。此刻，由金云鹤率领的九个汉奸警察正在抄近路向他堵截过来。午后一点多钟，小毛才发现了追兵，一场敌我力量悬殊的战斗打响了。金云鹤十分狡猾地躲在很远的一片草丛里，他不让警察们贸然出击，只用火力进行封锁，妄图等小毛子弹用尽，抓活的。缺乏战斗经验的小毛则用两只手枪交替射击，一个小时过去了，小毛的100多发子弹几乎全都打光了。小毛抬头看看天，太阳还挂得老高，他有些急躁起来，忽然他急中生智，高声喊道："小岛，你们上来吧，我没子弹了。"金云鹤又领人打了几枪，果然不见回音，便同几个警察站起来并高声说"小毛，你不用害怕，只要你肯和我们回去，富田警长会原谅你的！"小毛抓住这个时机猛地立起身来扣动了扳机，两名警察被打中了，一颗子弹掀掉了金云鹤的帽子，另外几个警察见不妙，立即向小毛的下身开了枪，小毛只觉得右腿一沉，身子不由自主地顺着一个小土坡摔了下去。

小毛被抬进伪县公署投进了存放柴火的一间厢房里。牢房外放了双岗。没有人为他送饭，没有人为他送水，没有人为他包扎伤口，没有人来问问他的名字，小毛明白他将无声地死去。然而他感到欣慰的是自己没有辱没抗联战士的名字。窗外，风还在怒吼着，暴雨如注。小毛嘴角掠过一丝不易被察觉的微笑——是满足？是幸福 他慢慢地合上双眼，迎接着战斗的明天……

风停了，雨歇了，一轮红日染红了大地山川。在通往牤牛伏刑场的路边，被驱赶来观刑的抚远镇的居民们眼里都噙满了悲痛的泪水。抗日英雄小毛在抚远大地上洒尽了最后一滴鲜血。

九、配合苏军解放抚远

1945年8月8日，苏联对日宣战。

当日，抚远县日本无线电台接到苏联对日宣战的电报，城内的日本官吏集中在伪副县长（日本人）筱原的办公室开紧急会议，会议就战和降的问题展开辩论。副县长兼国境警察本队长筱原认为抵抗无力，退却无路，应走投降之路，而代表军方的日本西山队队长则坚决主张发扬日本武士道精神抵抗到底，并在会议中动手打了主降派的筱原，会议最后无果而散。

下午6时左右，在东北抗联教导旅侦查员（苏联红军向导）董贵喜、董贵寿、傅文昌、毕发祥、毕清林、董贵福等人的引导下，苏联红军十几艘大小舰艇分兵多路，先后驶向乌苏镇、小河子、抚远镇、抓吉、海青、东安镇、八岔、勤得利等地隐蔽待命。此举县城内的许多人都已知道，但日伪军并未以为异样，当晚仍结伙饮酒、赌博。

当夜零点以后，部分苏军乘铁驳船从石头窝子登陆，分别在砖厂和南山拐弯处埋伏。

8月9日凌晨，苏联远东部队，在华西列夫斯基元帅（总司令）的统一指挥下，兵分三路，出击东北。抚远地方是在布尔加耶夫大将的部署下，第十五军及阿穆尔舰队的部分队伍，已按预定计划进入阵地，并在拂晓前先后向抚远县境的乌苏镇、东安镇、海青、抓吉、小河子、八岔、勤得利等地发动了攻击，未受到大的抵抗。

当时，抚远县城的西山日本皇军守备队20多人，抚远县警察本队与抚远分队，再加上警察预备队70多人。在武器装备上也大都是些轻武器，日本军守备队唯一的重武器，就是小机关炮。整个县城除驻在西山的日本军守备队稍微抵抗就向浓江溃逃外，几个伪警察队还未来得及召集，就当了苏军的俘虏。苏军采取了集中优势兵力，突然袭击，快速强攻的战术，迅速完成了对县城的攻击和全部占领。

部队攻进县伪公署院后，在院西南角打死了伪副县长兼警察本队长筱原。之后，苏军又沿县城东街冲向现物资局东侧的居民区，复又向南门里进攻，在西北炮台处打死了正在抵抗的日伪翻译蔡鑫基。是时，苏军的另一支部队由镇北老码头正面登陆，沿小学校（现三建公司处）向南攻击了伪警教习所、协和会等处，然后汇同其他进攻部队在飞机和舰艇炮火的掩护下，重点攻打位于西山和南山的日军阵地。午后三时许，日军的南山阵地被摧毁，战斗全部结束，抚远解放。

在战斗中，苏军27名官兵牺牲。

8月11日，在苏军的协助下，抚远县治安维持委员会成立，原伪县长高凤翰任委员长，原伪村长赵焕章、兴农合作社理事郭荣庭任副委员长。

8月17日，苏军派来一支医疗队为在战斗中误伤的百余名抚远镇居民疗伤。

8月末，在苏军提议下，在本县小学校西南角处建木质结构苏军烈士纪念碑一座。

同年9月，苏军撤离抚远县。

一寸川原一寸血，漫漫抗战路，艰苦卓绝。抗联十一军的祁致中、薛华、崔振寰，抗联七军的李学福、崔石泉、王汝起、彭施鲁、刘雁来等革命先贤，饮冰雪、食野果，忍饥不言苦，挨饿不扰民的优良传统；胜不骄，败不馁，忠贞无二心，报国无私求的爱国精神；听党话，跟党走，生产敢开拓，战斗敢胜利的英雄气概；驱顽敌，求解放，光复东三省，建立新中国的不朽功勋；是我们永远的榜样、永远的敬仰、永远的纪念、永远的传承。

纪念世界反法西斯战争胜利七十周年
抗联精神永存
乙未年初春季文波书

季文波书法

第四章　解放战争时期的革命历程

第一节　土地改革

一、背景和条件

抚远县土地改革运动开始于1947年底，历时5个多月便宣告结束。这项艰巨的土地改革任务在本县之所以能在短时间内顺利地完成，主要取决于以下几个因素：

中共合江省委对抚远土地改革工作的指示（摘要）

我们对抚远的工作方针：

1.抚远不是农业区域，基本上是一个渔业区域，那里的封建大地主不多，土地被其占有垄断的也不严重，因此，那样地区我们意见除了大地主、恶霸、富农之外，一般的不是采取坚决斗争方式，而是采取比较和平的方式，将地主的土地没收，将富农多于一般中农的土地没收（其他如牲口、粮食、房屋等也如此），不采取挖家底的办法，并分给地主与农民同样的一份。对中农绝不能侵犯，已侵犯的必须补偿，在划阶级上不能将中农划成富农加以侵犯，对佃富农应当中农对待。

2.因为抚远是一个渔业区，因此对渔亮子不能采取没收的方针。渔亮子是属于工商业的，我们对工商业是采取保护发展的政策，将农民全部逐回农村种地的办法是不妥当的。

……

5.今后主要是发展生产，使老百姓发财致富，这就是具体的给人民办事。我们的任务就是具体的多替老百姓想办法，使他们多生产，提高生产力，这样达到他们发家致富，这样国家社会的财富也就多了，对支援前线才有力量。

从1946年8月开始的以佳木斯、富锦等内地县为先导的土地改革运动已接近尾声，所取得的实际工作经验，使本县的土改工作少走弯路。

从1946年春节后，合江军区剿匪部队多次往来抚远地区，剿灭了尤德荣、刘洪山等各路土匪，并有部队长时间驻守，给抚远地区的"土改"工作创造了一个相对安宁有利的客观环境。

1947年7月起，抚远县民主政府建立后，为全县人民办了许多好事，在群众的心目中树起了亲民爱民形象，共产党的作风受到了人民群众的拥护。

抚远的"土改"运动是在《中国土地法大纲》颁布后开始的，合江省委对本县的"土改"工作给予了正确的指导，并结合实际，确定了相应的"土改"方针：

1.抚远系非农业区，封建地主不多，土地被其占有垄断的问题不严重，一般的不是采取坚决斗争方式，主要以和平的方式，没收地主、富农的多于一般中农的土地、牲口、粮食、房屋等。

2.不采取挖家底的办法，对中农绝不能侵犯，已侵犯的必须补偿。

3.对渔亮子按工商业采取保护发展政策，不要将渔民全部逐回种地。

二、方法和步骤

抚远土地改革对象大体包括以下三种类型：一是真正够格的

地主（指剥削成分占总收入70%以上的户）、富农（指剥削成分占总收入30%~70%的户）；二是有民愤的伪警宪特人员，以及在日伪时期与日伪政权有一定瓜葛或联系的富裕户；三是有一定影响和势力的农商工商户。

抚远土地改革大体分为两个阶段，第一个阶段为1947年底至1948年春节前；第二阶段为1948年春节后至6月初。在第一阶段"土改"运动中，县委县民主政府排除干扰，对辖区内各村屯的阶级阵线作了大量地摸底调查，并广泛深入地宣传党关于"平分土地、实行耕者有其田、反霸除奸"的主张，为第二阶段"土改"运动的全面开展打下了基础。

1948年春节后，由富锦地干班结业15名干部组成的"土改"工作队开进抚远县，并分赴东安镇、抚远街开展"土改"工作。同年农历正月十六夜，"土改"试点工作首先在抚远街展开。对抚远街真正够格的地主、富农，有民愤的伪警、宪特人员，在日伪时期与日伪政权有一定瓜葛或联系的富裕户，以及有一定影响和势力的农商、工商户进行了查封。当夜共查封了19家。这次"土改"试点工作共进行了20多天，其间开展了斗剥削、分浮财等工作，并公审处决了6名民愤极大的汉奸特务。农历二月初，全县农村土地改革开始。第一批进行"土改"的有小河子、团结、生德库、别拉洪等十几个村屯。依据党的政策，被定为地主的有2户，被镇压的地主、汉奸、土匪、特务、恶霸达23人。农历四月末，第一批"土改"工作结束。

第二批"土改"的有海青、抓吉、亮子里等地，按《中国土地法大纲》要求，实行和平"土改"。同年5月开始，县内各屯开始丈量耕地，按人口平分。6月初，"土改"工作全面结束，共查封、批斗有剥削成分的商户、农户88家，有31名民愤极大或有血债的恶霸、地主、伪警宪特被枪决。"土改"后期，抚远贫苦农民按人口分得了耕地和部分浮财，中国共产党的威望在人民群众中越来越高。随着村级政府的相继建立，农民组织了互助组。一个以增加生产、支援前线、改善生活的大生产运动在全县轰轰烈烈地开展。到1949年5月，全县共发放地照2 037份，履行了"耕者有其田"的法律程序。

三、成果和影响

通过轰轰烈烈的土地改革运动，摧毁了几千年的封建地主对农民的统治和剥削制度，把封建的土地所有制变为农民土地所有制，这是抚远历史上最大、最彻底的生产关系变革。广大农民分到了土地，焕发了空前的生产热情，新的生产关系适应了生产力的发展，从而解放并发展了生产力，为农业生产的发展和农村经济状况的好转创造了条件，完成了中国新民主主义革命的一项基本任务。

1948年，全国解放战争由战略相持转入战略反攻，为了支援前线，县民主政府为此作了充分的物资准备和精神准备。在深入开展"土改"运动的同时，专门派人到富锦变卖了部分"土改"时归公的金银首饰，买回了牲畜、农具和种子，开展了轰轰烈烈的大生产运动。广大群众和驻军都积极地投身到开荒种地的热潮中，用辛勤的汗水浇开了"土改"胜利之花。这一年抚远获得了农渔业大丰收，为支援全国解放做出了新贡献。

四、农会和童团

1948年春，各村在"土改"工作队的指导下，都成立了农会组织。农会建立之后，在农会领导下的妇女会、民兵队、儿童团等组织也相继建立起来了。

儿童团的团员都是在校学生，其任务是：站岗放哨，盘查行人，验路条，捉汉奸。站岗放哨的时间主要是早晨上学前和中午、下午放学后。晚上随大人们参加斗争会，揭发地主和汉奸欺压百姓、剥削人民、卖国求荣的罪行。每次开会前，都和妇女会、民兵队一起拉歌子。儿童团员都很高兴，即能起早也能贪黑。站岗放哨时，对进村的外来人检查非常细致，发现陌生人和嫌疑分子便将其带交农会审查处理。

1948年5月"土改"结束后，转入了大生产运动，当时的口号是："多种地，多打粮，支援前线，巩固根据地。"随着党和政府工作重心的转移，儿童团的任务也发生了变化。除了站岗放哨之外，还接受了抓"懒汉子"和吸毒者的任务。抓"懒汉子"就是把太阳出来还不下田的人堵在炕上，往脖子上挂懒汉牌子。有一天早上，儿童团给三个农民的脖子上挂了懒汉牌，并把他们带到大街上，让他们自己敲着铁盆游街，然后把他们交给了农会，由农会进行处理。通过抓"懒汉子"活动，再也没有人敢躺在炕上发懒了。抓吸毒者就是抓抽大烟的和扎吗啡针的人。有一天，儿童团抓住了一个抽大烟的，把他游斗了一天，最后交给了农会，既教育了他本人，又给其他吸毒者敲了警钟。

当时的儿童团组织，就和现在少先队组织一样，从小就让孩子们接受革命思想教育，参加革命活动，发挥他们的作用，教导他们健康成长，当好革命接班人。

第二节　民主政权的建立和巩固

一、县级政权建设

1945年8月9日抚远光复后，1946年3月，同江县民主政府派原八路军干部共产党员王怀仁、大同盟成员时鹏南等人来抚远接收维持会，组建抚远办事处和公安局。由于党的力量单薄，群众没发动起来，4月19日夜，国民党抚远县党部负责人葛长春等人策动公安局副局长杨蔼云及下属局员发动叛乱，推翻了共产党组建的办事处，恢复了维持会，组建了反动武装——保安队。至此，抚远首次建政失败。

1947年7月，为建立抚远县民主政权，中共富锦中心县委派张健阳来抚远任县长，正式宣布抚远县民主政府成立。县民主政府成立后，摆在县民主政府面前的首要任务是：组建地方武装，配合部队剿匪，发动群众进行土地改革，组织生产支援前线。

1949年4月25日，遵照东北政委会的命令，抚远县民主政府改称抚远县人民政府。

二、村级政权建设

县民主政府建立后，根据合江省委发布的《农村政权组织与保障民权条例（草案）》，1948年秋全县村屯分别都建立了农会组织，并根据东北行政委员会关于"在东北解放区土地改革业已完成地区，即着手准备建政工作，应以建立政权基层组织工作为重点"的指示精神，开始了乡、村基层政权建设工作。1949年，县委县政府决定首先在小河子村和别拉洪村进行建政试点工作。县政府从各部门抽调干部组成建政工作队，举办培训班，分成两组分别进入小河子村和别拉洪村。工作组进村后，首先进行群众发动工作，宣传民主政权的性质，宣传被剥削被压迫人民掌握政权的重要性等等。与此同时，为了保证基层政权建设的顺利进行，最大限度地依靠所有的贫下中农，各工作队又根据上级有关指示精神，对土改中划定的阶级成分进行了重新核查和纠偏，对错斗户进行了经济退赔。在完成这些工作的同时，工作队又有针对性地在贫下中农中选择先进分子，秘密发展了少量的党员，使其成为基层政权建设中的骨干。在人民群众的阶级觉悟普遍得到提高的基础上，各工作队采取无记名投票的方式选举村长、副村长及其委员。

试点结束后，全县普遍展开了建设基层政权工作。全县先后成立了海青、抓吉、勤得利、生德库、小河子等5个行政村政府和抚远街政府。村政府建立后，原土改中建立的农会全部解散，各村政府均由村长、武装委员、生产委员、公安委员、财粮委员、妇女委员、文书等三至五人组成（有的一人两职），多数委员都是半脱产，即边工作边劳动。村政府成立后，村干部虽然工资极少，但工作热情很高。他们不怕苦，不怕累，带领本村群众进行大生产，按照人合心，马合套的原则组织起了互助组，把村里的渔业、农业、副业生产以及拥军优属等各项工作搞得热火朝天。他们深入实际，帮助群众解决在生产生活中的一些实际困难，受到了群众的拥护和赞扬。

三、村民代表会议

村政府成立后，县政府又从民政、妇联、青年团、村政府抽调11名干部，组成5个工作组对抚远街以及其他村的政权建设情况和人民代表会议活动情况进行了检查。通过检查，对存在于部分干部中的官僚主义、强迫命令，违反民主原则的现象进行了批评教育，并对人民群众中存在的"有没有公民权都吃饭"的模糊认识进行澄清。在此基础上建立了村民主选举委员会，民主选举委员会根据各村的实际情况，对各村的政府委员、村干部、村人民代表会议的代表进行了审查，并对村级领导进行了重新改选。从此，乡村政权走向稳定，人民代表会议制度得以巩固和完善。

第三节 剿匪斗争

　　1946年冬,合江军区富锦军分区的剿匪部队五团三连首次开进抚远县,追剿尤德荣、刘洪山残匪。部队在团长吴志玉的带领下,首先包围了生德库村,经过20多分钟的战斗,打掉了盘踞在此近一个多月的刘洪山匪部。匪首刘洪山在混乱中冲出包围,在新屯子抢夺了马匹后逃走。战斗结束后,当即召开了村民大会,号召群众搞好生产,支援前线,并当场处决了两名被俘的民愤极大的土匪。部队稍事休整后,又向抚远街进发,乘胜追剿尤德荣匪部。

　　1947年春,五团一连开进抚远,是时抚远境内土匪所剩不多,均隐于深山密林中,无多的战事。1947年7月,五团七连与一连换防,七连来到抚远后,招补了一些新兵,人员达120人左右。不久,七连改为县大队,大队长由原抚远县县长张健阳担任。在七连驻守本县期间,剿匪斗争大约有以下几次:其一,时近春节,土匪派人先后两次给县里送信,索要马掌和猪肉,气焰嚣张,但并未得逞。其二,土匪在海青一带打死裕东公司办事处职员一人,并缴了到海青起枪的韩剑刚的两支枪。当我驻县部队赶到海青时,土匪早已退走,并扬言前来攻打县城。部队迅速赶回,方知并无此事。其三,1947年8月,刘洪山残匪抢劫了大阪屯。根据报告,张健阳带领两个班及裕东公司3人,携带一挺轻机枪前往追剿,而匪徒已撤走。部队又追至别拉洪和石头山均未找到土匪踪迹,遂返回。最后一次是在1948年冬,根据密报,土匪刘洪山携家眷隐藏在距东安镇不远的山里。七连驻东安镇的一个班前往追捕,逮捕刘洪山及其妻儿3人,缴枪两支。

1948年以后,县辖区内基本上无土匪活动,主要原因是各村屯均建立了民兵组织,加上剿匪部队在一些中心城镇驻扎,残匪很难立足。

第四节　欢庆新中国成立

1949年10月1日,伟大领袖毛泽东主席在天安门城楼上,向全世界庄严宣告,中华人民共和国成立了。各族人民欢欣鼓舞,举国上下一片沸腾。然而,1949年的抚远,邮政、电讯尚未恢复,一不通电报,二不通电话,县委跑交通的"花鞋船"要半个月才能从富锦往返一次。如此重大的新闻,竟一无所知。直到10月3日上午,抚远人民才从苏联人那里得知了这一振奋人心的特大喜讯。

1949年10月3日,上午8时左右,抚远镇对面的苏军哨所,一位肩上佩戴大尉军衔的小队长,乘一只巡逻艇驶过主航道停泊在抚远镇的简易码头边。据当时在场的人说,这位小队长,一面用俄语说些什么,一面举起一张报纸在空中挥舞着,好像有什么重要的事情要告诉我们。因为当时中苏关系是友好的,苏联的边防军与我们地方政府经常有所交往。每当遇到这种情况时,在围观的群众中,总有人主动跑到县里来报告,这次也不例外。县长王永芝同志接到消息后,立即赶到江边来会这位小队长。由于语言障碍,这位苏军小队长讲些什么,谁也不知道,急得苏军小队长直耸肩膀。后来,他把一张印有毛主席在天安门城楼上宣告中华人民共和国诞生的俄文报纸上的传真照片,递给了王永芝。王永芝不懂俄文,苏军小队长也不懂汉语。在心急如火的情况下,有人提出赶紧去找史子明老大爷来做翻译。史子明以前曾在庙街和伯力做买卖，会一点俄语。过了一会儿，史大爷来了，他和苏军小队长聊了几句，只见他直晃脑袋，他又把俄文报纸拿来。仔细看了一阵子，还是搞不明白。因为史大爷只会商业用语，向共产党、社会主义以及国庆节这些词语，他翻译不过来。经过苏军小队长和史大爷的长时间的对话，史大爷终于明白了。他告诉王永芝，我们成立国家了，是10月1日成立的。毛泽东当了国家主席。这一下抚远山城顿时沸腾了，公安部队的战士们，两大委的干部们欢呼雀跃，奔走相告，把这一迟到的喜讯传遍了抚远的每一个角落。

　　送走了苏联客人，王永芝召集部分干部又进一步研究了这张报纸，确认无误后，决定立即召开庆祝会。将近中午时，县委县政府的干部们，公安部队的全体官兵们，以豪迈的步伐来到了县政府前面的庆祝会场。会场设在日伪时期的一个仓库里，室内什么设备也没有，入会的人全都站着。尽管如此，200来人进入会场已显得很满。人们脸上都流露出自豪、喜悦的神气。公安队喊着整齐的口号儿："县政府来一个。"和两大委的干部们拉起歌来。雄壮的歌声给大会增添了热烈的气氛。过了一会儿，王永芝和其他几位领导同志，满面春风地走进了会场。

　　王永芝在会上讲了话，他说："同志们，你们都知道了，中华人民共和国成立了，这是全国人民的一件大喜事。由于我县地处偏远、交通不便，这一重要消息迟到了几天。方才苏军小队长给我们送来的报纸告诉我们，中华人民共和国于今年10月1日成立了。"王永芝把那张俄文报纸高高地举起来，让大家都能看到毛主席在天安门城楼上的那张照片。顿时，会场上掌声雷动，经久不息。王永芝是山东人，原是胶东游击队的侦查员。他文化不高，但讲话非常生动。他指出："只有中国共产党才能领导中国人民，打倒日本帝国主义和国民党反动派，建立新中国。"他的讲话赢得了阵阵掌声。

又过了十多天,有一艘从富锦来的风船,带来了东北日报和合江日报,大家这才从中文报纸上详细地了解了国庆节的盛况,以及全国各地隆重庆祝中华人民共和国成立的实况报道。看到了国旗规格和式样,这对全县人民又是一次莫大的鼓舞。

第五章　社会主义革命和建设时期

站起来，建设新中国。中华人民共和国成立，标志着争取民族独立和人民解放历史任务的基本完成，也为实现国家繁荣富强和人民共同富裕的奋斗目标创造了前提，开辟了道路。从此，中国历史开启了一个新纪元，实现了中华民族由近代不断衰落到根本转变命运的新跨越，走上了创建之路。

这一时期，刚刚解放的抚远，经济待发展，社会待进步，事业待开创，制度待革新。县委县政府认真执行党在过渡时期的总路线、总任务，调动广大群众的革命和生产积极性，组织开展互助合作运动，发展工农渔业生产，努力弃旧图新，巩固政权，各项建设不断取得新成就。

第一节　革除积弊 惩治罪犯

民国和伪满时期，抚远农民多以种植罂粟为生，种毒、贩毒、吸毒者较多。1950年县人民政府颁布严禁种植罂粟的布告，并于同年6月5日，出动89名民兵配合公安队联合搜山15天，铲除烟地38块，烧毁窝棚9个，逮捕41名非法种植人。经人民法院审理，教育释放17人，拘役或判刑24人。1952年4月展开了大规模的爱国肃毒运动，下派五个工作组到各村屯进行肃毒工作。在广泛宣传烟毒危害和过去从宽今后从严肃毒政策的基础上，共查出吸毒鸦片的有400多人，逮捕首犯、惯犯54人（其中贩毒26人，吸毒28人），坦白自首75人，收缴毒品554.67两，对烟瘾较重的14人进行劳动改造。

解放初期，敌伪残余势力和反动会道门组织勾结，利用各种方式和手段进行反动宣传和破坏活动。1949年末，县人民政府根据东北行政委员会颁发的《关于反动党团登记》布告中"限期潜伏在解放区的反党团人员一律向人民政府指定机关登记，交出证件、武器、电台，停止一切反革命活动，重新做人"的要求，开始在抚远、海青、东安镇三个区及勤得利村进行登记。经过两个多月的工作，登记51人。其中封建会道门主持5人，一贯道坛主1人，还乡团1人，建国军土匪9人，国民党书记1人，反动维持会重要活动者2人，伪警特28人，伪官吏4人。

惩治罪犯，清查登记结束后，根据有关政策规定逮捕1人，管制13人，清洗37人。查处在伪满时期"抚远大逮捕事件"中的罪魁祸首2人，并于藏匿地捉拿归案。

第二节　抗美援朝　支援前线

正当中国人民全面落实七届三中全会的部署，为争取财政经济状况全面好转而斗争的时候，1950年6月，朝鲜战争爆发，美国随即打着联合国旗号武装干涉朝鲜并派遣第七舰队入侵台湾海峡。侵朝美军不顾中国政府的多次警告，越过三八线，直逼中朝边境的鸭绿江和图们江，出动飞机轰炸中国东北边境的城市和乡村，新中国面临着外部侵略的严重威胁。

在这个危急关头，应朝鲜党和政府的请求，中共中央和中央人民政府决定抗美援朝、保家卫国。10月19日，以彭德怀为司令员兼政治委员的中国人民志愿军奉命开赴朝鲜战场，以大无畏的英雄气概，毅然承担起保卫和平的历史重任。到1951年6月，志愿军与朝鲜人民军紧密配合，历时八个月，连续进行五次大的战役，将以美国为首的"联合国军"从鸭绿江边赶回到三八线附近，敌人被迫同意与我国进行停战谈判。美国于1953年7月27日在停战协定上签字。

抗美援朝战争的胜利，粉碎了帝国主义扩大侵略的野心，维护了亚洲和世界和平，使中国的国际威望空前提高，包括美、苏在内的世界各国都感到必须重新估计中国在世界上的分量。帝国主义从此不敢轻易欺侮和侵犯中国，为我国新民主主义改革和建设赢得了一个相对稳定的和平环境。

抚远人民在解放战争和抗美援朝战争时期，响应党的号召，为了保卫胜利果实，保卫人民江山，踊跃报名参军，主动送亲人入朝参战。是时，抚远有12名青年志愿参军，其中王忠福等2人被编入中国人民志愿军赴朝参战，其他人员被编入县大队。

1951年7月，抗美援朝委员会抚远县分会成立，开始组织群众捐献飞机大炮支援前线。

这一时期，全县人民积极开展大生产运动，种粮支前，为抗美援朝做贡献。1952年，生德库村夺得玉米生产大丰收，平均垧产达万斤，受到了国务院的嘉奖，国务院给生德库村颁发了大奖状。

生德库河套地区，是黑龙江下游的冲积平原。油沙土中含有大量的腐殖质，适宜农作物生长。在日伪统治的旧中国，这里的人民饥寒交迫，民不聊生，人民宁肯让土地荒芜，也不愿为日伪统治者和地主创造财富。解放以后，农民成了土地的主人，生德库的农民在党的领导下，积极为支援国家建设多产粮食。1952年，正月还没有过完，村民们就冒着刺骨的寒风，开始春耕生产，马爬犁、牛爬犁、人拉小爬犁向地里送粪。

春耕开始，生德库村充分发挥互助组作用，相互帮助，插犋换工，起早贪黑的精耕细作。在生产技术和田间管理上，掌握农时，适时早播，合理密植，间苗保旺，及时铲趟。功夫不负苦心人，生德库村人民用汗水换来了垧产万斤的特大丰收。

10月的生德库村，到处都是丰收的果实，到处都是欢乐的笑声，到处都洋溢着丰收的喜悦。县委、县政府及时向松江省政府（当时尚未设合江公署）报告了生德库村垧产万斤的情况，省政府对这一情况很重视，很快（约在12月份）就特派了核实产量的工作组，他们顶风冒雪，昼夜兼程坐着马爬犁来到抚远。

在核实产量中，省政府工作组认真负责，耐心细致。他们首先看了全村现存的粮食，然后查看了土地面积和每个地块，最后是看茬口，查苞米的株数，计算苞米棒脱下粒的重量。经过一系列的核实工作之后，确认生德库村达到垧产万斤是真实的、准确的。省政府工作组实事求是的工作作风，给生德库村民留下了深刻的印象，也给抚远县各级干部树立了深入基层、深入实际、作风严谨、工作求实的学习榜样。

1955年，《中华人民共和国兵役法》颁布实施，抚远县有5名青年应征入伍，1956年有3名青年应征入，1957年有43名青年应征入伍。老区人民在前线后方都为抗美援朝、保家卫国作出了巨大贡献。

第三节　镇反肃反　清理队伍

1951年6月，根据中共中央发布的《关于镇压反革命活动的指示》和第四次全国公安会议精神，抚远开展镇压反革命运动，共查出反革命分子60人，其中53人被管制，7人被判刑。1954年，查处有历史问题者24人，逮捕反革命分子8人。

1951年11月10日，根据中共中央和省委指示，反贪污、反浪费、反官僚主义的"三反"运动首先在水产公司进行。"三反"运动分学习文件，提高认识，坦白、检举、揭发、组织处理三个阶段。经过清查，全公司贪污总金额295.58元。因官僚主义、渎职等造成浪费金额11 246.56元。

1952年2月，"三反"运动逐步深入。通过深入细致的工作，揭查出公安队伍贪污人数66人，贪污金额322.64元，浪费352.85元。区政府、县委会、合作社、卫生所、邮电所、妇联等机关企事业单位合计贪污款4 845元，浪费16 910元。运动后期，经民主审查决定给5人以党内处分（1人留党察看，4人警告），5人行政处分（4人降职，1人记过），3人刑事处分（2人劳改，1人留机关管制劳动），1952年3月3日，"三反"运动结束。

1956年1月9日。根据中央及省委关于"坚决、彻底、干净、全部地肃清一切反革命分子"的指示精神，成立了肃反运动5人领导小组及办公室，肃反斗争正式开始。5月，集合肃反运动对全县干部进行审查。到年底，全县共查出反革命分子25人，有9人被依法判刑。在审查工作中，全县共审查干部305人，其中党员100人，团员113人，群众92人。审查出有各类问题干部57人，其中科级干部17人。

第四节 农业经济增长

一、发展历程

互助组和初级社 土地改革后,为了迅速发展农渔业生产,增加农民收入,解决贫困农户农业生产资料缺乏、劳动力不足等问题,1949年开始着手引导农民走"组织起来"互助合作的道路。本着自愿、互利、公平、互助的原则,组织季节性互助组14个。1951年《中共中央关于农业生产互助合作的决议(草案)》下发后,农业生产互助合作稳步发展。1953年季节性互助组达到35个(其中渔业6个),常年组24个。1954年底,农渔业生产互助组达50个,参加互助组的农户有274户(其中常年组22个,138户),占全县农户总数的54%。互助组共有耕地5 181亩(其中常年组3 039亩),占全县耕地总数的32%。在互助组里,谁的地归谁管,牲畜、农具实行插犋换工。

1953年春,根据松江省委的指示精神,抚远在勤得利乡试办第一个农渔业生产合作社。1953年6月,中共中央政治局正式讨论和制定了中国共产党在过渡时期的总路线。1954年抚远开始有计划、有领导、稳步地发展初级农渔业生产合作社。到年底,共建立农渔业生产合作社3个,入社总户数52户,占全县总户数的10%。1955年又建立了6个,新入社农渔户85户。在整顿、巩固互助合作组织的同时,根据中国共产党第七届六次全会精神,制定了加强党的领导,进一步开展社会主义改造的政策措施。到年底,全县共建立初级农业生产合作社15个,入社农户535户,占全县农户总数的74.2%。初级农业生产合作社,改变了土地私有制,使土地成为集体财产。原属于各家各户所有的牲畜车辆和主要农具均以股份制的形式入社，归集体统一管理使用。合作社实行统一生产计划，统一经营，民主管理，统一分配等新的章程和制度，私有经济关系变为集体所有经济关系。

1955年，在重点发展初级农业生产合作社的同时，根据省委、地委关于发展农业高级合作社的指示精神，掀起了大规模的农业高级合作化高潮，到2月28日，全县原有的15个初级社全部转为高级社，入社总户数为641户，占全部农村户数的97.5%。1957年在开展的以合作社为中心的社会主义教育中，促使未入社的24户个体农户全部加入了高级社。至此，全县农业社会主义改造基本完成。

高级社建立后，土地一律无代价地归高级社集体所有。房屋、家畜、家禽、零星树木、小农具、经营家庭副业的工具仍归社员所有，其他主要生产资料（包括大牲畜、车、犁等）一律按市场作价由高级社收买，建立社员按劳分配制度。

入社的原则是入社自愿，退社自由；入社的办法是对农民私有的生产资料（如牛、马、犁、船等）划价入社，发给入社资产证；分配形式是按工分分成，根据每年的粮食收入、副业收入、渔业收入和支出情况，用总收入减去总支出，剩余部分留出再生产资金，其余部分作为分配基金，并用这一部分分配基金和总工分数的比值作为工分值，然后按每人所挣工分数乘以分值，所得的积，即为当年所得的个人收入；计酬采取评分制，按出勤情况和劳动态度而定。

合作社实现了由私有制向集体所有制的转变，由个人经营转向集体经营，也改变了传统的耕种方式，实行了科学种田，促进了农业生产的发展。

抚远农业合作社始建于1953年，到1956年，全县农民都走上了集体化的道路。

"大跃进"和人民公社化运动　1958年提出的党的过渡时期总路线是的社会主义建设的施政口号,"大跃进"是以粮为纲,全面跃进的大炼钢铁运动,人民公社是实施以"一大二公"为特点的人民公社化运动。

1958年按照毛泽东视察山东时关于"还是人民公社好,它的好处可以把工农商学兵合在一起,便于领导"的指示,中共中央政治局通过了《关于在农村建立人民公社问题的决议》。是年9月,县辖7乡1镇共11个农业高级社合并成两乡1镇。并于10月1日正式建立起3个乡级人民公社。1959年3月15日,经合江专员公署批准,抚远县人民公社成立,乡级人民公社改称为人民公社管理区。人民公社实行工资制和供给制相结合的分配制度。5月11日经县人委研究决定,原抚远县人民公社下辖的人民公社管理区又都改为基层人民公社。

人民公社建立后,实行公社、管理区(原高级社)两级管理,两级核算或公社、管理区、生产队三级管理,三级核算。

在社会主义过渡时期,我国的社会主义建设和社会主义革命,胜利的进行了对农业、手工业和资本主义工商业的社会主义改造,实现了由新民主主义向社会主义社会的转变,实现了由落后的农业国向社会主义工业国的转变。

抚远人民自力更生、艰苦奋斗,农业大生产运动和工业的兴起热火朝天,蒸蒸日上。1958年5月,中共抚远县第四次党员代表大会召开,提出了《争取整风全胜,站在高潮前面,坚决为全面实现大跃进而奋斗》的号召,全面部署大跃进运动。同年8月,中共抚远县委召开农村工作会议,进一步动员农民多种地,多打粮,大炼钢铁。

这一时期,抚远工商业发展加快。农业合作化、垦荒移民、增产节约、多种经营、保护幼鱼、社会主义教育等项运动如火如荼，政社安宁，经济繁荣，形势一派大好。1957年，渔业产量1 359吨；1958年，渔业产量2 177吨，为历史最好时期之一。1958年，玉米亩产138公斤，大豆亩产101公斤，水稻亩产169公斤，均为历史最好时期或较好时期。1958年，私营手工业和集体合作工业企业发展到80多家，私营工商业全部改造成集体性质的合作组织。全县工业产值达到14.5万元，占工农业总产值的10.8%。在三年困难时期，抚远人民在党的领导下，积极扩大渔业生产，尽力增加捕捞产量。

1960年3月，原合江农场与抚远县合并，统一称抚远农场。原县属各集体所有制公社全部过渡成全民所有制公社，同时又是抚远农场所属的分场。

1966年抚远县治由同江镇迁回抚远镇，抚远县在原省属国营渔场基础上重建。1966年11月，经省委、省人委研究决定，抚远县实行政企合一的体制，为全民县。

全民与集体并存的农业经济 1974年，为了转变全民所有制条件下"贡献不大年年有，步子不大年年走，遇到困难就伸手"的懒惰思想，县委县政府提出了"宁可筋骨断，定叫抚远变"的口号，并由本年开始注重发展集体所有制农业经济，当年就引户开发建立集体生产队8个。从1974年到1978年，全县共建立集体农业生产队50多个。为了进一步巩固和发展集体经济，改组全民县体制，根据省委省革委的指示精神，对24个全民所有制生产队进行了调整。一部分渔业生产队划给了抚远国营渔场，另一部分农业生产队划给了新组建的抚远国营农场，走上了"巩固全民，发展集体，农牧渔并举"的发展道路。

集约经营的现代农业 传统农业转型发展，以创新为动力，以适应竞争环境、提升经济附加值水平、提高竞争能力为目标，围绕技术、市场、管理、经营模式、企业形态、产业联系等多维创新问题，按照循环经济的要求，一边注重资金合理利用，一边注重环境科学保护；一手抓新产能培育，一手抓可持续发展，引导粗放经营向集约增长转化。

二、农林牧业

农业 1949年到1957年，辖区耕地面积为15 000亩左右。1960年，抚远改为省属国营渔场后，退耕还渔一度成为发展渔业生产的硬措施。1966年，耕地面积只有4 800亩。20世纪60年代中期到70年代中期，耕地面积增加缓慢。1974年开始开荒建点，其后，抚远大举移民垦荒，大兴商品粮基地建设，超常规投资近千万元，建起了11个农业机械化生产队。由于生产、技术、体制等各方面的因素，虽未达预想的成效，很多生产队及农户负债累累，举步维艰。但农业机械化程度却实现了跨越式发展。党的十一届三中全会后，中央一系列改革开放的新政策，为农业摆脱困境，加快发展指明了方向。1982年后，抚远以推行家庭联产承包责任制为主要内容的农村改革逐步深入，极大地调动了农民群众的生产积极性。1983年，全县农业总产值达到1 234万元，比1978年翻了两番；上交商品粮1 673万斤，比1978年增长46倍；农村人均收入达到399元，比1978年翻了一番。抚远一举跨入全国农业翻番县的行列，受到国务院和省人民政府的表彰。

1986年以来，抚远农村凭借人均耕地多、土质肥沃的优势，在稳定承包基础上，着重实施产业结构调整，采取提高、扩大、改进等措施，培育壮大龙头企业，构建具有抚远特色现代的农业产业体系，大力发展优质粮食和绿色食品生产。

2004年，国家免征农业税，并实行粮食直补、良种补贴和农机补贴，促使农业生产加快发展，实现了农民生产积极性和农业生产效益双增长，农业农村发展走上了快车道。

2005年，播种面积156.2万亩，粮豆薯总产达20.2万吨，比1986年粮豆薯总产增长18.8倍；种植业产值38 331万元。农村一、二、三产业比重77：8：15；建有各类农业科技示范园区90多个，平均每年增加10%左右，示范面积达7 000多亩，示范内容主要是新品种、新技术、新农药、新肥料的对比试验与展示。

2006年以来，按照"打绿色牌、走特色路"的指导思想，把提升壮大绿色食品产业作为促进经济快速发展的主要内容进行大力推进。截至2014年底，农业无公害产品、绿色食品和有机食品生产基地面积达258万亩，占农作物种植总面积的100%。粮食总产达到18亿斤，创历史最高纪录。2019年，绿色食品原料标准化生产基地面积达200万亩，其中绿色大豆50万亩，绿色水稻150万亩。种植业产值848 312万元。累计认证无公害农产品219个、绿色食品2个，农业"三品"总数达221个，地理标志水产品6个，在全省各县（市）中名列前茅。

林业 1949年以后义务植树和群众造林兴起，1950年义务植树1万株，1952年3万株，人均10株。1953年以后，大力推广关于发动群众承领荒地造林的办法，实行"谁地谁造，随造归谁，村种村有"的政策，全县用野生树苗栽植小杨树165亩，成活率达40%左右。1963年在抚远西山义务造林栽植落叶松、樟子松75亩，今已成林。1970年—1980年国营林场共营造人工林23 141亩，1981年底已成林面积4 200亩，幼林面积为11 083亩；1983年—1985年全县累计完成营造农田防护林1 268亩，林带74条，总长53公里；1956年—1985年全县累计造林5.5万亩，成林面积约6 120亩，幼林面积为16 530亩，造林保存率约占41%左右，1986年秋受到省人民政府通报表彰。

2005年，林业经营总面积977 505亩，林业实际用地面积

767 985亩，其中天然多代萌生林面积213 225亩。主要林地分类型有柞树林、山杨、白桦林、软阔混交林和硬阔混交林等。

随着森林保护意识的提高和监管力度加强，林业经济在苗木繁育、封山育林、三北造林、乡村绿化、非煤矿山植被恢复、果药种植、进口木材加工等方面加强经营，本着可持续科学发展的原则，实现了产业林业、民生林业、生态林业的协调发展。

2019年，林业经营总面积1 285 104亩，其中林业用地面积1 041 296亩，有林地面积603 920亩，林业总产值5 086万元。

牧业 20世纪50年代，由于受"以渔为主，农业自供自给"的发展方针影响，畜牧业生产发展较慢，年生猪饲养量一般保持在450~650头之间，户均0.5头左右。1966年以后，实行"城镇民户每养一头猪可按指定地点开垦三分饲料地"和农村居民"以户定猪，以猪定地，一头猪5分地"的政策，鼓励多养猪，以养猪为主的畜牧业开始发展。1978年，生猪饲养量达到7 340头，是1966年319头的23倍。

20世纪60年代，大牲畜数量不多，马牛都不足百匹（头）。到1978年，马由1966年的92匹增加到598匹，年平均增加42匹；牛由1966年的97头增加到348头，年平均增加21头。到1985年，全县有马495匹，牛2 255头。

2005年，宜牧草原6万多亩，大牲畜饲养量28 598头，其中马589匹，牛28 000头（肉牛27 950头，奶牛50头）；猪饲养量50 000头，其中可繁母猪1 364头；羊饲养量17 500只，其中绵羊14 757只，山羊801只，绒山羊1 750只，小尾寒羊192只；饲养家禽20万只。畜牧业产值5 100万元。

2006年以来，畜牧产业化、专业化、集约化发展加快。2012年，万只以上规模化蛋鸡养殖场4家，养牛、养羊、养鹿、养貂专业户各1家。

2017年，生猪出栏1.11万头，存栏1.54万头；牛出栏0.67万头，存栏0.95万头；羊出栏1.64万只，存栏16.9万只；肉类产品2 100吨，蛋产品800吨。2019年规模化蛋鸡饲养场3家，养蛋鸡117 500只；牛存栏6 754头；羊存栏13 785只；猪存栏25 433头；貂存栏14 000只。牧业产值1.6亿元。

三、淡水渔业

抚远有黑龙江、乌苏里江两大水系，大小河流50多条，湖泡700余处，自然水面47.4万亩，湖泊面积为8.3万亩。水资源丰富，水质优良，水产资源在黑龙江省独占鳌头。有鱼类21科105种，占黑龙江水系所有鱼类的72%以上。其中经济鱼类11科34种，盛产鲟鱼、鳇鱼、大马哈鱼、"三花五罗"等名优特鱼，是集"中国鲟鳇鱼之乡""中国大马哈鱼之乡"于一体的"淡水鱼都"。

鱼米之乡

（一）特种鱼类

鲟鱼 鱼体修长，呈亚圆筒体，背棕灰色，腹白色，吻尖突，口小如梅花，口前具须两对，横生并列；在吻腹面、须前方生有7个状突起，因此鲟鱼有"七粒浮子"的俗称。左右腮膜不相连，体被有5纵行骨板。以无脊椎动物和小鱼等为食。史氏鲟，是黑龙江特产和重要经济鱼类，淡水定居种，也是鲟鱼个体较大的种类，捕获的最大个体长达240厘米，体重102公斤。其生存水温为1℃~30℃，最适生长温度为21℃左右；野生史氏鲟最小成熟年龄，雌性9—13龄，雄性7—9龄；人工养殖的最小成熟年龄，雌性8龄，雄性7龄；适宜产卵水温17℃。史氏鲟是古老珍稀的名贵经济鱼类，具有很高的经济价值和科学研究价值，集科研、生产、美食、观赏于一体。

鳇鱼 鱼体形与鲟鱼相似，口形有所不同，吻突出成三角形，左右腮膜相连，其身上有5列菱形骨板，尾鳍略歪，背鳍接近尾鳍。背灰绿色，腹白色，幼鱼以甲壳动物、摇蚊幼虫为食，成鱼则吞食鲫鱼等鱼类及底栖动物。达氏鳇，黑龙江特产，属淡水鱼中大型鱼，是世界稀有物种。最大的体重可达1 000公斤以上，最大体长可达500厘米以上。性成熟年龄16龄以上，鳇鱼产卵期为5—6月份，最适宜水温为16℃~18℃；喜欢把卵产在水流平稳、水深2~3米的沙质江段，卵粘在沙砾上。产卵量惊人，大约60万~400万粒。达氏鳇是软骨鱼类，物种起源于距今1亿3千万年的白垩纪，曾与恐龙在地球上共同生活过，作为白垩纪时期保存下来的古生物群之一，其原始古朴的外形1亿多年来几乎没有改变，具有珍贵的科研价值。鳇鱼是鲟鱼的一种，性情凶猛，属于肉食性鱼类，能活50年以上。

史氏鲟和达氏鳇肉味鲜美，全身几乎没有废料，头、鼻、唇、筋、骨、肠、鳔、心、肝、白等都是烹制高档菜肴的原料，营养丰富，属于低脂肪、高蛋白食品，含有比其他鱼类高3%至5%的不饱和脂肪酸和造血维生素叶酸，头软骨及脊软骨所含的硫酸软骨素具有较强的抗癌作用。

鲟鳇鱼子更为珍贵，国际上称为"黑色软黄金"。是消费市场的超高级食品，一般市民很少问津。鲟鳇鱼子的蛋白量为26%，还含有抗氧化和促进胶原蛋白长生的成分以及丰富的维生素A、B、D和钙、磷、铁等矿物质及氨基酸等。有增强人体免疫力、美容、延缓衰老的保健作用。

大马哈鱼 也称鲑鱼，为冷水性溯河产卵洄游鱼类，生活习性是"江里生，海里长，江里死"，一般4—5年性成熟，体重为3~6公斤。它栖息于北太平洋，当达到性成熟时，为了繁育后代，一定要历尽千辛万苦，进入江河，上溯到产卵场

鲑鱼回乡

生殖。在我国江河中产卵的大马哈鱼，每年秋季（9—10月），成群结队渡过鄂尔茨海，绕过库页岛，溯黑龙江而上。日夜兼程，不辞劳苦，长途跋涉，不断前进。每昼夜前行30多公里，不管遇到浅滩峡谷或急流瀑布，从不退却。冲过重重阻挠，越过层层障碍，直游到目的地，找到适合的产卵场所。长途跋涉，不摄食物，仅靠体内储存的营养维持生命，完成一个生命周期。

大马哈鱼以肉质鲜美、营养丰富著称于世，历来被人们视为珍贵鱼类。它不仅是黑龙江省的珍贵特种鱼类，也是我国淡水名贵鱼类之一。其肉质细腻，呈红色，味鲜美，营养价值相当高，含蛋白质14.9%至17.5%，含脂肪为8.7%至17.8%，每100克含有1 384卡热量、钙50毫克、磷153毫克、铁1.9毫克，此外还有糖类和多种维生素。

大马哈鱼子比其他鱼子大得多，直径大约为7毫米，色泽嫣红、透明，宛如琥珀，营养价值极高，有"红珍珠"的美誉。它含有人体所需的蛋白质和人体自身不能合成的多种氨基酸和磷、锌、硒等微量元素。长期食用可以提高人体免疫力、记忆力，预防心脑血管疾病的发生。

（二）边民和渔业

抚远自古地广人稀，水阔鱼多，赫哲人从其先世直到民国初期都以渔猎为生。抚远早期发展史，主要是渔业发展史。

元朝人黄晋描述东征情况曰："道路险阻，崖石错立，盛夏水活，乃可行舟，冬则以犬驾橇行冰上，地无禾黍，以鱼代食……"

明朝永乐十一年（1413年），在奴儿干都指挥司衙门近处所建立的永宁寺碑上也有如上述的记载："况其地不生五谷，不产布帛，畜养唯狗，或以捕鱼为业，食肉而衣皮。"

清曹廷杰在《伯力探路记》中对赫哲人捕鱼活动描写："每遇于风浪大作时，乘舟扬帆，持叉待捕，俟鱼出水时以叉叉之。叉尾系有长绳，俟鱼力困惫拖至江沿，或售或食。"

上述记载描写了以赫哲族为主的土著居民以捕鱼为业，以鱼为食，易鱼换货的初始生活状况。

元朝以来，通过流放囚犯和派驻军队，汉族人开始流入黑龙江下游地区。将较先进的捕鱼技术传播开来，使赫哲人单纯的叉鱼逐渐向网捕发展，渔获量随之攀升，渔业产值上升到工农业总产值的30%左右。

渔民捕捞的鱼品，除自食外，还将上等鱼运往内地（富锦县、依兰县）进行交易，换回锅、铲、刀、布、烟及其他日用品，唯有鲟鳇鱼骨不准交易，因其是贡品。运输工具主要是俄轮船运往松花江沿岸各商埠，捕鱼人将江杂鱼售于船主，换回俄币，再用俄币购买生活用品。随着渔业生产的发展，汉族人从事渔业的也越来越多，现已成为与赫哲人一道从事渔业科研、繁育、放流和养殖等产业的主力军。

（三）亮子和渔滩

挡亮子是汉族人带过来的捕鱼方法，在抚远初始渔业生产中起到了重要作用。

渔亮子一般都建在河道渡口处，所需材料均可就地取材，如柞木桩、箔条、柳树皮（绑箔条用）、土垡子、碎石（压箔用）等主要材料，经过编织加工即可挡上亮子。

挡亮子一般要选择河汊多，水容量大，河内小草丰富，水流较平稳的河流。黑乌两江众多支流入口处，多可以挡亮子。大河口称大亮子，如黑龙江的勤得利、八岔、富溻吉、黑鱼泡、三岔口、生德库、浓江等；乌苏里江的交界牌、抓吉、小黑鱼泡、别拉洪、胖头河等。与江河相通的小河口称小亮子，多趁草芽子水、头伏水和秋水时挡较小的河口、泡子口。亮子产量的高低除地理环境外，还要把握好江水涨落情况，一般来说都注重头伏水，希望缓缓地涨，大量的鱼群入河繁殖，能给渔亮子带来好的收成。

挡大亮子最怕涨大水，不但鱼获无几，庄稼也会被淹减少收成。遇此年景，只好在小河汊子多挡小亮子，补充渔获，自救饥荒。

捕鱼滩地是指背山临水的大面积洄流水域或大甩弯子处，早期的大马哈鱼滩地有小河子、八号楒、三号楒、乌苏镇（拉网滩）、抓吉、白灯、别拉洪、海青等知名捕鱼滩地；鲟鳇鱼滩地主要有额图、八岔、富溻吉、大滩下弯子、抚远门前、石头窝子东边大弯子和小河子门前等；鲤鱼和鳊花滩地主要是东菜园子（东井处），大白鱼和鳌花滩地是西山头急流处；鲫鱼多产于内河，有固定的鱼窝子。别拉洪河、浓江河、黑鱼泡河、西河、醉江河等都有许多处鲫鱼窝子。

（四）船只和渔具

船是捕鱼的主要设备。早期赫哲族人造船以轻便为上。最古老的方法是取一段4米长的鲜杨木，凿成中空，两头起翘的"杨木雕"，乘1人叉鱼最为轻便得手；其次是白桦皮做的"快马"船，一个人就可以背起转移江河湖泡，有急事赶路多用其船，是水上轻快如飞的交通工具。后来发展为用松木做龙骨的大型快马船，可乘十多人，多用于运送物资。清朝末期，出现了用松木做的三页板船，其大小制作自如，成为赫哲渔人的常用船（这种船便于蹓鱼和滚鱼上船，每当叉住大鳇鱼时，不能马上摘钩，必须先行蹓鱼，将船舱里装上半槽水，任其拖拽，待鱼乏力时，利用此船船头比花鞋船船头低的特点，顺势能将鳇鱼滚装上船，因而成了赫哲人钟爱的船型）。民国年间，山东人带来花鞋船制作技术，虽构造复杂，但承载量大，抗风浪，可使帆。一般可载重2 000多斤。这种船一直延续到现今，只不过是制造材料换成了铁板，并逐渐演变为尾部悬挂机器的机动船。

渔具主要有渔叉、渔钩、渔网等。初期这些都是渔人自制的，后来才有了商品渔具。

渔叉主要是猎捕大鱼的用具，是赫哲人原始的工具。叉鱼的前提条件是鱼多、鱼大，一般都是在繁殖期水草较多的河汊中的浅水区域施行。渔叉似梭镖状，叉头是铁制的带倒刺的，叉柄后有较长的绳子，叉鱼人能准确地判断水光折射后鱼的位置，瞄准抛射，叉中的以大鲤鱼和大白鱼为多。

渔钩主要是自制的抖钩，明水期在急流上，冰封期在边流上不断地抖动，钩把的铅柄处系上兔毛或红布条以诱鱼，能钓上大狗鱼、哲罗、细鳞、怀头等食肉性鱼类；还有自制的钝钩，用铜丝弯成鱼可吞入口的无尖钩。把豆饼块绑在距钩2~3寸的地方，当鲤鱼吞噬饼渣时，觉得钩碍事就把钩吸入嘴后由腮排出，结果被卡住了；滚钩是专门用于猎捕大个头鲟鳇鱼的，钩大约半尺长，是用12号铁线打制的，四棱钩尖，特别锋利。每杆大约200~300把钩，大约每隔30个钩拴上一个漂子。每杆钩还需加上3个锚，按照气温的高低调整下钩的深浅度。大鱼撞上后，越挣扎钩上身的越多；快钩是一条绳上拴上千把三角锚钩，用浮子使钩悬于水中，洄游入江的鱼群撞上即被钩住，是用于捕大马哈鱼的钩；趟子钩是钩鲶鱼、怀头、嘎牙子、牛尾巴等江杂鱼的钩。用长把的鲶鱼钩拴成间距40~50厘米的200~300把一趟子的钩，挂上小泥鳅或河蚌肉为诱饵，两头拴上石块或砖头坠入江底。一般是晚上下钩，第二天早上起钩收鱼。

常用的网具有拉网、抬网、扒网、铃铛网、张网等，初期用麻绳做上下纲，用黄檗罗皮做漂，用陶、石做坠。网衣用麻线或用棉线，为防腐，采用猪血煮网。小拉网四季皆可使用，冬季叫"打冻网"；大拉网是用于打大马哈鱼用的，伪满时期兴起，它需要良好的滩地条件，江底必须无挂网杂物（树头、倒木、石头等），一般都在乌苏镇使用；趟网（三层网）、挂网（单层网）、旋网、抄网等网具逐渐更新换代，现有胶丝线、尼龙线网衣，泡沫浮漂，铁、铅网坠等多种新型网具系列产品供渔人选用。

（五）汛期和鱼获

春鱼汛期从"谷雨"到"芒种"，大约一个半月左右，捕捞的对象有鲟鳇鱼、鲤鱼、白鱼、鲫鱼等多种经济鱼类。

秋鱼汛期从"白露"到"寒露"，约一个多月时间，捕捞对象主要是大马哈鱼。

"秋边子"季从鲑鱼期结束到大江封冻前,鱼群随着河流水位的下降,开始向大江聚集,又成为捕捞各种江杂鱼的良好时机,俗称"打秋边子"。

"冬窝子"季从封江后到开江前这一时段,由于11月大江跑冰排时,大部分鱼类因受惊吓躲进河汊,可用小拉网在底质较好的河湖鱼聚集的窝点进行捕捞。也可用"撅达钩"在渔亮子处打冰眼进行冬钓。

大马哈鱼是抚远地标性鱼类,平均单尾重2~3公斤,一年一度的"白露"时节是其汛期。是时,乌苏镇、海青等地集聚了大量的出海溯江流而上的来此交尾繁育后代的大马哈鱼。

大马哈鱼汛期是和物候有密切关系的,每年9月份,江面上的江蛾出现并满江飞舞为鱼汛开始,江蛾的尾部长出双须并在江上飞游是旺期。按这种物候组织渔业捕捞生产,准确无误。

钩地(滩地)从通江口起经山丁岗、抓吉上下口、小黑鱼泡、别拉洪河口、白灯、索其、马圈、海青门前、大椴树、木城、蒿通、国富镇、瓦盆窑直至东安镇共16个,长达150多公里。单船年产量在1吨左右,丰产年可达2吨左右,渔期总产量多数年份在1 000吨左右,高产年份在2 000吨左右。多数年份大马哈鱼产量占当年渔业总产量的比例都在50%以上。

鲟鳇鱼一般年产量在100吨左右,丰产年在200吨左右。

鲤鱼、鲢鳙、鲫花、鳊花、鳌花、白鱼等江杂鱼汛期大都在春夏季。汛期一到,成群结队的鱼趋滩向草,声势浩大。江杂鱼一般年产量约在400吨左右,丰产年在800吨左右。

最壮丽的鱼汛是胖头鱼汛,如果是小三页板船,遇见浩大的胖头鱼群,必须得停下来。否则惊炸了鱼群可了不得,大量的鱼跃跳上船,非将船压沉不可。1925年夏,一艘客轮从虎林返程,走到通江子(抚远水道)中部,遇上了数里长的胖头鱼群,受惊后，纷纷跃出水面，跳上轮船，甲板上越积越多，船被压偏杆了，船员和旅客都慌了神，赶紧往江里推蹦上船的鱼，鱼随上随推，到抚远时还有1 000多条大胖头躺在船上。

较大的胖头群、白鱼群、鳌花群和鳊花群直至建国初期仍有出现。那时，要想吃鱼，就坐上快马子船，到大夹信子一带，趁大白鱼追吞小鱼之机，用棒子打几条是十拿九稳的事。

有经验的渔民，能在二里地之外嗅出鱼群的腥味，须立即停船，否则必有被鱼撞伤或压沉船的危险。

（六）捕捞管理

解放后，渔业生产关系逐渐由个体向集体和国营转化。1952年，在原裕东渔业公司的基础上，建立了黑龙江省抚远水产公司。当年春，经省水产局批准，在个人自愿的基础上，大拉网队人员、亮子股东、把头和劳力全部转为国营水产企业工人，其他从事渔业生产的人员逐步加入渔业合作社。

1958年后，随着渔业生产工具的改良，渔民扔掉了快钩，开始使用丝挂子、单层淌网、三层淌网、尼龙网等，鱼产量大幅度上升，常年从事渔业生产的人数约在400到600人之间。

1959年12月，抚远辖区的3个人民公社、1个管理区（抚远镇公社管理区）和水产局所属全部网队、亮子队组建成黑龙江省抚远国营渔场。1961年3月，渔场划归省水产局直接领导。1963年8月，并入渔场的原集体队渔民全部转为国家工人，渔场所属全民所有制渔业队11个。是年，全县捕捞量达5 164吨，创历史最高纪录。同年10月，渔场整编，建分场1个，直属队6个。并从开发北大荒的转业官兵中抽调一批干部充实渔场各级干部队伍。渔场干部职工队伍不断壮大，最多时达到1 500人以上，捕鱼船只增加到500多只。1978年成立抓吉渔业公社，1982年渔业公社撤销，所属渔业队划归抚远渔场。1984年，县委通过了《关于水产企业经营体制改革方案》，进一步调动了渔民的生产积极性。1985年，渔场改革经营管理办法，将169只渔船，全部承包给个人。承包后仅一个月，渔民自筹资金购买挂机50多台，并置办了新网具，80%的木船换成铁船，渔业生产工具逐步转向了机械化，捕捞量达1 810吨，实现产值538万元，占农业总产值的37.9%，当年渔业生产由亏损转为盈利60万元。

（七）繁育放养

1986年以来，抚远渔业遵循资源节约、环境良好、可持续发展的理念，大力推进优质、高产、高效、健康的现代渔业发展，走上了以大马哈鱼繁育、放流和鲟鳇鱼繁育、放流、养殖为主，以捕捞为辅，捕养结合的渔业发展道路，存续资源得到有效保护和利用，渔业收益持续保持较高水平。

大力加湖是浓江河最宽阔的膨大区段，湖区长度为17公里，最大宽度为1.8公里，水面面积达2.85万亩。主要由鸭绿河、浓江河、黑鱼泡河汇流而成，最大水容量3.3亿立方米，平均水深4米，水质理化指标符合水产养殖要求，湖区水生动植物饵料丰富，可满足鱼类生长及越冬要求，是发展水产养殖的优良场所。2003年，渔场大力加湖围网养殖开始投放"四大家鱼"60多万尾，牧养名优特鱼50多万尾。2012年，新增围网面积300亩。2017年，围网养殖区投放四大家鱼60多万尾，牧养名特优鱼50多万尾。2003年，鲟鳇鱼公司五道沟子网箱养殖基地，放置网箱2 000口。每年都投放鲟鳇鱼、鳌花、雅罗、牛尾巴、鲤鱼、草根、胖头、花鲢、鲫鱼等大量鱼苗。到2016年共计投放了2.5亿尾大小鱼苗。2017年，抚远五道沟养殖基地放养鲟鱼亲鱼1 000多尾，商品鲟鱼3 000多尾。丹东养殖基地养殖鲟鳇鱼12万尾。每年都有15万公斤到20万公斤的成鱼出水，出售到全国各地；双胜鱼种场，有16个鱼池，12万平方米。350平方米的孵化车间，每年都孵化大小鱼苗1 000多万尾，用于大力加湖养殖繁育基地养殖。2012年，新建苗种池4个，改造苗种池4个，总面积增加4万平方米，新盖厂房300平方米。当年投放苗种生产，全年生产鱼类受精卵2 230万粒。增加5个新品种，成活率达95%以上。投入苗种池后成活率达到80%。引进了300组乌克兰鲤鱼，每年孵化上千万尾鱼苗，用于名优特鱼的饵料鱼和商品鱼养殖。

近些年，为了促进渔业生产转型，让"淡水鱼都"走向全国，走向世界，县委县政府注重抓了四个方面的推进工作：一是加大水产资源保护力度，严格控制捕捞船只数量，逐渐扩大放流养殖规模，在项目、资金、技术上加大扶持力度，培养了一批专业养殖户；二是发挥放流站和养殖基地的带动作用，在精深加工、产品研发上下功夫，不断拓展渔业产业空间，努力把优势做大，特色做强；三是建立规范的鱼品专业市场，打造知名品牌，鼓励商企把抚远的鱼产品广泛地推向国内、国际两个市场；四是积极发展垂钓、观光、冬捕、餐饮等为主的休闲渔业，拉长渔业产业链条，放大渔业经济效益，保持和强化渔业的产业支柱地位，拉动县域经济高质量发展。渔业产业成了立市产业，鱼类产品成了地标产品。

2019年，双胜鱼种场培育名特优鱼苗7 000万尾，其中乌克兰鲤500万尾、鲫鱼1 000万尾、白鱼500万尾、牛尾巴鱼400万尾、鳌花鱼50万尾、重唇鱼50万尾；无公害养殖水面增加至9 525亩，无公害水产品9种；渔民专业合作社9个，带动水产养殖专业户51户；首次引进俄罗斯远东地区鲜活海产品和淡水鱼；增殖放流大马哈鱼苗200万尾，鲟鳇鱼苗20万尾；实现渔业总产量2 004吨，其中养殖产量630吨，捕捞产量1 649吨；实现渔业总产值23 069万元，其中养殖产值4 410万元，捕捞产值11 543万元，苗种产值996万元，加工产值6 120万元。

四、农业生产合作社

一直以来，抚远把农业现代化作为农业发展的基本路径，把增加农民收入作为核心任务，不断拓展农业发展空间，努力形成农、林、牧、副、渔多元开发的新格局。秉承整合资源，促进粮食仓储、加工、物流等产业合作经营的发展理念，下大力气培育农民合作社、家庭农场和专业大户，建成了一批具有示范带动能力的新型经营主体，发挥了较好的示范引领作用。

高效农业合作社联社流转土地约4万亩，涉及6个乡镇12个村屯，整合资金约4 500万元。2018年流转土地约5万亩，涉及7个乡镇13个村屯，整合资金约6 500万元。并对现有大米加工生产线进行了产能提升改造，形成了年加工水稻20万吨的能力，年仓储量可达54万吨。

金谷米业有限责任公司，与东极高科功能食品有限责任公司、亿利新中农牧业有限公司等组合成产、供、加、销一体化全产业链条，通过线上、线下多种形式综合经营，产能和效益提升较快，已成为黑龙江省农业产业化重点龙头企业。生产的"乌苏里新城"牌大米于2015年荣获国家绿色食品称号，2017年被评为黑龙江好粮油产品，2018年被评为黑龙江绿色食品安全优秀产品。

东极高科功能有限责任公司研发的"东极小镇"牌发芽糙米富含r-氨基丁酸，在降低血脂、体重、血糖和血压方面有预防和控制的积极意义，是农产品精深加工领域新的功能性食品。

亿利新中农牧业有限公司的中华红山草猪养殖是农业产业链中的重要一环，采取杂草、豆秸、豆粕喂养，猪粪沤肥还田的经营模式，追求经济、社会、生态三个效益高度统一，走上了循环经济发展道路。把人们追求的"青山、绿水、蓝天随处可见，生产出来的产品都是绿健食品"的梦想变成了现实。

玖成水稻种植专业合作社,采取"企业+科研机构+农户"经营模式,通过"互联网+农业"平台,实现产前、产中、产后全程监控,经营土地面积5 400亩,辐射带动面积1.5万亩。

倍丰水稻种植合作社,致力于打造服务型专业合作社,主要采取"四统一"(统一提供农资和贷款、统一田间管理、统一收获、统一销售)模式,流转土地16万亩,粮食仓储能力12万吨。

永发现代农机合作社,主要采取"土地托管"经营模式,流转土地1.6万亩,带动周边农户就近打工20多人。

东发绿色稻米种植合作社,采取"三统一分"(统一采购、统一技术、统一销售、分散管理)经营模式,土地经营面积6 500亩,仓储能力5 000吨,农业"三减"蟹稻示范种植150亩。

双良鸭稻种植有限公司,土地经营面积1 350亩,主要进行生态有机鸭稻种植,养殖稻鸭1万只。

瑞兴水貂养殖专业合作社,建设了一条现代化、科学化、机械化水貂养殖生产线,养殖场用地4万平方米,养殖品种为丹麦咖啡貂。2016年以来,年出栏商品貂4万多只,年纯收入700多万元。合作社成员6人,养殖场吸收就业30多人,按每人每年3.5万元工资收入计算,年增加农民收入100多万元。

示范合作社的发展,整合了资源,互补了缺欠,集聚了优势,提升了质量,打造了品牌,带动了农户,引领了方向,增加了效益,放大了影响,加快了振兴。

第五节　工业企业发展

抚远县工业发展速度慢、规模小、产品成本高、产量低、效益差。20世纪80年代前，工业产值和利润一直成反比增长，产值越高亏损越多。工业产品主要有红砖、小农具、渔网等，年产值仅几千元。60年代后期，全县工业产值2万元左右。

一、私营企业

1953年，有私营企业5户，从业人员6人；80年代后，在"改革、开放、搞活"方针指导下，城乡个体工业发展加快，成为国营、集体企业的补充和竞争者。20世纪80年代后，城乡个体工业户发展到91户；90年代后，实施国有企业产权制度改革，采取股份合作、有偿转让、零价出售、剥离经营、公司改造、租赁、嫁接改造、兼并、国有民营、破产等项措施，私营企业数量又有大幅度增长。2005年，乡镇私营企业达46户，个体企业1 500多户，从业人员达3 600多人。年销售收入50万元以上非公有制独立核算企业发展到30多户。

二、公私合营

1956年，对手工业实行社会主义改造，全县有砖窑、被服、铁木加工等手工业合作社3个；1958年，各乡（社）在"大跃进"中先后建立铁木器制作、渔具加工、编织、制酒等小型合作企业80多个；1963年，全县有集体企业5户；1969年，有集体企业1户；1979年，有集体企业7户（包括社办工业4户）；1986年，城镇集体工业企业7户；2005年，有乡镇集体工业企业13户。

三、国营企业

1952年，在抚远镇建立国营油米加工厂兼发电。1958年，新建罐头厂和机械修配厂。1959年，同江乡划归抚远县，全县有金属加工、农业机械、建材、木材、制糖、食品、皮革、被服、印刷等9户国营工业企业。1962年，在"调整、巩固、充实、提高"方针指导下，国营工业企业留存4户，停产1户，转为集体合作企业4户。1966年，县委县政府迁回抚远镇后，辖区内仅有国营工业企业2户。1970年，抚远镇木器社转为地方国营企业，易名抚远县铁木厂。同年又建立了冷饮厂和制酒厂。1971年建立印刷厂，1973年铁木厂改称抚远县农具修造厂，1974年建立罐头厂。1979年末，全县有国营工业企业17户；1982年有全民工业企业28户；2005年，有年销售收入50万元以上独立核算工业企业2家。

1983年4月，县罐头厂并入县水产供销公司，成立了国营水产罐头联营公司，在黑龙江边和乌苏里江边兴建配套冷冻库2座。1991年4月，升格为副处级企业。自公司成立至1993年底，水产罐头联营公司固定资产增加至993万元，累计上缴国家利税2 529万元，出口创汇439万美元。先后同美国、瑞典、日本、新加坡、法国、德国等国家进行贸易。1995年，适应对俄边贸旅游发展需求，水产罐头联营公司辟建了占地2.8万平方米的正阳大市场。2000年改制为股份制企业，是黑龙江省唯一一家以经营鲟鳇鱼子、大马哈鱼子为主的贸工一体化渔业企业。在其引领下，抚远渔业产业化发展加快。2012年，城乡鱼品加工销售鱼行达50多家，年可加工鲟鳇鱼、大马哈鱼系列产品300多吨，总销售收入可达1 000多万元。

2000年5月，热电厂由国营企业转制为民营企业，更名为新世纪热力有限公司，是抚远唯一的供热企业。2002年，该公司开始老城区热网改造，在佳木斯地区率先开始分户供热。到2012年，抚远县内老城区管网改造基本完成，分户供热改造完成98%。供热能力达150万平方米以上，年发电能力10 000万千瓦以上。

2019年，抚远木材加工园区板材和生物质颗粒生产线试产成功，可拉动本地进口木材增长30%以上。

第五章 社会主义革命和建设时期

2019年12月17日，哈电集团生物质热电联产项目落户抚远，建有1×30MW凝汽式汽轮发电机组配1×130t/h高温高压循环流化床锅炉，2020年11月末并网发电。年生产绿色电力2亿千瓦时，低真空供热能力可达100万平方米。年消耗各类秸秆24万吨，年减排氮氧化物19.2万吨，每年增加税收约1 200万元，每年在燃料收加储运环节可增加农民就业约300人左右，可带动农民增收1亿元左右。

生物质热电厂

2020年7月，莽吉塔跨境农业仓储加工物流园区项目开始筹建。抚远市浓桥粮库有限责任公司黑瞎岛分公司和抚远市金谷米业有限责任公司与福建上瑞集团有限公司组建的抚远市黑瞎岛生态物流有限责任公司新建仓储库房23万平方米，烘干塔4座，现代化智能加工厂0.9万平方米。当年10月15日建成并投入运营。粮食仓储能力和精深加工能力实现了空前的新突破。

莽吉塔跨境农业仓储加工物流园区

第六节　基础设施配套建设

一、小城镇建设

抚远城乡建设是在新中国成立之后逐渐发展起来的。1953—1985年，基本建设投资累计4 431.9万元，房屋竣工面积19.3万平方米。其中1979—1985年共完成6万平方米，占竣工总面积的31.1%。在房屋总竣工面积中，公有居民住宅114 803平方米，占60.42%。为了缓解住房的矛盾，减轻国家的负担，改变过去分福利房的办法，多途径、多渠道开发商品房的建设，鼓励私人建房。同时，对国家机关工作人员建房实行私建公助，并将部分公有住宅作价卖给了个人，卓有成效地解决了城镇居民住房难题。1986年，城镇楼房面积3.6万平方米，人均居住面积8.6平方米；1988年，抚远首次以"集资建房"的形式开发商品住宅楼。2005年，城镇民用住宅楼77栋，人均居住面积11.54平方米；乡镇房屋面积28.45万平方米，人均居住面积近20平方米；2019年，城乡居民人均住房面积约22平方米左右。

在加快住房建设的同时，街道、路灯、供水、排水等城市基础建设也相应有了较快的发展，结束了以往几代人"吃江河水、走泥土路、点煤油灯"的历史，城乡建设渐次登上了新台阶。

进入21世纪以来，抚远城乡建设越来越快，特别是2008年小城镇建设现场会在抚远召开，县委县政府借势发力，找补短板，完善功能，提升等级，开启了城乡建设的跨越式发展。2010年全社会固定资产投资25.4亿元，改造升级农村

商服新区

公路248.4公里；通乡公路全部硬化；城区道路硬化改造12万平方米；更新路灯1 279基，路灯照明长度增加到20多公里，占城镇内道路总长度的99%以上；新建人民广场等休闲场所4处；新增绿地28万平方米；沿江公园、西山公园和沿江景观大道建设相继竣工，单体建筑点缀式改造了沂河路（鱼市一条街）、迎宾路、正

阳路绿化带和人行道，城市面貌焕然一新。

2014年以来，累计投资20多亿元，举全县之力，全面推进市政道路、绿化、"三供三治"等一大批市政基础设施和民生工程建设，城乡容貌更加靓丽。

市政道路建设全面升级。先后完成了6条共3 042.7米的市政道路新建和改造工程，沥青砼道路完成30万平方米，沥青砼道路维修1 300平方米，正阳路、迎宾路等3条道路维修及改造共计完成3 500平方米，人行道板维修及改造4 500平方米。

城市绿化工程全面覆盖。16条主次干路两侧树木新栽及补栽2 960棵，迎宾路中段道路两侧绿化带改造1 020米，总计完成了5条共2 928延长米的道路绿化。火车站转盘道完成了绿化2 826平方米，站前广场绿化1 646平方米，西牌楼坡地绿化717平方米，百旺家园、市人民医院、迎宾小区绿化5 200平方米。

"三供三治"工程全面推进。撤并小锅炉21台，供热老旧管网改造完成了28.427公里，铺设给水管网4 511米，排水管网6 359米；给水阀门井新建86座，排水检查井新建135座；给水主管道清洗31.25公里，清理维护阀门井120座；清理及维修排水井2 804座，改造换热站4座。新建小南山水厂1座，全面选用高效节能、自动化智能管控设备，能源效率、企业效益、供水质量都提升了一个新高度。

近几年，既有居住建筑节能改造工程进展顺利。按照国家有关文件要求，完成既有居住建筑节能改造面积40.61万平方米，完成省住建厅下达的既有建筑节能任务30万平方米；占地面积4 212平方米，建筑面积942.69平方米的幸福大院工程全面完工，解决了部分低收入家庭的住房问题；旧城改造27万平方米，沿街建筑综合改造48栋，新建住宅小区23个，建筑面积达150多万平方米；以加强物业管理为切入点，针对"脏乱差"问题开展了春季环境卫生综合整治，清理整治巷道81条，拆除"两违"建筑1 045平方米；对49栋老旧住宅楼进行了综合或单项改造，房盖维修6 200平方米；完成棚户区改造78户，综合整治老旧小区20个；新增硬化、绿化面积8.73万平方米，安装路灯240盏，新建公厕2处。

沿江公园儿，位于抚远镇北侧，黑龙江南岸，西起抚远港码头，东至江南邨酒店，占地面积6.5万平方米，其中广场占地1万平方米，是一座环境清雅、景色优美的休闲场所，集娱乐、观赏、健身于一体的多功能公园。1998年，黑龙江省交通厅投资360万元修建，当年建成投入使用。公园广场中心现有城标一座，整个城标用花岗岩石和白钢制造而成，高20米。城标中心立柱是"抚"字拼音的声母F，寓意是开启抚远对外开放大门的钥匙。"F"的身上盘着鲟鱼和鳇鱼各一条，头上顶托着金色圆球，寓意太阳，整个城标表示抚远是最早迎接太阳的鱼米之乡。城标南端设有一高25米的路灯，上面嵌有10多盏大瓦数灯泡，夜晚照得广场一片通明。东侧是各种各样的健身设备。园内四周安装了照明灯具，甬道两侧设有供游人休息的长条木椅。园内建有草坪1万多平方米，种植花卉20多种，各种树木100多棵。

滨江公园，总占地面积2 222亩。其中一期占地面积326亩，主要建有开江广场、千网广场、鱼阵广场、园林景观及配套设施。其中景观大道长约7 000米，路面宽度为25米，

沿江公园

双向四车道，设有人行道、辅道和绿化带。一期工程2016年启动

建设，2019年竣工并对外开放。二期规划面积1 896亩，总投资为41 186万元。滨江公园与沿江护岸和滨江大道相融合，宽敞大气，内涵丰富，景色迷人，是当地居民和外来游人休闲观光的理想场所。

人民广场，位于迎宾路东侧，正阳路北侧。占地面积1.17万平方米，2002年投资350万元，当年建成。广场设有高杆灯2组，草坪灯12组，螺旋灯2组，山水灯2组，庭院灯12组，草坪1 775平方米，鲜花800多盆。东北角设有健身器材十余种，供人们锻炼身体使用。广场中心建有一座造型独特的音乐喷泉，北侧建有露天大舞台，设有超大屏幕电视，是市民健身、文体和中俄文化交流的重要场所。

二、新农村建设

以空间规范有序、生产集约高效、生活宜居适度、生态山清水秀为目标，以"宜聚尽聚、聚散相宜"为规划原则，以浓江乡和通江乡为示范的美丽乡村建设成就令人赞许。新建统一模式的农村住房1 557户，农村危房改造完成结转户数2 333户；低收入家庭廉租住房租赁补贴1 270户；对进城买房的贫困户按照城市棚改购房价格给予优惠，在亮子新村为无房户设置了专门安置点。近几年共投入资金489万元（其中扶贫资金323万元，本级财政资金166万元），解决贫困户住房问题252户，农村贫困户住房安全全部得到保障，使贫困户居住环境更规矩、更清洁、更舒适。

以精准扶贫改造为抓手，重点解决农村基础设

赫哲新村

施和公共服务方面的短板问题。一是乡村道路问题。全市新建通村硬化路8.7公里，加宽道路10.2公里，路肩路面修复128.5公里，修复水毁桥涵9座，维修农田道路140公里，村内桥涵524道，全市行政村实现了村村通硬化路；二是饮水安全问题。投资4 966万元，全面实施农村饮水安全提升工程，惠及农村1.07万户2.59万人；三是通讯网络问题。新建了2处广播电视转播塔，保障了农村广播电视节目覆盖面；投资97.5万元为3个没有通宽带的贫困村接通了网络光纤；四是医疗卫生问题。投资477万元建成40个标准化村卫生室，并为每个村卫生室配备了有资质的村医和必要的医疗设备，覆盖了全部贫困村；五是文化场所问题。投资120万元新建8个村级文化广场，投资179万元新建村活动室11个、维修8个，贫困村均有文化活动场所；六是供电线路问题。投资864万元，改造升级了24个中心村电网，改造10千伏线路28公里，0.4千伏线路54.61公里，提高了农村地区供电质量。七是环境改善问题。整合资金推进农村基础设施建设，开展环境整治行动，安装路灯1 626盏、花草绿化45万平方米、硬化边沟2.1万米、围栏改造2.42万米。2019年，清理农村非正规垃圾堆放点5处，室内改厕187户，完成原城区垃圾场填埋治理，城乡环境明显改善。

昔日"弯弯腰儿，拄拐棍儿，披头散发掉眼泪儿"的土草房早已成为历史，生态环境优美，中俄风情浓郁，基础设施齐备，服务功能完善，时代风貌鲜明，繁荣富裕和谐，充满魅力的现代化商旅名城和美丽乡村竞展新姿。

改革开放改变了老区面貌，改变了老区人的生活，经济发展了，科技进步了，社会和谐了，幸福感和获得感与日俱增。共产党好，新社会好，新时代好，明天会更好，已成了人们思想交流的主题。

三、口岸建设

港口管理 1947年，开始设立抚远航运站，隶属于合江航运局。1982年升级为抚远港务站。1993年2月9日，经国务院批准正式对外开放。抚远港是全省唯一的天然江海联运良港，位于黑龙江中游深水区域，距俄罗斯哈巴罗夫斯克市水运距离65公里，距黑龙江入海口960公里。5 000~10 000吨级海船从抚远港经俄入海直达日本仅需6天时间，到达美国、加拿大分别比天津、上海等港口近1 500~2 000公里，每年都有大量商品从抚远港出口，堪称"东方水上丝绸之路"。拥有现代流装设备，年吞吐能力达60万吨。1994年，升级为抚远港务局，隶属于黑龙江省航运管理局。2001年，企业改制，隶属于黑龙江航运集团有限公司。

码头建设 1981年，国家投资212.8万元，在抚远镇江边修建了拥有3个泊位的钢筋混凝土结构码头1座，1984年投入使用，港口年货运吞吐量达5万吨以上。1992年口岸开通时，抚远航运码头有1 000吨级的泊位5个，码头长263米；1998年9月，黑龙江省航运管理局投资50万元，在抚远港务站老码头西侧修建钢筋混凝土结构、板桩墙、钢筋拉、预制锚锭墙立式码头1座，设计泊位一个，长50米，1999年8月投入使用。2005年，黑龙江省航运集团有限公司在老码头东侧修建客运码头1座，港区面积达2.5万平方米。设有浮吊7台，浮趸2艘，暗吊2台，叉车1台；2016年以后，在抚远港务局码头西侧的粮食码头和仓储库又行扩建，港口功能和吞吐能力大幅度提升。

联检设施 1992年5月1日，国务院以国函〔1992〕51号文件批准抚远为国际客货运输通道一类口岸，属水运口岸。6月，县委县政府成立口岸建设指挥部，集中人力、物力、财力，始行口岸基础设施建设。当年11月，联检大厅墙体砌筑完成。1993年5月，2 560平方米的联检大厅竣工。相继建设口岸联检办公楼3 280平方米，联检部门住宅楼3 381平方米，车库370平方米，监护中队营房545平方米，口岸公路1.5公里，架设高压电线2公里，铺设自来水管道1.5公里，7月20日前全部竣工并通过检查验收，投入使用。8月8日，中国抚远至俄罗斯哈巴罗夫斯克口岸正式开关运营。当日进出口人员220人（次），进出口货物120吨。

四、广播电视

抚远地处边疆，远离内地，广播电视事业初始发展滞后。经过建国70多年，尤其是改革开放40多年来的不懈努力，广播电视事业从小喇叭进家庭，到有线电视入户，从收看一个台到遍览中央和各省及有关地市的电视节目，循迹了一条先有广播站，后有中波台、电视转播台、广播电台、有线电视台的发展脉络。

1953年7月，抚远遭受了新中国成立后的第一场洪水灾害，水位高达87.09米，当时没任何水利设施，江水漫灌严重。为了救灾，松江省下拨50瓦扩大机一台，话筒一个，手摇留声机一架，15瓦喇叭一个，并为抚远镇12户居民家安了小喇叭，进行抗灾自救宣传。1954年1月，成立抚远县播音站。当年10月，增设100瓦扩大机一台，配发一台电机。抚远镇居民近百户安装了室内小喇叭。与此同时每天利用电话线向海青、勤得利传送广播节目。1972年11月，始建无线转播台一座，装配一千瓦中波发射机一部，覆盖半径30公里。

1990年，省广播电视厅对原先1千瓦发射机增容至10千瓦，覆盖半轻由原来50公里增至100公里，使偏远地区的海青、抓吉等地居民也能收听到省台广播节目了。1993年建一座卫星地面接收站，直径5.5米，板状自馈天线，用于接收亚太IA模拟广播信号，转播中央一套广播节目。2002年6月国家广电总局下拨10千瓦数字调幅发射机一座，取代原有转播中央一套节目使用的10千瓦数字广播发射机，提高了中央一套广播节目的转播质量。2003年4月，省广播电视局下拨10千瓦数字发射机，对原有的一千瓦电子管发射机进行改造，用于转播黑龙江一套广播节目。

抚远的电视事业发展较快，1982年，投资14万元在政府四楼建电视转播台一座，装配50瓦电视差转机一台。翌年，投资80万元，建1千瓦彩色电视转播台一座，自立110米的铁塔一座，建大楼850平方米。到1985年9月建成了抚远卫星地面站，正式转播中央电视台节目，覆盖半径为60公里。之后一千瓦分米波20频道发射机投入使用，用以转播中央电视台二套节目。1989年，新增二部50瓦调频发射机，转播中央一套和省一套节目。

1993年广播局集资90余万元，开始筹建有线电视台，当年12月3日，抚远有线电视正式开播。从此，有线电视开始普及，2005年以来，抚远电视台网络公司对农网进行HFC改造，架设光缆242公里，对乡镇全部采用光缆传输，使农网与县网节目同步，网络由原来的450MHz升级到750MHz，节目由12套增加到40套，城乡居民除了收看的中央电视台所有节目之外，部分省市的电视节目也能收到。电视节目综合人口覆盖率达100%。

五、邮政电信

解放后，抚远邮政电信事业发展较快。1956年，市话里程1杆公里，农话线路180杆公里。县局迁至同江镇后，电话电路分为东西两片，其中抚远镇支局至勤得利为东片电路。此后，陆续开通至富锦、佳木斯的长话电路。1964年，省邮电管理局架通同江镇至抚远镇180杆公里的沿江有线电话电路。为了加强边防通讯工作，1968年，国家投资13.8万元，建设"五四一"工程。经3年时间，架通富锦县二龙山至抚远镇的架空明线电路，全长236.4杆公里。此段时间，还投资61.6万元，建设"五四五"工程，架通抚远县瓦其卡至饶河县五林洞的架空明线电路，全长192.4杆公里。抚远镇至抓吉、海青单线电话线路更换成白杆双线，通话质量大为提高。

1975年167部市话话机全部更换成供电式电话机，结束了市话使用手摇磁石式电话机的历史。1978年，市话话机全部实现自动化。到20世纪90年代抚远的电信事业和全国一样突飞猛进的发展，相继出现了移动电话，由模拟发展到数字智能机，手机的数量从几百部、几千部，发展到几万部。通讯公司也由1家发展为3家。

黑龙江通讯公司抚远分公司是1998年在抚远电信局基础组建的，为正科级国有企业，内设市场经营部、运行维护部、综合办公室和鸿雁公司。2003年成立监察服务部，2005年有职工90人。

黑龙江移动通信公司抚远分公司是1999年从抚远电信局分离出来的，独立运营。内设运营部、综合办公室和财务室，下设5个服务网点。2004年更名为黑龙江移动通信有限责任公司抚远分公司，企业性质由国有企业变为外商独资企业。2005年有在岗职工16人，其中新增社会化用工5人。

中国联通有限公司抚远分公司是2000年6月成立的，在县邮政局内设营业厅。2000年12月与国信寻呼合并。2001年10月内设恒天公司负责抚远地区基站、光缆的维护工作。2003年下设财务办公室、综合办公室、大客户办公室、营业厅、恒天业务处，有职工16人，其中恒天业务处3人。

邮政电信事业的发展，加快了城乡人民的信息交流和物传速度，提升了发展质量和生活质量。

2012年，邮政业务总量584万元，同比增长11.0%，电信业务总量6 792万元，同比增长1.4%；固定电话9 332户，移动电话86 825户；国内平常信件2 485件，国内包裹1 148件。

2019年，完成邮电业务总量5 789万元，互联网应用24 200户，占城乡居民总户数的87%。

第七节　社会主义教育运动和知识青年下乡

1963年3月，中共中央发出《关于厉行增产节约和反对贪污盗窃、反对投机倒把、反对铺张浪费、反对分散主义、反对官僚主义运动的指示》（简称"五反"），县委、县政府根据中央指示，在县直机关开始"五反"运动，全县科级干部普遍进行"洗手洗澡"，人人过关。县委召开四级干部会议，对县委领导班子在阶级立场、阶级观点、工作作风、生活特殊化等方面存在的问题做了检查，列举了搞资本主义活动、投机倒把、雇工剥削、借粮放债、出租牲畜等阶级斗争的8种表现，要求广大干部和群众千万不要忘记阶级斗争。4月，县委对揭露出的各种经济问题提出处理意见。

1964年2月27日，根据《中共中央关于目前农村工作中若干问题的决定（草案）》（又称《前十条》）和《关于农村社会主义教育运动中一些具体政策的规定（修正草案）》（又称《后十条》），抚远县第一阶段社会主义教育运动，先后在3个公社、22个生产大队、65个生产队、一个良种场展开，3月25日结束。

1965年7月下旬，第二阶段农村社会主义教育开始。根据《中共中央关于农村社会主义教育运动中目前提出的一些问题》

（又称《二十三条》）的指示精神，这次运动主要是"清政治、清经济、清组织、清思想"，运动重点是整所谓党内那些走资本主义道路的当权派。由省委、地委联合组成的农村社会主义教育工作队116人，先后分两批进驻抚远。1966年5月底，运动全部结束。除了对清出来有问题的人进行处理外，还对所谓不适合边境居住的11户69人进行了内迁。

知识青年上山下乡，是"文化大革命"期间，毛泽东发出"农村是一个广阔的天地，到那里是可以大有作为的"和"知识青年到农村去，接受贫下中农再教育，很有必要"的指示。根据指示，大量城市"知识青年"离开城市，到农村定居和参加劳动。

在知识青年上山下乡的热潮中，抚远接收知识青年工作迅速展开。1970年7月，县革命委员会设立了知识青年上山下乡安置办公室（简称知青办），专门负责知识青年的接收、安置、管理等项工作。自1978年开始，知识青年陆续返城。除少数人考入大中专院校外，大多数人从事城市工商或服务行业工作。留在本县人员多为领导干部或从事教育、医务和科技工作的骨干。

1968年—1978年，抚远共接收安置城镇知识青年4 897人，其中外省来本县下乡人数1 370人；省内及本县下乡人数3 527人；建立知识青年点儿46个。十年中，下乡知识青年有85人加入中国共产党，644人加入中国共青团，91人被选拔到县社领导班子任职，560人成为教师、拖拉机手、医护人员、财务人员或企事业单位干部，均为全县各条战线上的骨干力量。还有61人参加了中国人民解放军，216人进入大中专院校学习。

十年间知识青年以超乎寻常的毅力，克服重重困难，与当地的人民群众一起为抚远的建设和发展做出了不可磨灭的贡献。知青思想活跃，眼界开阔，促进了抚远发展理念的更新；知青乐于钻研，敢于创新，促进了抚远科学技术的进步；知青往返城乡，引资联商，促进了抚远内外交流的扩大；知青艰苦创业，倾情奉献，促进了抚远经济社会的发展。抚远今天的蜕变，离不开知青时代的积淀，抚远今天的名声，离不开知青时代的宣传，抚远今天的成就，离不开知青时代的奋斗。

第六章　改革开放和社会主义现代化建设新时期

富起来，开辟新天地。1978年12月，党的十一届三中全会召开，会议做出了把党的工作重点转移到经济建设上来，实行改革开放的历史性决策。十一届三中全会是在"文化大革命"结束之后，中国面临向何处去的这个重大历史关头所召开的一次关系到党和国家前途命运的极为重要的会议，实现了新中国成立以来我们党历史上的一次伟大转折。

这一时期，随着全党工作重点的转移，县委县政府适应新形势，积极进行拨乱反正，努力消除内乱期间遗留的各种不适，带领全县人民认真贯彻党的十一届三中全会精神，落实党的各项方针政策，以经济建设为中心，推动创业创新，使改革开放和社会主义现代化建设持续实现新发展。

第一节　经济体制改革

体制改革是克服现有体制中的弊端，使各种体制适应社会主义现代化建设的需要，是坚持社会主义道路的重要保证。1979年以来，县委县政府积极推行改革开放政策，大力开展行政管理体制和经济管理体制改革，实行农业家庭联产承包责任制，调整农村产业结构，推动工商经济体制改革，优化经济发展环境。进入80年代后期，在全面深化改革开放的同时，积极探讨外向型经济发展，努力构建社会主义市场经济体系，市场在资源配置中的基础性作用明显增强，各项社会事业齐头并进。尤其是1992年口岸开通后，促进了抚远改革开放和现代化建设的超常发展。

一、行政管理体制改革

行政管理体制改革是政治体制改革的重要内容，主要任务是转变职能、理顺关系、优化结构、提高效能，形成责权一致、分工合理、决策科学、执行顺畅、监督有力的行政管理体制，建设服务型政府。

为了适应历史的伟大转折，开创社会主义现代化建设新局面，根据党的十二大精神，1983年，在全县范围内推行了行政管理体制改革。

（一）县级体制改革

县级领导班子按照革命化、年轻化、知识化、专业化的要求进行了较大的调整，调整后的党政班子成员平均年龄为41.7岁，比调整前下降了7岁；在知识结构上，调整后的班子成员中具备大专以上学历的占90%以上；在职能转换上，按照"放管服"的总体要求，在行政管理的实践中，正确处理政府与市场的关系，充分发挥科学规划的战略引领和刚性约束作用，创新招商引资方式，提升政务服务水平和能力，行政管理的执行力和公信力不断改善。

（二）乡级体制改革

根据第五届全国人民代表大会第五次会议通过的《关于修改地方各级人民代表大会和地方各级人民政府组织法若干规定的决

议》，1983年6月开始政社分设的试点，7月24日，抓吉乡人民政府建立。1984年2月，建乡工作全面展开，到4月22日，原人民公社管理委员会全部撤销，又新组建了海青、别拉洪、寒葱沟、浓桥、浓江、通江6个乡级人民政府。

（三）企事业单位体制改革

积极跟进国家体制改革战略部署，统筹推进减税降费工作，财税金融改革稳步实施；事业单位分类改革稳步推进，农村综合改革完成省级试点任务；引进社会化服务，进一步规范公务用车管理，公立医院综合改革、国营农场、渔场、林场改革有序推进。

二、经营管理体制改革

经济管理体制改革是全面深化改革的重点，核心问题是处理好政府和市场的关系。大体上经历了计划经济内部引入市场机制改革、有计划商品经济、建立社会主义市场经济体制、完善社会主义市场经济等四个阶段。

中小企业改制，遵循"调整、改革、整顿、提高"的八字方针，以技术改造、技术进步、技术创新为突破口，加快新旧动能转换，在推动高值化、品牌化、绿色化、平台化、服务化发展等方面初见成效。

（一）农村经济体制改革

1981年，根据中共中央75号文件精神，全县农村开始对旧的经营管理体制进行全面改革。但是由于广大农村干部和社员普遍存在着"怕犯错误，不敢搞。怕搞糟了，不想搞。怕政策多变，不愿搞。"的问题，本年度前未取得实质性进展。1982年寒葱沟公社红丰大队率先冲破重重阻力，搞起了"包干到户"的生产责任制。在其带动下，红海、海旺、生德库3个集体生产队实行了

"包干到户"的生产责任制。与此同时，部分生产队还试行了"小段包工"、"统一经营，联产到劳"、"统一经营，联产到组"等不同形式的生产责任制。本年有19个生产队将生产责任制贯彻始终，占集体生产队的35%。改革的结果是有9个生活靠救济，花钱靠贷款，吃粮靠返销的"三靠"老大难穷队不但做到了一年脱贫，而且增产增收幅度很大。原在全县穷的出名的建华、建设、红海3个队，本年农业收入分别达到4.7万元、6.6万、7万元，是党的十一届三中全会以前3年平均收入的2.03倍、2.54倍和7.8倍。生产责任制的实施解放了农村生产力，促进了农业生产的发展。村民说，责任制，办法灵，能治懒，能治穷，能抗灾，能治"病"；挖出了闲人，卡住了"滑"人，管住了特殊人，拴住了外流人。1983年，农业生产责任制在全县范围内全面落实。特别是11个机械化生产队，尝了未搞生产责任制的苦果后，也都纷纷建立起了不同形式的生产责任制，诸如统一管理、专业承包、自负盈亏、包干上交等。

（二）农场经济体制改革

1985年12月，县属国营农场在"财务大包干，平时二八开，年终看结果，最低保一半"和"专业承包，联产计酬"生产责任制的基础上，进一步深化经营管理体制的改革，撤销了4个分场，精简了管理人员，变卖了农机具和工副企业。

（三）渔场经济体制改革

县属国营渔场经济体制改革发端于1978年，当年成立抓吉渔业公社，辖抓吉、南岗、别拉洪3个渔业队。1982年，抚远渔场和抓吉公社实行"以船定产，见产提成，超产奖励"的经营管理办法，将169只小船全部包给个人。当年由亏损转为赢利60万元，年渔获量向千吨和超千吨迈进，渔业生产进入了新的发展时期。

农业生产责任制的实施，打破了大锅饭，解散了大帮活，突破了"队为基础，三级所有"的旧体制束缚，使广大农民既是生产者，又是管理者，实现了生产者与生产资料的紧密结合。各承包户变成了集体经济中独立的经济实体，充分调动了广大农民的生产积极性。1983年，全县农业总产值达到1 234万元，比1978年翻了两番。上交商品粮1 672万斤，比1978年增长了6倍。第一次被列为全国农业翻番县，受到国务院和省委、省人民政府的嘉奖。

三、工商经营体制改革

解放后，以公营工商企业为主体的工业企业、商业企业、供销合作企业有了较大发展。到了20世纪70年代中期，已经建立起砖厂、酒厂、物资、百货、医药、鱼品、服务等一整套完整的工商业体系。党的十一届三中全会后，改革、开放、搞活的经济政策进一步推动了工商业发展和经营体制改革。

（一）工业企业体制改革

1984年，为进一步调动企业和职工的生产积极性，县委县政府决定对汽车大修厂、砖厂、印刷厂实行"利润包干，定额上交，税后分成，超收留厂"责任制；对农具厂实行"利润包干，定额上交，超收分成"责任制；对电业公司实行"利润包干，超产不补，减亏留厂"责任制；对酒厂、服装厂分别实行"定额补贴，盈亏自理"和"自负盈亏"等不同形式的经营管理办法，层层签订承包合同，形成各级紧密相连的责任制体系，使责、权、利与每一个职工挂起钩来。既体现了按劳分配的原则，又兼顾了国家、企业、个人三者利益，还调动了企业和职工的双重积极性。

1987年，县经委推行新一轮承包经营，采取经济目标承包、租赁承包、委托经营等方式，促进企业改革。1992年，开始进行第二轮承包，实行厂长（经理）任期目标责任制，引导企业逐步转向"自主经营、自负盈亏、自我约束、自我发展"。1996年，根据《抚远县国有企业产权制度改革实施办法》，采取"股份合作、有偿转让、零价出售、剥离经营、公司化改造和租赁"等措施，深化工业企业改革。1996年9月4日，国网电正式引入，县电业局从热电厂分离出来，成立了供电公司，由行业归口管理。2000年5月，县热电厂改制经营，组建新世纪热力有限责任公司，成为股份制企业；2001年5月，县砖厂改制出售，转为私营股份制企业；同年10月，县印刷厂、抚佳联营商场等改制出售；2003年，县酒厂整体出售，企业注销。

（二）商业企业体制改革

1983年，商业企业实行了上缴税金，管理费大包干，收入利润分成的经营改革，并实行了上不封顶、下不保底的管理制度。改官办为承包经营，给企业松绑，发挥企业自主权。经营亏损的企业，在停发工资的前提下，允许工人自谋生路。

1986年以后，商业经营体制改革在简政放权的基础上，推行商业企业厂长（经理）任期目标责任制为核心内容的经营体改革。县糖酒公司、五金公司、百货公司和食品公司等企业，根据《抚远县商业系统承包经营责任制实施方案》，执行"包死基数、确保上缴、超收分成、欠收自补"以及"盈利全留、亏损自补"和"亏损递减包干、减亏留用、超亏自补"等方案。1988年，全县商属企业实行第一轮承包责任制，1991年，实行第二轮承包，普遍签订了"进档达标"承包责任状。2002年，所有国营商贸企业全部退出。县百货大楼等第一批商业企业竞价出售，转为私营企业。

（三）供销企业体制改革

1986年，抚远县联社辖县城企业5个，乡（镇）基层供销社8

个，均为独立核算单位，普遍实行"大包干"，联产计酬等承包经营责任制，自主经营，自负盈亏。2004年，成立供销联社有限责任公司、兴农有限责任公司、民用爆炸物品特种专营等组织，在乡（镇）设立了14个农资专业合作社。2005年，县联社转变职能，以分社和农村组织为依托，在各乡（镇）、村创办农村专业合作社，发挥销售网络经营优势，发挥农业生产资料供销主渠道作用。

第二节　对外开放

对外开放是大力发展和不断加强对外经济技术交流，积极参与国际交换和国际竞争，以生产和交换的国际化取代闭关自守和自给自足，促进经济的变革，使经济结构由封闭型经济转变为开放型经济，拉动国民经济健康快速的发展。1978年以来，县委县政府审时度势，依托资源，利用优势，把握政策，创业创新，对外开放形势越来越好。

一、商务贸易

1992年5月21日，国务院下发国函〔1992〕53号文件，同意开放抚远口岸，开展对外贸易与运输的业务。明水期利用船舶运输，冰封期利用汽车运输。抚远口岸的开放，是抚远经济建设的重要转折点，也是抚远经济腾飞的新起点。

1992年8月13日，国家旅游局同意抚远县与俄罗斯哈巴罗夫斯克开展一日游活动。1992年9月25日至28日，抚远首届秋季贸易洽谈会举行，国内外116个团伙1 000余人参加了洽谈会。同年10月2日。俄方100多人首次来抚远一日游，中方于10月14日首次

第六章 改革开放和社会主义现代化建设新时期

赴哈巴罗夫斯克一日游。

1993年3月4日，中俄双方在抚远县乌苏镇首次进行过货，从俄方进口钢材800吨，水泥500吨，锅炉4台，小型农电机组22台。中方出口白糖20吨，瓶装酱油4吨。

1993年8月8日正式开关。10月27日，中国哈尔滨船舶修造厂制造的"木兰号"货船在抚远港过驳。10月29日，首次经俄罗斯的哈巴罗斯克、共青城和尼古拉耶夫斯克驶往日本的酒田港，从此开通了一条长2 632公里的国际新通道。

繁忙的货运码头

超常措施，驱动了超常发展。一是创新发展模式，辟建全国独具特色的抚远边境互市贸易区，进口俄罗斯商品近万种，年销售额达3 000多万元，成为全省最大的俄罗斯商品展售平台。二是筹建跨境电商创业孵化基地，在对俄口岸中率先开展了中俄电商交流培训，开启了"抚远互联网+俄罗斯商品"商贸经营新时代。三是实行24小时通关服务，税费网上支付，前置后移等特殊化服务，推动了深水港过货能力大幅提升。四是推进项目建设，抚前铁路、东极机场、建黑高速先后建成，为抚远外向型经济新发展提供了坚实的基础条件支撑。

1993年到2018年，累计过客280万人（次），过货213万吨，贸易总额83亿美元，进出境船舶6.8万艘（次）。2005年进出口商品20.68万吨，同比增长298%；进出境人员12.83万人（次），同比增长15%；全年实现进出口贸易总额1.52亿美元，同比增长187%，高于全省平均增长140个百分点，在全省25个口岸中跃升到第5位。2015年，外贸进出口总额实现6.03亿美元，同比增长9.7%，比2000年的1.74亿美元增长3.4倍。2019年，进出口货物15.8万吨，电子平台交易额4.6亿元。

开关以来，抚远口岸充分发挥地缘和资源优势，坚持"打优势牌，走特色路"的战略思想，内引外联，走出了一条"游贸并举，以贸兴业"的发展之路。经过多年的努力，抚远口岸的基础设施日趋完善，服务质量不断提升，已成为我省对俄贸易的重要窗口和对外开放的前沿阵地，口岸进出境人数、进出口货物和进出境船舶数量在全省众多口岸中名列前茅。

二、对外交流

1993年，县委县政府确定了今后的经济发展指导思想和奋斗目标：以加快开放开发，深化各项改革，建立市场经济为重点，以建设大通道、大市场和发展大贸易、大流通为目标，努力把抚远建成贸工农，游运服协调发展的新型口岸城市，陆海空立体交叉客货运输大通道，具有一定规模的经济开放区，对外交流愈加频繁。

1986年5月，日本东京九一商事（株）来抚远进行鲟鳇鱼子加工技术交流和产地考察；1990年，美国、加拿大、瑞士等国商业人士9人应抚远县水产、外贸等部门邀请来抚远洽谈经营合作；1992年7月，应抚远县政府邀请，以非林阔夫团长为首的俄罗斯哈巴罗夫斯克边区代表团来抚远进行为期3天的友好访问和考察，中俄双方就口岸开放和经贸旅游等问题进行会谈，在两国地方水运、冰道运输和开展旅游等问题上达成了一致性协议；9月25—28日，抚远县中俄经贸洽谈会召开，邀请150多家俄方客户、300多家国内客户近千人参会。签署经贸合作意向书60多份、合同十多份，签约额达1.5亿瑞士法郎；1995年10月，抚远县至哈巴罗夫斯克市临时电话开通，开始办理传真业；2001年，哈洽会期间邀请国外客商10人，国内客商10人，签署对外经贸合同12个，对外经济技术合作协议2个，招商项目2个，发放对外宣传资料1万多册；2004年10月10日，抚远县与哈巴罗夫斯克市哈巴区首届文化交流演唱会在抚远国际客运站广场隆重开幕，抚远县各界群众代表近万人观看了演出。

2019年，中俄双方成立了黑瞎子岛保护开发联合工作组，设立了国家层级专项工作机制。参加了俄方举办的"外国投资者日"联谊和经贸交流活动。举办了"黑瞎子岛2019年中俄户外水上嘉年华"暨徒步中国·全国徒步大会。中俄双方在教育、文化等方面的交流和企业间的合作更加深入、密切。

三、经济合作

1988年11月，抚远县边境贸易公司争取到与苏联哈巴罗夫斯克边疆区维亚泽母斯基区合作种植蔬菜100公顷的项目，并签订了合作协议。1989年，由黑龙江省华联公司组织，抚远县边境贸易公司同苏联哈巴罗夫斯克边疆区农委索波列夫斯基国营农场在哈尔滨签订合作实验生产蔬菜合同。出国劳务人员只负责蔬菜种植技术，耕地、种子、化肥、农药、除草剂、耕作机械、电子、地膜、育秧棚等设备、设施全由苏方提供。全年播种100公顷，其中保护面积（暖棚）2公顷，地膜覆盖面积5公顷，露天面积93公顷。当年合作成功，用劳务报酬所得进行易货交易，换回雪松、落叶松、冷杉等原木和磷酸铵、尿素等物质；1991年，抚远县边境贸易公司与维亚泽母斯基区合作，为其建设一座年产红砖300万块的机械化砖厂，总收入500万瑞士法郎；1996年，抚远县输出劳务人员30名，去俄罗斯千岛群岛（日本称北方四岛）之一的国后岛进行蔬菜种植。同年，抚远县在哈巴罗夫斯克市建立2

处蔬菜（水果）批发市场，开展现汇贸易，并有外贸企业在该市开办木器加工、房屋装修、旅店和餐馆等经营实体；2003年，抚远县东极米业公司与哈巴罗夫斯克市的普洛艾克·西姆公司签订的4 000吨大米出口合同全部得到落实；2005年，对外经济技术合作完成260万美元，同比增长46%；2 019跨境农业产业园完成境外码头用地采购，连续三年实现大豆回运；2019年，边民互市贸易完成2.81亿元，同比增长510.87%。

第三节　科教兴县

一、推动县域经济靠科学发展

1978年，全国科学大会确定了中国科学发展的路线、方针和政策，明确了三个重大问题：一是四个现代化，关键是科学技术的现代化；二是科学技术是生产力，是推动社会发展的动力；三是尊重知识，尊重人才。这次会议，解放了思想，开启了科学的春天。1981年，党中央提出"科学技术必须面向经济建设，经济建设必须依靠科学"的科学发展方针，从此中国的科技体制改革进入了一个新的历史发展阶段。

1995年5月6日颁布的《中共中央国务院关于加速科学技术进步的决定》，首次提出在全国实施科教兴国战略。八届全国人大四次会议正式提出了国民经济和社会发展"九五"计划和2010年远景目标，科教兴国成为我国的基本国策。

在国家发展战略引领下，抚远以科学发展观为指导，应时实施了科教兴县战略，积极推进县域经济科学发展。

一是把科教兴县确定为经济发展的主体战略，确保科技工作不因人事变动而发生偏移，保持科技建设的连续性。

二是把建设科技型政府作为科教兴县的重要任务,按照班子知识化的要求,对在科技工作中做出突出贡献的人才给予褒奖和重用,选拔德才兼备的青年科技人才任乡(镇、场)科技副乡(镇、场)长,聘请大专院校科技人才进县政府班子,挂职科技副县长。

三是实行科技工作目标责任制,制定科教兴县工作考评奖惩办法,将科技工作纳入领导干部年度工作目标考评,实行科技工作"一票否决"制。

四是搭建科技创业平台,鼓励科技人才创业创新。以科技项目建设为抓手,以科技成果转化为重点,推动科教兴县发展战略有效运行。

经过多年的努力,科学技术是第一生产力的基本原理在实践中得到充分认证,科教兴县的战略意义在实施中得到充分认可。农业、农机、水产、水务、林业、畜牧、气象、工信、科协、卫生等科技部门和农广校、规划馆、科技馆等科技服务场所,为促进生产发展提供了服务支撑和平台支撑。

大马哈鱼和鲟鳇鱼放流站,特种鱼网箱养殖基地,万亩水稻科技示范区,东润果蔬科技示范基地,蔓越莓科技示范基地,野生动物养殖示范场所等科技企业,为促进生产力发展提供了科技引领。"科技之冬""科普之春"等宣传培训活动,为促进生产力发展提供了互动载体。

科教兴县发展战略,促进了县域经济的新发展,成就了社会事业的新进步,驱动了人们思想的新解放,实现了科技人才的新作为,带来了老区面貌的新变化。

二、推动县域经济可持续发展

通俗地说,可持续发展就是我们无论做什么都要有长远考虑，既要满足当代人的需求，又不对后代人满足其需求的能力构成危害的发展，是指导我们尊重规律，科学规划，防止急功近利的基本国策。

抚远在跟进可持续发展战略过程中，注重把握原则，采取措施，取得实效。

可持续发展，我们把握的原则：

（1）保护生态环境，合理利用自然资源。

（2）转变经济增长方式，提高集约化经营水平。

（3）注重科学发展，合理规划产业开发项目。

（4）依法依规管理，加大执法执纪力度。

（5）加大宣传力度，增强可持续发展自觉性。

可持续发展，我们采取的措施：

（1）下定决心，整治矿山，恢复植被。

（2）下死命令，严禁毁林开荒，严打私捕乱捞。

（3）下大力气，推进绿化，改善环境。

（4）从植树种草等身边的小事做起，积极参加有关环保活动。

（5）落实环保措施，同破坏环境的行为作坚决的斗争。

（6）对本地区存在的问题进行深入调查，并及时向有关部门提出整改建议。

（7）推广垃圾分类和无害化处理技术，尽量使用可循环回收材料制成的产品，少用或不用不可回收再利用的产品。

（8）节约用水、用电，多控污、少采伐。

可持续发展，我们取得的成效：

保护生态，科学发展，是可持续发展的灵魂。我们以为历史负责的态度，坚持从长远观点出发，下定为子孙后代留下应该留的决心，划定了生态红线。经过不断的努力，黑瞎子岛国家生态公园，华夏东极国家森林公园相继获批，"山水林田湖"项目顺利实施，大规模的蓝天、碧水、净土保卫攻坚战取得新成效，成为全省生态环境质量考核中仅有的两个环境质量变好的县份之一。

三、推动县域经济高质量发展

根据国家发展战略规划，结合本地实际情况，制定具体的发展规划和实施方案，科学有序地推动县域经济发展，是落实国家政策促进发展的必然选择。抚远紧跟部署，相应实施了具体的推动战略。

（一）实施"两转三开"发展战略

"八五"计划中期，1993年10月，中共抚远县委第十二次党代会认真总结了十一次党代会以来的工作，研究确定本县今后五年经济和社会发展战略目标和工作任务，会议指出，以党的十四大精神为指针，认真贯彻落实佳木斯市提出的"两开两转三提高"的发展方针，坚持以经济建设为中心，以加快开放开发，深化各项改革，建设市场经济为重点，以建设大市场，发展大贸易，搞活大流通为目标，以"全方位开放，多形式推进，多层次搞活"为手段，努力把抚远建设成为水陆空立体交叉的客货运输大通道及具有一定规模的经济开放区。会议要求，坚持快起步，跨越式发展的原则；坚持共享政策，共同办好口岸的原则；坚持贸工农，游运服总体开发协调发展的原则；坚持速度、效益、后劲并重的原则；坚持统筹规划，分步实施的原则；大力推进两转、三开，努力构建四个经济框架。两转：即转变政府职能，转变企业经营机制；三开：即开发外向型工业，开发效益型农业，开发生态型旅游业；四个框架：即以口岸为依托，建立起外向型经济框架；以市场为导向，建立起贸工农型经济框架；以能源为重点，建立起基础工业经济框架；以旅游为动力，建立起无烟型经济框架。

这一时期，县委县政府同心聚力，带领全县广大干部群众迎难而上，顽强拼搏，促进了县域经济和社会发展的新跨越。

2000年，实现国内生产总值24 534万元，年均递增20%左右；本级财政收入达2 270万元，年均递增10%左右；粮豆薯总产达83 618吨，比1995年净增2万多吨；工农业总产值22 925万元，年均递增10%左右；口岸进出口贸易额4 200万美元，年均递增50%左右；农民人均纯收入2 661元，年均递增20%左右；城镇居民人均可支配收入3 850元；社会商品零售总额12 606万元；固定资产总投资完成6 448万元。

（二）实施"五增一保"发展战略

2003年，中共抚远县第十四次党代会提出了以发展为主题，以推进经济结构调整为主线，以实现"五增一保"为目标，大力发展"四型经济"，努力开创特色兴业，强边富民新局面的发展战略。

五增：即经济增总量，人均增收入，企业增收益，财政增实力，发展增后劲；一保：即保持社会稳定；四型经济：一是充分发挥地缘优势，大力发展口岸经济；二是坚持鼓励与扶持并举的方针，大力发展民营经济；三是加快资源优势向经济优势的转化，大力发展绿色经济；四是提高水能资源利用率，大力发展渔业经济。

这一时期，县委县政府调整推进方案，明确工作目标，组织专项推进，努力实现五个方面的重大突破，促进了县域经济和社会事业的协调发展。

一是加快推进产业结构调整优化升级，在提高经济效益上实现重大突破；二是全面推进经济和社会各项改革，在完善市场经济体制上实现重大突破；三是进一步推进全方位多层次宽领域的对外开放，在提高外贸水平上实现重大突破；四是深入实施"科教兴县"战略和可持续发展战略，在实现经济加快发展和生态良性循环上实现重大突破；五是大力加强精神文明和民主法制建设，在提高抚远人整体素质上实现重大突破。

2007年，全县地区生产总值实现16.3亿元，超预期目标2.4个百分点；财政一般收入完成4 127万元，超预期目标53个百分点；全社会固定投资完成6.5亿元，超预期目标55.1个百分点；城镇居民人均可支配收入8 281元，超预期目标3.6个百分点；农民人均纯收入5 169元，超预期目标27个百分点；对外贸易总额实现6.64亿美元，同比增长90%。率先摘掉了全省"十弱县"的帽子。

（三）实施产城融合发展战略

2016年以来，市委市政府坚持稳中求进的总基调，以扶贫奔小康为统揽，以黑瞎子岛开放发展为牵动，提出了建设"一岛三区"，发展"五大产业"，推进"产业组合"发展战略，加快推进高质量发展。

1.建设"一岛三区"

全面贯彻落实省委省政府确定的《抚远及黑瞎子岛发展战略规划》，以建设黑瞎子岛跨境经济合作区为目标，按照"一岛三区"空间布局，协调推进黑瞎子岛、东极小镇城区、莽吉塔工业城区、抚远镇城区开发建设，拉开城市框架，高质量打造现代化商旅名城。

黑瞎子岛开发建设 依托"两国一岛"地缘优势，坚持生态保护、旅游休闲、口岸通道、商贸物流功能定位，着力建设国际旅游岛；科学谋划，努力争取自由贸易区项目；尽快完成岛上防洪堤主体工程，争取及早启动国门、联检大厅、出入境停车场、海关监管库等主体项目建设，同步完善休闲步道、旅游标识等配套设施，做好岛上生态保护和修复工作，使黑瞎子岛更具发展活力。

东极小镇城区建设 承接黑瞎子岛旅游配套服务功能，把东极小镇作为抚远加快发展的引擎，按照打造国际终端养生度假旅游区的定位，高起点规划、高水平设计、高标准建设，充分体现生态环保、产城融合、高度开放的发展理念。编制完成东极小镇总体规划和"三供三治"基础设施建设规划，争取国家政策支持，规范PPP开发模式，与社会资本紧密合作，有序推进基础设施和公共服务设施建设。搭建东极小镇投融资平台，加大招商力度，吸引更多社会资本进入，重点推进旅游休闲、健康养生、文化体育等方面项目建设，着力打造支撑小镇的产业体系。加快黑瞎子岛旅游服务中心建设，启动养生酒庄建设，带动更多产业项目落地。

莽吉塔工业城区建设 科学规划莽吉塔港园经济区（中俄沿边开放示范区）发展，统筹考虑工业园区、国际物流仓储区、综合保税区和配套服务区建设，把经济区打造成现代加工物流仓储产业集聚的平台。搞好协调服务，落实石油港转型续建工程。争取政策支持，启动铁路专用线建设，为物流园区规模化发展打好基础。

抚远镇城区建设 顺应时代发展和群众对城市建设的期待，不断完善抚远城区服务功能，提升城市品位，着力建设"滨水园林城"和"冰雪文化城"。加大沿江区域开发，推进城市沿江向东发展。采取政府引导、社会参与、整体规划、分步实施的方式，推进旧城改造。全力抓好重点市政工程建设和滨江公园升级改造工程，加快东极阁和体育场馆建设；抓好城市绿化、亮化、美化、净化工作，加快供热、供水管网改造和垃圾处理场建设；继续推进棚改工程和楼房节能整饬工程，全面加强弃管小区物业管理；完善交通标识，整治交通秩序，以冰雪扮城，打造冬季特色景观，提升城市活力；推进城市信息化、网络化、数字化建设，加快向智慧型城市迈进。

2.发展"五大产业"

从资源条件和区位优势出发，科学研谋发展计划，合理开发利用资源，大力发展立市产业，推进粗放增长向集约增长转化，推动县域经济加快发展。

旅游产业 坚持旅游兴市，把抚远的旅游产品做精、旅游企业做强、旅游环境做优、旅游市场做活，着力建设国际休闲、度假、养生目的地，抓住机遇，聚力全域旅游，提升品牌影响，努力实现游客流量和产业收入稳步增长。

商贸产业 以口岸为依托，发挥抚远对俄贸易前沿优势，进一步优化通关环境，完善电子口岸建设；积极推进冰鲜水产品、肉制品、乳制品指定口岸申报和国际邮政互换局（点）报批工作；积极推进黑瞎子岛跨境经济合作区建设，认真谋划对俄跨境铁路、对俄国际航空口岸、跨境油气管道等重大项目，促进抚远对俄经贸合作转型升级，努力扩大对外开放。

现代农业 依托乌苏镇灌区，抓好万亩优质高效水稻科技示范带建设，引进先进种植技术，培育优良稻米品种，打造抚远地域性稻米品牌；扩大对俄果蔬生产基地规模，加强与俄罗斯哈巴市场对接，逐步扩大果蔬出口份额；扶持蔓越莓项目发展，推动蔓越莓产业链延伸发展；积极培育农民合作社、家庭农场、专业大户等新型社会化经营主体，适度发展标准化规模养殖，争取在乳业生产上有新突破；激发农民创业创新活力，着力发展大田托管、农产品加工、仓储物流等市场化服务；积极培育农村电商、农产品定制等"互联网+"新业态，努力推动现代农业加快发展。

新型工业 充分利用国际国内两个市场、两地资源，着力发展环境污染小、资源消耗低、科技含量高的工业项目；紧盯国内知名品牌、行业龙头、区域骨干，通过与名企加强合作，积极争取一批有带动性和示范性的项目；积极引进俄罗斯林产品和鱼产品，发展农副产品加工，努力释放现代工业发展活力。

特色渔业 有效发挥资源优势，把抚远渔业做出特色、做出效益。强化渔业资源养护，扩大增殖放流规模，严格实施禁渔期制度，努力改善渔业生态环境；充分放大鱼苗繁育技术优势，依托繁育基地，围绕名优特养殖品种，适度发展围网养鱼；着力发展鱼产品精深加工，不断提高渔业的附加值；加强产地和产品认证，努力形成地域品牌；开辟渔业多元化发展新路，鼓励社会投资发展餐饮、垂钓、观光等休闲渔业，加快资源优势向经济优势转化。

3. 推进"产业组合"

认真贯彻落实习近平总书记视察抚远玖成合作社时关于"农民合作社为发展方向，促进规模化生产、合作化经营、产业化发展、社会化服务，稳定提高粮食综合生产能力，让中国人民饭碗里装更多龙江粮食"的指示精神，指导农业产业抢抓机遇，对接市场，扬头摆尾，组合发展，全方位推进美丽乡村建设。

鼓励以大豆、玉米、水稻种植为主导的种植业和以家畜家禽养殖为主导的养殖业逐渐形成产业发展链条，为提高农业产业质效增添新动能。

支持以食用菌、果蔬栽培为主导的特色种植业和以山猪、狍鹿养殖为主导的珍稀养殖业，逐渐扩大经营规模，为促进农业产业发展开辟新路径。

提倡以龙头企业为引领，加快合作经济发展。充分发挥家庭农场等新型经营主体作用，聚集产业发展新优势，帮助贫困户脱贫致富。

推广以农业合作社为依托，采取订单农业的方式，发展"种植+仓储+加工+品牌"产业联合体的做法，提高市场抗风险能力，带领社员和周边贫困户稳定增收。

2019年，全市地区生产总值758 405万元，同比增长5.5%；外贸进出口总额88 286万元，同比增长20%；一般公共预算收入同比增长20%；固定资产投资增长22%；社会消费品零售总额增长7.5%；城镇、农村居民人均可支配收入与经济增长基本同步。

第四节　交通运输

一、公路升级

1968年以前，抚远陆路交通的发展极其缓慢。全县没有一条通往内地的公路。人们生产、生活所需物资均由水路运输，封江前必须把冬季和来年春天所需物资备齐。冬季对外交通只有依靠马爬犁沿江拉荒运行，每到春季江河刚解冻或入冬前的一段时间，不行船、不通爬犁，基本上处于内外隔绝状态。

进入20世纪90年代，公路建设本着"民工建勤，民办公助"和"因地制宜，就地取材"的筑路原则，地方道路建设进入了普及、发展、提高的新时期。许多乡村道路得到重新整修。2005年，全县拥有主干公路里程达229.26公里，其中省道63.85公里，二级白色路面；县道165.41公里，乡级公路31条，357.5公里，村级公路66条，178.5公里；到2012年，抚远有国道2条92.5公里，省级公路1条104.9公里。共有农村公路105条，总里程572.7公里，其中县级公路5条，共计45.2公里；乡级公路30条，共计337.9公里；村级公路70条，计189.6公里。农村公路水泥路面铺装里程已达450.2公里，实现了全市10个乡镇68个村全部通四级或四级以上水泥路的目标，已初步形成以县乡公路为骨架的农村公路网。开通公路客运线路15条，其中至哈尔滨、佳木斯、双鸭山、饶河、虎林、福利、建三江、富锦、同江等地的长途线路9条，短途线路6条。公路年客运量40万人次，周转量7 065万人公里。年货运量105万吨，周转量4 906万吨公里。1998年和2002年，抚远至二龙山、抚远至同江二级公路相继建成通车。这些道路的改造升级对抚远的口岸经济发展、文化交流和国防建设等都起到了巨大的拉动作用。

2012年9月27日，具有"神州东方第一桥"之称的世界上首座大挑臂钢箱结合梁斜拉桥——黑瞎子岛乌苏大桥竣工通车，成就了省内其他口岸无可比拟的独特优势。乌苏大桥全长1.6公里，桥面宽26.5米，双向4车道，设计时速80公里。该桥采用了具有鲜明时代特征的独塔单索面斜拉桥型，充分展现了中国桥梁建设新成就。经俄方黑瞎子岛公路桥，可深入俄罗斯腹地乃至欧洲，成为连接亚欧的"大陆桥"。2019年3月13日，国务院批准同意开放黑瞎子岛公路客运口岸，为发挥区位优势，增容国际贸易开辟了新通道。

二、航运增容

抚远航运历史较长，发展较快。有史料记载，我国通达日本、堪察加地区的松花江、黑龙江"东方水上丝绸之路"贸易航线，最早始于宋元、兴盛于明清。抚远是这一航路上的第十城。几十年前抚远就已实现了跨境江海联运，并形成了重大装备件江海联运的常态化。2005年，有船舶20艘，小型运输船48艘，其中用于国际运输的轮船10艘，水运企业3户。

2012年9月23日，抚远莽吉塔港正式投入运营，使抚远水路运输在原有的基础上，迈上了新的更高的台阶。抚远莽吉塔港位于抚远镇以东10公里处的莽吉塔山东侧、小河子村西侧，陆域面积24.8万平方米，年吞吐量为120万吨，新建5000吨级泊位1个、3000吨级泊位2个（件杂泊位1个、木材泊位2个），港区设铁路装卸线2条，相应建设了港区道路、堆场及其他生产、生活配套工程。是我省东部地区距离出海口最近、现有规模最大、通航条件最优越的江海联运深水港。

三、铁路开通

前抚铁路于2009年7月20日正式开工建设，经过两年多的紧张施工，轨道于2011年1月18日全线贯通。前抚铁路正线全长169.2公里，总投资20.6亿元，建设标准为国铁Ⅱ级。单线，设计旅客列车行车速度为每小时120公里，全线共设前进、前锋、洪河、二道河、寒葱沟、抚远东、抚远等7个车站。

2011年12月6日上午10时，第一辆满载2000吨粮食的货运列车从抚远东站缓缓驶出，前进镇至抚远铁路正式贯通。前抚铁路沿线经过的农垦建三江分局各个农场是我国重要的商品粮生产基地，多年来，抚远及这一地区运往内地的货物，绝大多数以公路运输为主，少量由水运承担。与铁路运输相比，公路运输周期长、成本高，制约了经济的发展。货运列车开始运营，抚远和几个农场的这几十年的难题始得解决。抚远站取代了前进镇成为我国铁路的东方第一站，中国铁路向东延伸了169.4公里。

2012年12月18日15时，随着一声汽笛长鸣，第一列旅客列车从抚远火车站缓缓驶出，前进镇至抚远铁路客运正式开通。

四、航空复兴

1938年，日伪当局在县城东2.5公里之丘岗处（后为抚远粮库所在地）建简易飞机场1处，占地面积16万平方米。伪三江省治安维持会的飞机每月来航四、五次不等，另有小型军用飞机每月来航三四次。1941年佳木斯至抚远小型客机正式通航，每周二次。1945年光复后，该航线取消。

2010年3月，东极民用机场项目正式申报，2012年5月，民航东北空管局通过抚远东极机场程序初步设计评审，开始筹建。

东极机场飞行区技术等级为4C级，预留4D级。跑道长度为2 500米，按满足2020年旅客吞吐量26万人次、货邮吞吐量1 430吨目标设计。机场项目的申请仅用了15个月时间，在全国用时最短，创造了"抚远速度"和全国之最。

东极机场2013年9月28日校飞成功，10月22日试飞成功；2014年5月26日正式通航。人们乘坐飞机从哈尔滨到抚远只需1小时20分钟，比乘坐火车的行程时间缩短了16小时10分钟。

第五节　民生保障

一、住房制度改革

1984年，抚远县成立城镇住房制度改革领导小组及办公室，负责区域内城镇旧的住房制度及体制改革。按照上级有关规定，通过公房出售，建设经济适用住房，建立住房公积金制度，逐步建立和完善新的城镇居民住房体制，使城镇建设得到进一步发展。1985年以前，城镇住房都是公有的财产，所有的办公、企业用房都是公产。1986年，根据抚政办〔1986〕72号文件《关于下发抚远县公房出售方案的通知》要求，房产部门开始分期分批分部门出售公房。当年全县2.93万平方米公房（全是平房）出售给个人，2.7万平方米出售给个人的房屋办理了私人房产证。1987

年，以"私建公助"形式开展职工住宅建设。1988年，抚远县首次以"集资建房"形式开发商品1号楼，以后逐年开发沿江新村，改造老区，改造危房。至2005年末，抚远县内的公产住房全部出售给个人，实现住房商品化、社会化、个人私有化，改善了城镇居民居住条件。

1997年5月，成立住房公积金管理中心，当年有3个单位开办公积金存储业务，参加存储职工120人，归集公积金总额20万元。1998年归集公积金6万元。1999年4月，县政府出台公房出售、经济适用住房建设、住房公积金管理办法及实施细则4个文件，并付诸实施。2003年3月，抚远县住房公积金管理中心划归佳木斯市住房工基金管理中心，县住房公积金管理中心变为管理部。

二、养老保险

（一）企业单位养老保险

1986年12月，成立县社会劳动保险公司，为副科级事业单位，1992年更名为社会保险事业管理局。

1987—2005年，社保局累计收缴养老保险费5 400万元，争取国家养老补助收入1 200多万元。为4 230名企业职工建立养老保险个人账户，养老保险覆盖面扩大到城镇所有类型企业职工、个体工商户及自由择业者。1995年养老保险费缴纳标准为：单位缴纳14%~20%，个人缴纳2%~5%；2005年，养老保险费缴纳标准为：单位缴纳29%，个人缴纳8%。

（二）机关事业单位养老保险

1994年1月，成立县直机关事业社会保险公司，为自收自支副科级事业单位，1997年更名为机关事业社会保险局。1994年，机关事业单位合同制工人实行养老保险，按单位合同制工人月工资总额18%缴纳，其中单位负责15%，个人负责3%。1995年1月1日始，差额拨款、自收自支事业单位干部、工人全部参加养老保险，实行退休费统筹。按在职职工单位负责4%，个人负责2%，退休人员单位负责90%。1996年1月起，参保比例增改为：在职职工单位负责12%，个人负责3%，退休人员单位负责75%，个人缴费比例每两年增加1%。2003年1月起，在职职工单位负责17%，个人负责5%，退休职工单位负责50%。同年7月退休统筹实行社会发放，退休干部可按时足额领取退休金。

（三）农村社会养老保险

1994年1月，成立县农村社会养老保险事业管理处，为副科级事业单位。1995年3月开始农村社会养老保险工作，1996年，全县9个乡镇1个国营农场全部启动。1999年11月实行乡、村、县三级管理，2000年后基本上不再收取保费，至2005年底，全县参加农村社会养老保险人数达1 599人。

三、医疗保险

1997年4月，公费医疗改革，撤销公费医疗办公室，组建医疗保险局，2005年更名为县医疗保险事业管理局。参保范围是：凡党政机关、事业单位原享受公费医疗的在职职工、离退休人员，经批准因病退休的编外人员和异地安置人员均可参加社会医疗保险。医疗保险金缴纳费由单位和个人共同承担，单位为职工工资总额的4%，个人按工资总额的2%。参保人员使用社会统筹资金个人负担比例：参加工作10年以下（含10年），个人负担30%；参加工作11—20年，个人负担25%；参加工作21—30年，个人负担2%；参加工作31—40年，个人负担15%；参加工作41年以上的，个人负担10%。1999年，基本医疗的保险由用人单位和职工双方共同承担，以收定支；基本医疗保险基金实行社会统筹和个人账户相结合；收缴率为：用人单位缴费率为职工年工资总额的4%，职工本人为年工资的2%。2005年，提高住院支付比例，参保人员住院支付比例在职职工由原来的60%提高到65%，退休人员由原来的65%提高到70%。最高支付限额由原来的8 000元提高到10 000元。

四、失业保险

1986年10月，全县实行职工失业保险。职工失业保险金缴纳标准为：企业单位按职工月基本工资1%缴纳（单位）。1998年7月开始，按职工月工资总额的3%缴纳，其中单位负责2%，个人负责1%。领取标准为：失业人员失业前所在单位和本人按照规定累计缴费时间每满1年领取2个月的失业保险金；但最长不得超过24个月。失业人员重新就业后，再次失业的，缴费时间重新计算。领取失业保险金期限可与前次失业应当领取而尚未领取的失业保险金的期限合并计算，但最长不得超过24个月。失业人员在领取失业保险金内按规定享受一定的医疗补助金、丧葬费和抚恤金。

第六节　边境旅游

抚远旅游业随着口岸承载能力的逐渐提升，资源、地缘和生态优势转化为经济优势的进程不断加快，走上了以贸带游、以游促贸的良性循环发展道路。从景点旅游起步，立足国内，兼顾国外，既注重开发具有抚远特色的产品，又注重开发对外旅游产品；对外旅游既注重立足于边境地区，又注重兼顾向其国内推进的原则，加快推进旅游产业规模化、市场化进程。

以国家全域旅游示范城市创建为目标，努力放大"华夏东极""两国一岛""两江双城""淡水鱼都"四张名片效应，全面整合区域资源，充分优化产业布局，推进线上线下有机融合。加快"三带五区十大景点"等项目建设，切实增强旅游服务功能；树立大生态、大旅游思想，促进工业、农业、渔业和民俗文化等旅游项目融合发展；充分发挥抚远连接内地，近临哈巴的重要节点作用，做优跨境旅游精品线路，实现跨境游提档升级；注重提升黑瞎子岛景区品质，突出抓好环岛游、界江游、观日游、祈福游、婚庆游；依托乌苏里船歌旅游风光带，加大对抓吉赫哲民俗旅游的营销力度，高水准发展"农家乐""渔家乐"，培育旅游产业，发展新的增长点；依托蔓越莓种植、加工和鱼类繁养、加工等产业，不断丰富工农业观光游产品；依托"冰天雪地"资源，结合乡村实际，鼓励开发冰雪娱乐风情旅游产品；依托高速公路和过境旅游通道，打造令人向往的具有地域特色的湿地探秘自驾游营地，加快景点旅游向全域旅游转化，推动县域经济加快发展。

一、旅游产品

（一）常规旅游产品

常规旅游产品是依托抚远资源开发的基础产品。必游景点有：黑瞎子岛湿地公园、东极宝塔、北大荒生态园、太阳广场、乌苏镇哨所、三江湿地风光、东极荷园、黑龙江鱼博馆等；选择性景点有：莽吉塔故城遗址、滨江公园、森林公园、大力加湖、东明寺、白四爷庙和东极阁等。

（二）专项旅游产品

专项旅游产品是依托抚远资源开发的特色产品。主要有：黑瞎子岛探险游、赫哲民俗体验游、东极生态自驾游、革命老区考察游、两江风光水上游等。

（三）过境旅游线路

抚远—哈巴罗夫斯克观光考察3日游；

抚远—海参崴风情体验5日游；

抚远—共青城民族文化5日游；

抚远—贝加尔湖生态风光6日游；

抚远—堪察加休闲垂钓7日游；

抚远—萨哈林野营探秘7日游。

（四）组合旅游线路

京岛之旅：北京—哈尔滨—抚远—黑瞎子岛；

滨岛之旅：哈尔滨—佳木斯—抚远—黑瞎子岛；

乌苏里江全流域之旅：兴凯湖—虎林—珍室岛—饶河—抚远—黑瞎子岛；

黑龙江全流域之旅：漠河洛古河—北极村—呼玛—黑河—嘉荫—萝北—同江—抚远—黑瞎子岛。

二、宣传推介

1992年，抚远利用佳木斯举办"三江国际旅游节"这一平台，第一次将抚远"乌苏镇迎接中国第一缕阳光"、参观"英雄的东方第一哨"和品尝抚远"刹生鱼"等旅游产品向世界公示推荐。1993年，抚远的旅游产品又一次登上了"哈尔滨国际经贸洽谈会"的宣传舞台，并利用这一机会和同年的"三江国际旅游节"向中外游客和商贾发送《抚远导游》和《抚远旅游招商指南》3 000多份。1998年，又增加了观赏塞外野荷、淡水鱼王大鳇鱼、大力加湖旅游区等宣传推荐内容，并将中俄双语《抚远导游》手册送到节会参与者手中。2002年5月26—31日，抚远旅游管理部门派员出席"中国北方十省旅游交易会"和"国际远东之旅"旅游交易会，利用会议提供的交流平台,将抚远旅游资源概况、景区景貌、产品分布等宣传画册5 000份向与会者赠阅,面对面促销。2003年5月23日,中央电视台在《午间新闻30分》栏目"出行参考"里,重点播报了抚远开办赴俄罗斯"一日游""三日游"和"七日游"等旅游线路,以及办理旅游护照快速便捷等消息。积极宣传产生了积极效应,同年,到抚远观光的俄罗斯、韩国、日本游客和国内北京、上海、广州、沈阳、长春、香港、澳门、台湾及大连等地的游客经抚远口岸出入境人数达12.84万人次,与上年同比增长1.71万人次,其中第三国家入境人数达1 300多人次。

三、接待管理

(一)队伍建设

1994年4月,抚远旅游管理部门开始组织旅游工作人员进行旅游业务培训,培训内容有涉外接待守则、外事纪律、服务规范、导游纪律及注意事项等。同年,根据有关规定,个人自荐,旅游管理部门初选,派员到上级指定的旅游学校参加专业培训。1995年,抚远始有第1名经专业培训学校培训、考核取得导游人员资格证书的旅游工作者。1999年,县旅游主管部门会同县法制办公室开办《导游人员管理条例》学习班儿,2000年有5人获得了省旅游局颁发的导游人员资格证书,其中4人与当地旅行社签订了劳务合同,并向省旅游行政主管部门申领了导游证。2005年,抚远取得导游人员资格证书并领取了导游证的有8人,领取临时导游证的有5人。到年底,全县取得导游人员资格证书的达16人。先后参加上级旅游学校素质、技能和职业道德培训的导游人员达170多人。导游人员业务能力和道德素养明显提升。

（二）市场监管

　　抚远口岸开放运营后，旅游活动时一直升温，旅游市场管理被提上日程。1992年抚远县旅游局成立，作为赋予行政职能的事业单位，负责旅游行政管理。1992年6月，1993年4月末，1994年5月初，由县政府办公室协调组织、旅游局牵头，会同爱卫办、公安局治安科、防火科、工商局市场管理股、卫生防疫站和技术监督局专业人员，对全县城乡接待中外游客的吃住、游、购、娱乐和交通服务场所开展大检查，采取边查边改的方法，规范旅游市场经营秩序。2002年，根据《旅行管理条例》的有关规定，在全县范围内开展全覆盖式的严查黑旅行社和无证导游员活动，查处"黑社"和"黑导"各一起。2005年，针对个别旅游购物商场存在"私导"和损害游客利益不法行为进行明察暗访。并设立旅游投诉举报电话，建立24小时值班制度和周六、周日旅游局领导带班制度，旅游市场秩序明显好转。

（三）接待服务

　　随着进出境人员的不断增加，接待服务需求量越来越大，旅游行政管理部门跟进规划，加强管理，以优质的接待服务，促进了旅游业的健康发展。

　　一是创建游客"放心、舒心、安心"的旅游市场环境，旅游行业质量意识、标准意识和品牌意识不断提高，旅游服务工作质量、工作效率和游客满意度逐渐升级。

　　二是严格执行A级景区、星级农家乐标准，景区景点、农家乐文化内涵逐渐丰富，环境卫生、安全防范和咨询服务等项工作及时达标。

　　三是加强硬件建设，完善接待设施设备，提升旅游服务功能，与旅游发达城市的距离逐渐缩小。

　　四是注重接待管理，突出解决导游暗箱操作、牟利宰客问题，接待服务质效进入良性循环。

五是建立接待服务登记管理制度，对导游人员实行审视考评制度，动态管理，导游队伍遵纪守法意识明显增强。

六是严查严处擅自变更旅游活动计划，降低服务标准，损害游客利益的旅游事件，实现了接待服务水平和接待服务效益同步增长。

1995年，出入境人员达9 620人次，比上年同期增长2倍多。其中，由抚远入俄境1 581人，由哈巴入中境6 816人次。到年底，出入境人次同比增长290.3%。1996年以来，抚远旅游业在"抓住机遇、发展自己、利用优势、创造财富"的外向型经济发展方针指导下，发展速度明显加快，进出境人次逐年增加。到2005年，游客接待量达6.1万人次。2012年，旅行社增加到40多家，旅游业对地方财政贡献率逐年增长，旅游活动充分释放，旅游品牌知名度和影响力不断提升。2015年，接待赴黑瞎子岛旅游的中外游客近20万人次，比2000年的进出境游客9.9万人增长了2倍多。2019年，进出境70 811人，接待游客112.5万人次，同比增长20.3%，旅游总收入8.78亿元，同比增长22.6%。

四、主要景点

东极广场 位于抚远水道与乌苏里江交汇处，是黑瞎子岛旅游名镇重点景区之一。占地3.6万平方米，包括河口广场、太阳亭、游廊、华表、水榭、界碑、四极文化墙、中国地图、入口文化石、游船码头及白玉围栏等。东极广场是我国陆地领土上最东端的地标性景观。广场背倚祖国、面向东方，三角形的河口沙洲形状，如同舰艇劈波斩浪，以"起航"为总体景观意向，以高39.5米东极极标为桅杆，象征着中国这艘巨轮正起航向东，去把太阳迎进祖国。

东极宝塔 位于黑瞎子岛中方领属地东北角，总建筑面积7 140.18平方米。主体是一座高81米9层8角形宝塔。外形具有鲜明的汉唐风格，塔基座为40米×40米的正方形，两层叠起，基层四壁刻有大型浮雕"华夏长卷"。下面是太极图案圆形的广场，广场直径171米，代表黑瞎子岛回归的171平方公里的领土；宝塔南北分别布设中华东极宝鼎、麒麟献瑞和神龟探水；广场上有60根青石盘龙浮雕柱，周边的56根代表中华56个民族，另有四根擎天精雕龙柱（升、行、潜、坐四种形态）设置在塔基四角，寓意中国安定、风调雨顺、四季祥和。广场及环场道路占地面积3.1万平方米。东极宝塔成为黑瞎子岛我方的标志性建筑，与俄方的教堂遥相呼应。

东明寺 位于抚远南山脚下，依山而建，2014年正式落成开光。据历史记载，早在南北朝时期就曾有一佛门寺宇建在"伊力嘎山阳之处"。于今之东明禅寺址相近，因此，可以说今天的东明禅寺是佛家道场的重建。东明禅寺取"华夏东极，旭日光明"之意，亦有中国"最东方光明的禅寺"和"旭日东升，光芒万丈"的意思。是"中国东极拥有光明未来"的祝福。

白四爷庙 位于抚远镇东北的城子山脚下，早期是一自然山洞，高2米，宽1米，深约4米。1998年，当地居民集资在洞前建一座高12.12米，宽3.6米，长10.8米庙宇，并供有白四爷塑像一尊。此庙面临黑龙江，每年渔期渔民们都去白四爷庙焚香上供，以图吉利。无论是客船还是货船每当行到此处都鸣笛三声，致敬"白四爷"在此行侠仗义。现在这里成了旅游祈福的圣地。

第七节　社会事业

一、国民教育

党的十一届三中全会以后，教育事业重振雄风。1982年，在发展普通教育的同时，为适应抚远农村经济发展的需要，建立了职业高中，面向农村、面向社会办学，培育具有一定素质的农村后备军。1985年有小学61所，在校生4 610人。普通中学8所，在校生1 736人。学龄儿童入学率平均达到98.3%。20世纪80年代后期，幼儿教育逐步兴起，社会教育又得以恢复。社会教育从为在"文化大革命"期间荒废学业的职工进行文化补课和业务技术补课开始，逐渐向新的领域延伸，办学形式有了新的变化。各种函授班、讲座班、电视大学、广播函授、专业技术培训等竞相出现，为干部职工和群众学习文化科学知识提供了良好的机遇和宽广的渠道，形成了多层次、多元化的教育体系，教育事业进入了一个新的发展阶段。

华夏东极国门红军小学（抚远一小）

1999年，九年义务教育通过国家验收；2003年，"两基"国家验收合格；2005年，全县有幼儿园20所，在园幼儿875人；有中小学校51所，其中小学37所，在校生7 020人；普通中学12所，在校生4 470人；普通高中1所，在校生798人；职业高中1所，在校生290人。小学适龄儿童入学率、巩固率、普及率均达100%。

到2017年全市有各级各类学校17所，其中小学校5所（市区小学3所、乡镇小学2所），小学教学点2个；九年一贯制学校3所，初级中学4所（市区2所、乡镇2所），完全中学和职业高中及教师进修学校各1所。小学在校生3 450人，初级中学在校生1 707人，高中在校生

中国关心下一代教育基地
（抚远三中）

1 283人。中小学教职工863人，其中小学专任教师334人，中学专任教师169人，高中专任教师（含职高）88人；正高级教师1人，高级教师191人，一级教师369人，二级教师242人；全市普通中小学教师、高中教师、职业学校教师学历合格率均达到100%。

长期以来，市委市政府始终坚持教育优先发展的原则，在校园建设、硬件提升、教师待遇、公用经费、教师培训等多方面都给予了充分保障，教育教学环境得到进一步优化；全市各学校建筑节能改造和供暖设施升级改造、运动场建设和操场硬化、中学实验室建设和小学科学实验室建设全面完成；全市乡镇以上学校基本实现多媒体进课堂目标，"中国关心下一代教育基地"落户抚远第三中学，华夏东极国门红军小学授旗抚远第一小学；教学条件得到较大改善，高考成绩常有新突破；中国抚远——俄国哈巴罗夫斯克国际教育交流促进了两地教育模式、教学理念的互融发展。

二、科研科普

（一）科技机构和队伍

1980年，成立抚远县科学技术协会。从1981年起，抚远出台

优惠政策，先后从内地县招引专业人才，充实科技人员队伍。加之大中专毕业生分配，抚远的科技队伍开始壮大。

1983年，各公社都成立了基层组织，工作人员精均为兼职。1984年初，原公社科协改成乡科协。

是时，全县有科研机构5个，专业科技人员431人，其中高、中、初级职称科技人员197人。到1985年，全县在专业技术岗位工作的人员787人，占全县干部队伍总数的54.54%。1988年，抚远县"科技兴农"领导小组成立，办公室设在县科委；2002年，抚远县"科教兴县"领导小组成立，办公室设在科技信息局（科委更名为科技信息局）；2005年，全县事业单位各类专业技术人员增加到2 037人。2008年，科技信息局更名为工业和信息化局。

县科协和县工信局负责全县科研科普工作的计划和指导，在开展科技交流、科技培训、科技咨询、科技推广等方面不断取得新成果，推动了全县各项事业的新发展。

（二）科技培训和普及

1986年，全县开展各类科技讲座60余次，参加人数300多人次，组织科技人员下乡200余人次，举办科技咨询活动300多次，接受省内外和县内科技咨询100多件；1990年，农业系统举办各类农业实用技术培训班30余次，参加人数达2万多人，广播电视科技讲座20多次，放映科技录像30多场次，科技成果展览2场，印发科技资料500余册，召开农民研讨会2次，解答疑难问题1 000多个；1995年，农机系统对全县9个乡（镇）、74个行政村、28个非行政村的300多名农机驾驶员和农机管理人员进行培训；2000年，全县建立各类学会56个，协会和研究会32个，共有会员1 300多人。2002年，畜牧系统举办以"防疫灭病、繁育改良"为主要内容的畜牧饲养技术培训班，有5 000多人参加培训，发放养殖技术实用手册3 000多份；到2005年，全县共举办"科技之冬"18届；举办实用技术培训班575次，培训农民16.44万人次，培训农业干部3 056人次，推广普及农业实用技术72项；举办科普研讨会15场次，参加人数1.4万人次；放映科教片40场次，观看者达1万多人；举办科普展览15场次，参观者达2万多人；发放科普资料20多种，计4.6万份；全县参加科技培训总人数达26万人次，连续5年被评为黑龙江省"科技之冬"活动先进县；累计科技成果400多项，其中有110项获国家、省、市有关部门奖励。

（三）科技研究和推广

水产养殖 1980年，县水产科进行大马哈鱼和鲟鳇鱼及其鱼子速冻保鲜技术研究，获得成功；1987年，抚远县鲑鱼放流站建成，占地面积1万平方米，科技人员16名，开始大马哈鱼人工繁育研究，1988年，成功放流大马哈鱼苗50万尾，1989年放流150万尾。1993年，鲟鱼人工孵化首次获得成功。同年，又研究攻克了油鲤、鳌花、鲶鱼、鲶怀杂交、鲟鳇杂交等难关，获得5项省级科研成果。其中鲶怀杂交和鲟鳇杂交孵化技术填补国内空白。人工孵化鳌花、鲶鱼、鲟鱼、油鲤、鲟鳇杂交、鲶怀杂交等各类鱼苗800多万尾，创产值208万元。为国内养殖户提供商品鱼苗50多万尾；1999年，在原鲑鱼放流站地址新建1座1 400平方米的现代化鲟鳇鱼孵化车间，维修改造孵化器1台，新建孵化器1台，新制钢网箱12个。年孵化鱼苗能力达1 500万~2 000万尾，成为全国最大的鲟鳇鱼苗孵化基地，年产值可达600万元；到2005年，年孵化能力达到5 000万尾，成为年创产值可达1 000万元的科技示范基地；近些年，引进西伯利亚鲟鱼苗20万尾，试行西伯利亚鲟和史氏鲟杂交，获得了成功。

农具改造 1984年，县农机研究所试制成功"大豆双测深施肥器"样机1套，"机械深施肥"获合江地区农机局"单项推广奖"。

果蔬栽培 1984年，县农业技术推广站对采用地膜覆盖技术种植西葫芦试验进行了科学调研，肯定了地膜覆盖种植蔬菜和其他有关作物的增产效能。

2014年，红海植业蔓越莓生产科研基地落户抚远，2015年试种成功，2019年发展到4 000多亩，产果400多吨，实现收入1 700多万元；同年，东润果蔬技术学会和侨冠生态农业科技有限公司突破高寒禁区，研发种植了100多种蔬菜，引进了1万多株热带水果，攻克了高寒地区冬季不产新鲜果蔬的难题，形成了一年四季不间断生产的对俄果蔬出口基地，填补了抚远冬季无新鲜蔬菜上市的空白。在无公害绿色栽培、原生态有机种植、农作物新品种研发、科学技术培训、棚室越冬、病害防控、成本核算、观光采摘、产品营销和出口业务等方面都起到了科技示范引领作用。已成为东北农业大学实验实习教学基地，台湾远东科技大学农业科技合作基地，农村党员创业培训基地。

科技示范 到2005年，全县建立地（市）级科技示范基地11个，县（市）级科技示范乡（镇）3个，县（市）级科技示范村12个，科技示范户126个。各村都确立了科技示范项目。建立高油大豆原种繁育基地5处，大豆示范田7个。建立健全农业科技示范园区97个，总面积达7万亩，示范面积7 000亩。

2010年以来，认真贯彻落实《黑龙江省千户科技型企业行动计划》，培育高新技术含量与质量，推动市科技企业成功转型。建立市级科技示范基地11个，县级科技示范乡（镇）3个，县级科技示范户126个，各村都确立了科技示范专业项目。对入驻孵化器的中小型企业进行政策扶持、创业培训，入孵企业已全部孵化成功。2019年，全市科技型企业已发展到20多家，创新企业中心已进驻科技型企业17户，为促进优势资源可持续发展、涵养财源、引领企业、吸收就业、助力脱贫攻坚发挥了重要作用。

三、医药卫生

党的十一届三中全会以后，医疗卫生机构建设步伐加快，1985年底，全县乡以上卫生机构10个，有卫生专业技术人员180余人，床位89张。乡级卫生院总面积1 812平方米，普遍配备了X光机等先进医疗设备。2005年全县卫生医疗机构有职工415人，其中卫生技术人员355人，县医院和各乡镇医院共有床位146张，门诊量4.4万人次。

"十一五"期间，投入资金共10 205万元，新建、改扩建乡镇卫生院、村卫生所（室）业务用房59处。投入1 178万元购置了医疗设备，增添肾透析机、64排大型CT、大生化检验仪等先进医疗仪器。这些设备的投入使用，使抚远市卫生事业的总体服务质量有了很大提高，在一定程度上解决了广大患者对医疗救治和预防保健的需求。多年来，与北京协和医院联合开展了肝吸虫和甲状腺筛查，为干部群众身体健康保驾护航。开展与俄罗斯卫生界学术交流活动，为促进医疗卫生事业科学、健康发展开辟了新路径。

经过多年的努力，覆盖城乡的医药卫生服务体系逐步完善，基本医疗保障制度稳步发展，医疗水平、服务质量不断提升，基础设施不断得到完善。

县人民医院已发展成为规模较大、设施较全的集医疗、预防、保健科研于一体的国家二级甲等综合性医院，是全县医疗卫生中心。年均门诊量3万人次左右，年均收治住院1 000人次左右。

县中医院是抚远及周边地区唯一的一所以中医特色为主的综合性医院，是抚远县城镇职工、城镇居民医保定点医院，新农村合作医疗定点医院，低保救助定点医院。年均门诊量4 000人次左右，年收治住院30人次左右。

全县医疗机构门诊收治诊断与临床确定诊断符合率为98.2%；临床初步诊断与临床确定诊断符合率为99%；临床治愈好转率为98.52%，各项医疗质量指标均符合上级卫生行政部门规定的医疗质量标准。

医疗服务不断改善，医改工作进展顺利。对口支援、医联体建设效果明显，受益患者达上万人次。连续多年不断筹措资金为人民医院、中医院添置了核磁、彩超等现代医疗设备，切实提升了整体医疗技术水平和综合服务能力。

2012年，全县有公立医疗机构2个（县人民医院和县中医院）；公共卫生服务机构4个（疾病预防控制中心、妇幼保健计划生育服务中心、综合监督执法局和结核病防治所）；乡镇卫生院8个；社区卫生服务中心1个，村卫生室40个，个体医疗机构17个。各医疗机构共有床位190张，其中县医院150张；乡镇卫生院40张。平均每千人拥有病床1.9张。全县医疗用房总面积34 433平方米。全县医疗卫生机构在编人数266人，聘用人员177人。其中卫生专业技术人才394人。医技人员中，正高25人，占人员总数的5.64%；副高58人，占人员总数的13.09%；中级职称78人，占人员总数的17.6%；初级171人，占人员总数的38.6%。

2018年，全年门诊量12.07万人次，其中市级医院8.77万人次。乡镇卫生院3.3万人次。全市住院病人总数4 710人次，其中市级医院2 643人次。乡镇卫生院2 067人次。门诊收治诊断与临床确定诊断符合率为98.2%，临床初步诊断与临床确定诊断符合率为99%。临床治愈好转率为98.52%，各项医疗质量指标均符合上级卫生行政部门规定的医疗质量标准。

四、文化体育

改革开放以来，文艺创作成果显著，各种体裁的文学文艺作品专辑100多部，民间故事140多篇，谚语200多篇，书画获奖作品逐年增加。

情景诗词

咏抓吉赫哲渔村（排律 新韵）

王书东

乌苏涌碧蓝，福地赫哲欢。
林野镶白桦，春风醉杜鹃。
云空排雁掠，柳岸鹭巢连。
逐浪千张网，飞舟百里滩。
朝歌金鲤跃，暮舞彩衣旋。
户户红砖瓦，人人花锦衫。
国兴民富庶，沐浴艳阳天。

沁园春·老区抚远（新韵）

丛云生

华夏东极，古驿今营，镇关守街。览史前遗迹，迷踪点点；百年青汗，浩气迭迭。反特除奸，抗倭逐寇，义勇军民肩踵接。第一哨，历天灾兵祸，无数英杰。

告别战乱惊劫，奔四化新征勤未歇。促老区建设，三城擘画；新港发展，五业集约。互市沿边，联航近海，国际商桥丝带捷。小康路，趁鱼都晨早，跨步兴崛。

注：街——抚远镇1949年前后称抚远街。

青汗——即青简，借指史册。古代用竹简记事，制简须用火烤，去竹汗，取其易书，且可免虫蛀，因称"青汗"或"汗青"。

五业——指农、渔、工、贸、游五大支柱产业。

三城——指抚远镇城区、莽吉塔工业城区和东极小镇城区。

游莽吉塔遗址（新韵）

王秀坤

古驿莽吉塔，残垣尚有遗。

白山烽火远，黑水浪涛急。

守土筑边垒，挥戈御外敌。

东极关隘固，哨所展红旗。

注：白山——即城子山。山上有莽吉塔古城遗址，即明代海西东水陆城站旧址。

书画创作

抓吉石刻 王书东题　　救护抗联战士 王秀兰画

演艺活动 抚远镇打造的"夏之梦"广场文化周活动已经连续举办了十四届，成为群众文化的象征；浓桥镇以《街坊邻里大家唱》系列活动为品牌，开展了最美村民评选等活动；乌苏镇《情满乌苏里，歌飘赫哲乡》系列活动在全县有着广泛的影响，赫哲族同胞结合当地的旅游资源，将民族文化与渔业生产相结合开展驻场演出，既传播了赫哲文化，又增加了渔民收入；寒葱沟镇发挥场镇共建优势，开展《在希望的田野上》系列文化惠民活动，取得了良好成效；海青乡《塞北江南舞盛世》，别拉洪乡、鸭南乡、浓江乡和通江乡《东极之光》系列文化活动也都各具特色。

非遗文化活动场次多、群众参与度高，"抚远伊玛堪传习所"已有10人成为非物质文化遗产传承人。立体鱼皮画受到很多鱼皮画商和游客的青睐，成为极具地域特色的旅游纪念品。"赫哲族

手工鱼皮画　王桂荣作

鱼皮文化艺术"经中国文化部认定为国家非物质文化遗产项目，2003年，中央电视台《走遍中国》栏目组采访了鱼皮衣服手工制作传承人付亚飞，并在中央电视台做了广泛的宣传。东龙鲟业有限公司获"省级非物质文化遗产生产性示范基地"称号。

1995年，俄罗斯哈巴罗夫斯克（伯力）边区歌舞团首次来抚演出；2005年6月，全国赫哲族"乌日贡"大会在抚远召开，并邀请俄罗斯哈巴罗夫斯克歌舞团参与演出，极大地丰富了抚远人的业余文化生活，成为佳木斯"三江国际旅游节"活动的亮点。近年来，对外文化交流活动广泛开展，民间交往越来越多。非遗传承人手工制作技艺展示、民间广场舞、水兵舞等中俄民间互访活动已走向常态化。

文物管理　文物管理工作在做好《文物保护法》宣传工作的同时加大文物安全巡查保护力度，对辖区内的158处不可移动文

物开展了安全检查200余次，其中国保31次，省保42次，其他遗址120余次，有效地保护了国家文物安全。

全国重点文物保护单位莽吉塔站故城保护利用设施建设项目已全面完工，亮子油库遗址的考古挖掘工作取得阶段性成果。黑龙江大学考古队与抚远文物管理所在亮子油库遗址经过精细发掘，清理出房址、灰坑若干个，出土了大量陶片和动物骨骼化石。

体育赛事 体育事业蓬勃发展，一直以来，县体委定期举办各种赛事活动，分期分批启动了乡镇体育健身工程，为村屯发放健身器材，对市区内老旧的健身路径和健身器材进行了改造升级，体育设施逐年增多。1996年至2005年，向省、市输送运动员50多名；在省、市级体育赛事中获金牌50多枚，银牌50多枚，铜牌20多枚；获全国青年竞走比

新石器遗址（亮子油库）

全国冰帆赛

赛银牌一枚。2006年至2019年，先后承办了"中国冰上帆船公开赛""中国东极冰上马拉松""中国新年冰雪嘉年华""中俄帆船赛""中俄空手道赛""中俄国际象棋挑战赛""中俄皮划艇竞速赛"等诸多体育赛事活动，并派运动员参加了俄国哈巴罗夫斯克大学生运动会的5人制足球和3人制篮球项目。文化体育活动逐渐升温，文化传承活力不断增强。

第七章　新时代小康社会建设

强起来，进入新时代。以党的十八大为标志，中国特色社会主义进入了新时代，这是我国发展新的历史方位。中国特色社会主义进入新时代意味着近代以来，久经磨难的中华民族实现了从站起来、富起来到强起来的新跨越，迎来了中国特色社会主义从创立发展到完善的新阶段，走上了强国之路。

这一时期，县委县政府认真贯彻落实党的十八大、十九大精神，紧跟党中央的战略部署，依托资源，利用优势，科学规划，真抓实干，带领全县人民拼搏进取，奋力争先，不断刷新小康社会建设新纪录。

第一节　三步走发展战略新部署

1978年12月，中国共产党十一届三中全会提出的关于"三步走"发展战略思想，是随着我国社会主义现代化实践的发展和经济体制改革不断深化而逐步实施和调整的，基本内容是发展目标和战略重点。

发展目标　第一步，从1980年到1990年，人均国民生产总值翻一番，达到温饱水平；第二步，从1990年到2000年人均国民生产总值再翻一番，达到小康水平；第三步，从2000年到2050年，人均国民生产总值再翻一番，达到世界中等发达国家水平，基本实现现代化。

战略重点 加快农业、能源与交通、教育与科学发展。经过20多年的艰苦奋斗，当20世纪即将结束时，我国已经胜利地实现了三步走的第一步和第二步目标；人均国民生产总值比1980年翻了两番，综合国力有了很大增强，人们可望实现的温饱问题已得到解决，人民生活总体上达到小康水平。

1997年9月，党的十五大把"三步走"的第三步战略目标进一步具体化，提出了三个阶段的战略部署：第一阶段，从2001年到2010年，实现国民生产总值比2000年翻一番，使人民的小康生活更加富裕，形成比较完善的社会主义经济体制；第二阶段，从2011年到2020年，实现国民经济更加发展，各项制度更加完善；第三阶段，从2021年到2049年，基本上实现现代化，建设富强、民主、文明、和谐的社会主义国家。

2012年，党的十八大描绘了全面建成小康社会、加快推进社会主义现代化的宏伟蓝图，向中国人民发出了向实现"两个一百年"奋斗目标进军的时代号召：到中国共产党成立100年时（2021年）全面建成小康社会；到新中国成立100年时（2049年）建成富强、民主、文明、和谐的社会主义现代化国家。

2017年，党的十九大报告清晰摹画全面建成社会主义现代化强国的时间表、线路图：在2020年全面建成小康社会，实现第一个百年奋斗目标基础上，再奋斗15年，到2035年基本实现社会主义现代化。从2035年到本世纪中叶，在基本实现现代化的基础上，再奋斗15年，把我国建成富强、民主、文明、和谐、美丽的社会主义现代化强国。

从"三步走"发展战略到"三个阶段"发展部署，两者一脉相承，后者有所创新：一是把"三步走"的第三步细化为20年、15年、15年三个阶段；二是把第三步目标"基本上实现现代化"提前到2035年；三是2050年目标提高到"建成社会主义现代化强国"。

战略转变 未来30年，我们需要完成发展模式的三个转变和一个升级：一是目标转变，从全面建成小康到基本实现现代化到建成社会主义现代化强国；二是模式转变，从第一次现代化和工业化为主到第二次现代化和知识化为主；三是重心转变，从以经济建设为中心到以生活质量为发展主题（既从满足人民物质文化需要为主题到满足人民美好生活需要为主题）。

目标升级 从基本实现现代化升级为建成现代化强国，国家发展水平从达到中等发达国家水平升级为达到世界先进水平。"从摸着石头过河"到精准的"顶层设计"，伟大的复兴规划，寄托着中华民族永不褪色的集体记忆和昂扬向上的意志情怀，昭示着中华民族崇高的目标理想和美好的未来。

第二节 新时期党的建设

进入新时代以来，中共抚远市委毫不动摇地以习近平新时代中国特色社会主义思想为指导，深入学习贯彻习近平总书记重要讲话、重要批示指示精神，认真落实中共黑龙江省委、佳木斯市委加强党的建设有关决策部署，通过"两学一做"学习教育、解放思想大讨论、"不忘初心、牢记使命"主题教育等，认真践行新时代党的建设总要求，解放思想、改革创新、担当尽责，团结带领全市各级党组织和党员干部，全面推进党的政治建设、思想建设、组织建设、作风建设、纪律建设，把制度建设贯穿其中，深入推进反腐败斗争，取得了新突破、新进展、新成效，为新时代抚远全面振兴发展提供坚强有力的保证。

一、坚持以政治建设为主导，坚决做到两个维护

一是筑牢党员干部"四个意识"。坚持把贯彻落实习近平总书记系列重要讲话精神作为首要政治任务，及时跟进学习贯彻总书记在深入推进东北振兴座谈会上的重要讲话精神、中共十九届四中全会、中央经济工作会议精神，增强"四个意识"，坚定"四个自信"，做到"两个维护"，引领了抚远发展的正确前进方向。深入开展"解放思想推动高质量发展大讨论"，激励引导广大干部不断创新思路、创新举措、破解难题。

二是严格党内政治生活制度。认真落实"三会一课"、领导干部双重组织生活等制度，中共抚远市委常委班子成员以普通党员身份参加支部活动。贯彻落实《地方党委工作条例》《党组工作条例》，充分发挥党委（党组）领导核心作用。认真落实民主集中制各项制度和"三重一大"等制度，按照"集体领导、民主集中、个别酝酿、会议决定"原则决定重大事项，不断提高科学决策、民主决策、依法决策水平。

三是加强党员干部党性锻炼 充分发挥党校教育培训主阵地作用，把习近平新时代中国特色社会主义思想和党的十八大、十九大精神作为党员培训必修课，举办各种形式培训班；建立"双向互评"制度，加大交流研讨、现场教学比重，强化学员管理，教育培训质量得到明显提升；增加教育培训基础设施投入，党校办学条件明显改善。

二、坚持以思想建设为引领，学思渐悟中国特色

一是始终用新思想、新理论武装头脑。抓好班子理论学习，

促动发挥带头作用。扩大氛围开展宣讲,推动理论武装全覆盖。市委宣讲团进乡镇、进机关、进企业、进社区、进学校,开展宣讲活动。结合总书记视察抚远纪念活动,举办新时代、新作为、新答卷大型图片展,重温总书记对龙江振兴发展指示精神。加大习近平新时代中国特色社会主义思想网上传播力度,创新网络宣传方式,网言网语增强吸引力。

二是注重解放思想,全方位推动发展。下发《抚远市解放思想推动高质量发展大讨论领导小组及办公室工作职责》、制定《抚远市开展解放思想推动高质量发展大讨论实施方案》。召开市委理论学习中心组专题会议,开展"访基层、谈思路、比作为、促发展"活动,各部门一把手走进直播间谋思路、谈担当、话发展。围绕七一、十一举办书画展、文艺演出等系列庆祝活动,组织开展"解放思想谈家乡看变化"等主题征文、演讲、朗诵活动。2019年,举办"解放思想·新中国成立70周年我看抚远新发展"图片展,总结宣传59个鲜活做法和首创经验,累计刊发大讨论相关稿件60余篇,下发典型案例16期,解放思想网站专栏共刊登信息46篇。

三是集中开展不忘初心、牢记使命主题教育。围绕主题教育的要求、根本任务和具体目标,加强组织领导,抓好责任落实。把学习教育、调查研究、检查问题、整改落实四项重点措施贯穿主题教育全过程。运用微视频、微广播、有声图书馆等,创新学习形式,不留学习死角。全市政务服务全部纳入"最多跑一次、马上办、网上办、一次办、就近办"事项清单,提高服务质量。

四是牢牢把握党对意识形态工作的领导权。落实落细意识形态工作责任制,把意识形态工作摆到重要位置。严格规范基层意识形态工作的开展,严格按照《党委(党组)意识形态工作责任制实施细则》落实好意识形态工作各项任务。强化政治担当，切实维护网络意识形态安全。监管防范多措并举，着力保障属地网络安全。

五是积极培育和践行社会主义核心价值观。吸纳壮大志愿服务队伍，传递爱心，传播文明。选树身边先进典型，发挥榜样引领作用，着力打造市、乡（镇）、村三级文明实践体系。

三、坚持以组织建设为抓手，努力促进乡村振兴

一是着力建设坚强战斗堡垒。村党支部书记和村委会主任"一肩挑"、消灭集体经济收入"空壳村"、基层党组织标准化建设率、远程终端站点更新率、非公和社会组织组建率以及软弱涣散整顿率实现6个100%。建立村"两委"联审联查工作机制，开展资格审查"回头看"，清理并补齐配强村级班子成员；注重改善党员队伍结构，推行发展党员"预警问责"机制，农牧渔民等薄弱领域发展党员占比35.7%，培养储备114名后备干部和47名党员致富带头人。坚持"四不摘""四不减"要求，2019年5月完成驻村工作队员轮换工作。省派工作队5支15人，佳木斯市派工作队2支6人，抚远市本级选派工作队66支157人，驻村工作队、第一书记实现全覆盖。突出边境口岸城市特色，6类党建示范点数量增加到22个，建成全省首家边境党建馆和边境党建主题公园，打造"两新"党组织服务站，运用"东极红帆"智慧党建平台，网上全程纪实基层党组织"三会一课"流程，带动边境党建整体上水平、见成效；以支部党员"双争星"及驻区单位、在职党员进社区为抓手，开展重走总书记路线、边境党建抖音大赛、"共和国长子的家国情怀"佩戴国旗徽章、万人升旗仪式等活动，增强边民守边爱边的凝聚力。

二是着力打造过硬干部队伍。坚持新时期好干部标准，树立"凡提必下"风向标，2019年共提拔脱贫攻坚领域优秀干部45人，占2019年提拔重用干部总数的52.3%，使一批德才兼备的干部在重点工作一线走上新的领导岗位。结合党政机构改革，分3个批次配备新组建、职能划转部门班子成员，加大干部交流力度，优化班子结构，激发干部干事创业新活力。深入开展混编混岗问题清理规范，市委组织部联合市委编办、市人社局、市财政局等部门，排查干部混编混岗问题，根据佳木斯市委下发的《落实混编混岗等问题清理规范措施责任分工方案》，按时限积极稳妥完成清理规范任务。严格落实《关于深入推进兴边富民行动的实施意见》和《佳木斯市关于深入推进兴边富民行动工作方案》，结合抚远实际，2019年，招录公务员19人，支持培养、吸引、留住、用好各类人才，为艰苦边远地区发展提供人才保证。

三是着力破解人才引留瓶颈。为更好地推进人才强市战略目标和重要举措落到实处，对市人才工作领导小组职责分工进行充实调整。将人才工作纳入市委综合考核目标体系，着力强化领导班子和领导干部抓人才工作的积极性和主动性。开展了引进急需紧缺人才工作，通过发布公告、面试、评审、公示等环节，2019年，引进13名人才并办理入职手续。推进人才项目合作，依托行业部门专业人员开展实用技术、技能培训，定期举办各类电商创业培训班，组织开展"青年电商创业大赛"，培养了一批电子商务综合人才。培育渔业人才，水产专业技术团队先后攻克了多种冷水鱼人工催产技术，每年向黑、乌两江投放马哈鱼、鲟鳇鱼等特种鱼苗百万尾。2019年，开展各行业技术、技能培训22期，培训4 500余人次。

四、坚持以正风肃纪为目的，从严从紧惩治腐败

一是坚持不懈整治作风。突出抓好深化机关作风整顿优化营商环境，开展营商环境、市容环境等专项整治，坚持把纪律监督、监察监督融入日常，抓在经常。狠刹"赌博风""红包风""走读风""吃喝风"，重点整治对待工作不认真、不负责，对待群众利益不维护、不作为等问题。对"签单式"履行职责、"忽悠式"服务群众、"佛系式"处理问题等典型问题，印发通报，公开曝光。

二是全面从严狠抓纪律。始终把严守纪律、严明规矩放到重要位置来抓，及时督促开展经常性的纪律教育，铺开预防监督，围绕贯彻落实中央八项规定精神，组织人员赴各市直单位开展巡回解读；围绕农村易发多发违纪违法现象，组织人员赴各乡镇宣讲典型案例；组织村级纪检委员和监委主任开展集中业务培训，让监督触角在基层真正延伸。对子女升学的党员、公职人员，召开严禁操办"学子宴""谢师宴"集体提醒谈话会；对集体外出培训干部，召开严禁"改变行程、借机旅游"提醒谈话会，预防为先，防微杜渐。同时，围绕群众痛点难点问题等开展专项整治，在营商环境专项整治中，着力解决"貌似严格执法，实为刁难勒卡"等问题。在民生领域专项整治中，着力解决弄虚作假、欺上瞒下等套取群众财物问题。在工作作风专项整治中，着力解决对待群众诉求消极应付、推诿扯皮等问题。

三是打黑除恶惩治腐败。以强有力态势推进扫黑除恶专项斗争，加大反腐败工作力度。完善社会治安防控体系，严厉打击各类违法犯罪，刑事犯罪案件逐渐下降；加大普法力度，狠抓领导干部这个"关键队伍"，坚持市委常委会"会前学法"制度，示范带动全民法律意识和法律素质进一步提高；加强管控工作，边

境管理、信访维稳、生产安全、食品药品安全形势向好，社会大局稳定。

五、坚持以规范管理为重点，优化强化制度支持

一是强化把关作用。对各类文件重点把好"六关"，紧密结合实际，认真研究，制定具体、针对性强的党内规范性文件，切实提升党内规范性文件制定质量。

二是强化备案管理。严格执行《中国共产党党内法规和规范性文件备案审查规定》，及时向上级党委报备党内规范性文件14件，备案率100%。对乡（镇）党委、市直党组（党委）党内规范性文件备案工作提出具体要求。

三是强化制度改革。按照党中央统一部署，围绕优化职能配置目标，按时完成了党政机构改革和事业单位分类改革，推动党管武装制度落实，加强民兵组织建设，构建了运行顺畅、充满活力、配合高效、令行禁止的工作体系，切实提升服务能力。积极落实减税降费政策，在"深化增值税改革"等方面综合发力，与企业算好"减负账、收益账、发展账"，2019年累计减免税费2 369万元。持续推进"放管服"改革，实行"四零"承诺服务，全面推进"一网、一门、一次"改革，加快创新金融产品和服务方式，与邮储银行签署《助推县域经济发展战略合作协议》，为企业搭建融资平台、拓展融资渠道。

第三节 三步走发展战略新追求

进入新世纪以来，县委县政府根据国家发展战略新部署，及时调整县域经济发展计划，解放思想，振奋精神，迎接挑战，把

握机遇，乘势跟进。

成绩激发干劲，问题启发创新。扎实的前期基础，有利的发展机遇，对未来充满信心：

中俄关系向好，高层持续关注黑瞎子岛，开放发展合作领域不断扩大；

国家"一带一路"、"中俄蒙经济走廊"、沿边开放、东北振兴、"两原配改"、生态保护、抵边建设等重大战略的实施，为抚远经济和社会发展提供了新的动力；

"沿边近海"，"两国一岛"，多港通关，区位优势和交通优势为发展边境贸易、文旅交流和健康养生等产业提供了基础条件；

脱贫攻坚历练了一支奋发有为、敢于干事的队伍，抚远上下人心思进，充满活力。

梦想驱动发展，前景励人奋进。老区人民依托瑰丽的风光，独特的区位，丰富的资源，绿色的生态，便捷的交通等优势条件，研谋发展新战略，擘画宏伟新蓝图。本着发挥优势，科学规划的原则，积极开发支柱产业项目，努力扩大财政收入；进一步改善教育文化卫生事业基础条件，努力提高发展速度；加快化解科技人才瓶颈问题，努力推进科学技术进步；将国土空间划分为开发区域、农业区域和保护区域，构建合理城市格局、农业发展格局、生态安全格局。将开发区集中到沿江沿路一线地区，带动周边农业区域，严格限制对保护区域的开发和干扰，塑造"开发一线，保护一片"的新格局；加快城市建设向"沿边也邻边"转变，中心区域拓展为集抚远市区、莽吉塔片区、东极小镇片区和黑瞎子岛于一体的"一岛三区"式沿边新兴商埠。以拼搏的精神，创新的理念，追梦的干劲，不忘初心，牢记使命，继续前进。沿着中国特色社会主义新时代康庄大道，创先争优，努力把抚远建成：

中国水陆空多通道对外，港站场多港口通关，对接一带一路，集客货运输、水陆换装、江海联运于一体的多功能国际自由贸易区（自由贸易岛）；

黑龙江省沿边口岸地理区位最佳，基础条件最好，社会服务最优，进出人次最多，运营效益最大的国际性全域旅游示范区（国际旅游岛）；

佳木斯地区产业兴旺前景广阔，社会秩序井然平和，乡风文明程度渐高，生活富裕宜居宜业，康养环境生态自然的边境口岸名城和社会主义现代化美丽乡村。

凝聚思想共识，坚持政治定力，秉承初心使命，立足新起点，激发新活力，适应新常态，展现新作为。用心血、智慧、汗水和奉献去创造抚远更加美好的明天！为早日把我国建设成社会主义现代化强国作出新贡献！

第四节　三步走经济发展新突破

一、综合实力不断提升

改革开放以来，抚远的40年，是自力更生、艰苦奋斗，不怕困难、不惧艰险，勠力同心、发愤图强的40年；是历经磨难、经受考验，大胆探索、勇于实践，争先创优、拼搏向上的40年；是善于学习、精于规划，发挥优势、科学发展，脱贫致富、生态靓市的40年。

随着体制改革和对外开放的不断深化和扩大，抚远经济发展也越来越快，年鉴记录了过程：

1949年全县耕地31 650亩，1979年增长到169 672亩，增长

437%；

1979年粮豆薯总产1 337万斤，1989年增长到3 445万斤，增长157%；

1979年工农业总产值952万元，1989年增长到2 227万元，增长134%；

1989年社会商品零售总额5 773万元，1999年增长到11 770万元，增长103%；

1989年国民生产总值4 980万元，1999年增长到22 301万元，增长347%；

1999年对外贸易总数3 748万美元，2009年增长到7.5亿美元，增长20倍；

2009年国内生产总值26.1亿元，2019年增长到75亿元，增长187%；

2009年城镇居民可支配收入13 897元，2019年增长到26 916元，增长93%；

2009年农村居民人均纯收入7 818元，2019年增长到21 959元，增长180%。

近几年，先后有16户外贸企业在抚远落户，外贸群体进一步壮大；俄罗斯煤炭、板材、鲜活水产品实现进口入境；边民互市贸易区贸易额逐年攀升，并入选了省级互贸商品进口加工试点县；电子商务交易额实现了年递增10%以上，电子商务进农村综合示范项目以全省第二名通过国家绩效考核；跨境农业产业园完成境外码头建设用地采购，连续三年实现大豆回运；远大木材加工园正式投产，保税仓库投入运营；冬季冰雪旅游开发初见成效；乌苏镇抓吉赫哲村入选第三批中国少数民族特色村寨。

二、抗灾能力稳定增强

抚远属三江平原的下梢,地势低平洼是这里的显著特点,总体上看地势西南高东北低。地面高程在39～49米之间,地面坡降为1/8 000～1/10 000。抚远市属中温带大陆性季风气候区,其特点是冬长严寒,夏短炎热,秋季多雨。由于境内江河湖泊较多,且距海域较近,多年平均降水量为603.8毫米,最多年份达949.2毫米,最小年份471.6毫米,降水量年内分配不均匀,春季降水量平均为117.7毫米,夏季降水量集中,平均降雨量为318.2毫米,其中7、8月份降水量为全年降水量的42%。抚远除了有黑龙江、乌苏里江两条界江外,境内还有大小河流30多条,是暴雨洪水和冰凌洪水频发地区。

(一)堤防标准 高于汛遇

2014年,同抚大堤防洪标准从二十年一遇标准提高到五十年一遇标准,堤顶宽度为8米,堤防工程级别为Ⅱ级。同抚大堤工程起点自同江和抚远交界处黑泡河口开始,沿黑龙江向下游至新发亮子抚远山封闭结束,堤防长23.175公里,洪水位平均在43.8米,堤防平均高程46米,安全超高2.2米,同抚堤防有穿堤建筑物2座:大力加湖闸和三叉河排水站。

抚远镇堤防为新建堤防,设计标准为五十年一遇,堤线起点从抚远口岸起,由江边向东沿江边漫滩布置,一直延伸到抚远石头窝子西南山脚采石场结束,堤线全长3.88公里,五十年一遇洪水位平均在42.56米,堤防平均高程44.76米,安全超高2.2米,在距堤顶1.5米以下设置混凝土摆喷防渗墙,长18米,起到防渗作用,堤防迎水侧采用预制混凝土连锁板护坡,堤防背水侧采用框格草皮护坡。抚远镇堤防有穿堤建筑物1座:抚远镇排水站。

通乌堤防由两段组成,包括通乌上段和通乌下段。通乌上段即小河子到团结段，起点从小河子村以西的山坡开始，沿抚远水道至小河子出口止，全长12.08公里，五十年一遇洪水位平均在41.50米，堤防平均高程44.7米，安全超高2.2。通乌下段即团结至八盖段，起点自小河子出口开始，沿抚远水道向东至乌苏镇，然后沿乌苏里江向南至八盖村，全长40.1公里，五十年一遇洪水位平均在40.8米，堤防平均高程43米，安全超高2.2米，标段堤防总长52.18公里。通乌堤防有穿堤建筑物4座：北岗排水闸站，大肚泡排水闸站，小河子排水闸站和东安滞洪区排水闸站。

（二）涝区治理 卓有成效

改革开放以来，抚远农业开发和涝区治理面积不断扩大。第一期（1988—1990年）农业开发，除面上开发完成1万亩以外，开发建设4个小区（海丰小区、鸭滨小区、鸭南小区、别拉洪小区），开荒近60万亩，建路桥4座，修涵洞81座；第二期（1991—1993年）农业开发，建设小区两个（海旺小区、新兴小区），开荒12万亩，建路桥2座，修涵洞67座；第三期（1994—1996年）农业开发，组建农场1处（海旺），开荒2.5万亩，建路桥1座，修涵洞12座；第四期（1997—1999年）农业开发，建设小区三个（姜明理岗小区、浓桥小区、鸭南小区二期），开荒4万亩，建路桥4座，修涵洞107座；第五期（2000—2002年）农业开发，改造低产田5万亩，修涵洞38座；第六期（2003—2005年）农业开发，改造低产田20万亩，建路桥2座，修涵洞49座。

1996年以来，结合粮食自给工程建设，涝区治理成效更加明显。1996年开荒2万多亩，建路桥3座，修涵洞16座，修农田路4.1万米；1997年，挖排水渠道1 440万米，铺设路涵6座，修农田道路1.6万米；1998年，开荒5.3万亩，建立宏胜、长征、吉江北3个项目区，修排水干渠98条，支渠206条，完成土方131万立方米，建路桥9座，修涵洞91座，铺设田间路4万延长米；2000年，修筑路涵60座。到2005年，通过水利排涝工程、农业开发和粮食自给工程建设，涝区治理面积达到100多万亩。完成土方1 306万立方米，平均每年完成70多万立方米。不仅提升了抗灾能力，也为财源建设做出了突出贡献。

（三）防汛管理　常备不懈

加强防洪工程设施的养护和管理，对防洪有较大影响的河道、湖泊等工程设施，建立了长效管护制度，明确了管护责任，落实了管护人员。

严格执行涉水、涉河建设开发项目的审批管理制度，依法履行防洪评价、论证报告和审批手续。

依法查处水事案件，通过加强巡查、鼓励举报等措施，及时纠查处理违法违章水事案件，保证抗洪救灾措施落实到位。

加强河道管理，落实"河湖长制"，开展"清河行动"，加大对非法围堤、建筑、采砂等行为的清理打击力度，保证蓄洪排洪顺畅。

加强防汛指挥机构建设，由县委县政府主要领导担任总指挥，每年逐级签订防汛工作责任状，形成了一级抓一级、分片定岗负责的防汛责任体系。对一些防洪重点区域，落实行政责任人和技术责任人，并向社会公布，接受监督。

加强抗洪应急队伍建设，在落实防洪应急预案和防汛物资储备的基础上，采取共建的模式，组建了抗灾机动抢险队。积极组织抢险培训和演练，有效地增强了防洪抢险的组织能力和抢险能力。

三、产业开发渐显成效

产业开发，依靠资源、政策和技术，调整产业结构，创新经营方式，努力促进产业优势转化。三次产业比重由"十一五"期末的70.0∶8.61∶21.5调整为70.7∶6.1∶23.2，农业与服务业双轮驱动格局优势进一步突显。

一是光伏发电项目。投入3 450万元建成的17个光伏电站，总装机容量4 583千瓦，2017年6月末全部实现并网发电，当年发电量达到293万千瓦时。受益面覆盖全部贫困户，每户年均增收3 000元，村集体年增加积累1万~2万元，可持续20年。

二是旅游产业项目。依托乌苏里江旅游风光带发展"赫哲族风情"旅游项目。政府把新建的3栋1 500平方米"渔家乐"和7栋720平方米家庭旅馆交由旅行社租赁经营，年收益30万元纳入共享账户，超收部分按30%的比例提成，用于贫困户分红和村集体积累。随着旅游产业发展，项目的扶贫效益逐年扩大。

三是菌菇栽培项目。以丰盛食用菌种植基地为龙头，重点建设了浓江乡生德库村、浓江村，浓桥镇新海村、建设村，寒葱沟镇红星村、良种场，通江乡东风村、东发村，乌苏镇永胜村9个食用菌种植小区，共种植菌棒88.4万支。采取将资产租赁给企业或合作社经营，租金全部用于共享收益的方式，既为村民提供了就业岗位，又培养其掌握了实用技术，为农业发展、农民增收开辟了新财路。

四是果蔬产业项目。红海植业蔓越莓种植加工项目，2014年启动，一期规划4 200亩，二期规划3万亩。2015年种植1年苗500亩，2018年发展到1 800亩，2019年达到4 200多亩，产果450吨。蔓越莓是多年生植物，3年开始挂果，5年丰产。丰产期每亩产量可达2.5~3.0吨，亩收益4万~6万元。经济效益是水稻种植的50倍，大豆种植的100倍。种植蔓越莓前期投入每亩3.5万~4.0万元，每年养护成本每亩1 000~3 200元。进入丰产期，当年可收回全部投资，并可持续丰产期70年左右，属于一朝投入长远收益的科技项目。项目全部达规达产后，可年加工鲜果15万吨，生产健胃型功能饮料22万吨，蔓越莓果干7 000吨，可带动当地农民长期创收。自投产见效以来，带动贫困户100多户，每户每年增收3 000元。东润果蔬生产加工项目，2014年落户以来，一期建设了高寒节能温室19栋，二期建设了25栋高寒节能温室，100栋蔬菜大棚，1 500亩裸地菜园，番茄酱深加工生产线和仓储等配套设施。随着对俄蔬菜出口量的逐渐增加，对内市场供给的逐步扩大，企业效益明显增长，已带动30多个贫困户入股分红或务工增收。

五是多种经营项目。利用各类帮扶资金建设了粮食晾晒场、地秤、农田道路等产业设施，助力产业增收；引导农民经营中草药、大榛子、果树、花卉种植和红山草猪、鸵鸟、貂等特色养殖项目，发展庭院经济；激发致富内生动力，实施奖补政

红梅植业

策，对发展产业增收2 000元以上的贫困户给予每户500元的奖补金。2017年发放奖补资金8.5万元，鼓励171名贫困群众通过自主创业实现稳定脱贫。

六是边民互市贸易项目。充分利用国家兴边富民政策，组建贫困户互助组，有组织的为客商代购货物取得劳务收入，每人每天可获得报酬5~80元，年劳务收入可达100多万元，可带动1 000多人，每人增收1 000多元。

第五节　小康社会建设新成就

东极率先接旭日，边陲及早沐晓光。抚远革命老区在党的阳光普照下，在国家政策惠顾下，沿着渔猎戍边、艰苦斗争、垦荒创业、开发开放的发展道路越走越快，告别了闭塞落后，走过了生活温饱，实现了总体小康。国民经济和社会事业发展都实现了新飞跃：

一是黑瞎子岛、东极小镇城区、莽吉塔工业城区和抚远镇城区开发加快，城港面貌明显改观；

二是旅游产业、商贸产业、现代农业、新型工业、特色渔业发展加快，经济实力大幅提升；

三是民生保障、生态保护、改革创新、文明建设步伐加快，社会事业全面进步；

四是全面推进幼有所育、学有所教、劳有所得、病有所医、老有所养、住有所居、弱有所扶，人民生活改善加快，幸福指数逐渐提高。

2019年，贫困发生率下降到0.12%；九年义务教育巩固率99.6%；学生高考录取率56.5%；基本养老保险参保率95%；医疗保险覆盖率95%；常住人口城镇化率达到80%；农村居民饮用水达标率100%；城镇登记失业率控制在3.15%以内；全社会固定资产投资4.5亿元，同比增长4.65%；社会消费品零售总额13.07亿元，同比增长7.5%。

盘点成就，令人欣喜！一个全新的抚远正在崛起，昔日的江畔渔村已然成为：

国际客货口岸，江海联运始港，龙江丝路枢纽，边贸互市重镇，闻名全国的老区新城；

朝拜东极太阳，探秘湿地熊乡，垂钓自然江湖，观赏野荷候鸟，采食美味的旅游胜地；

体验塞外民俗，领略异国风情，考察原始生态，浏览鱼都胜景，猎奇珍稀的采风乐园；

晨练漫步林间，纳凉浅泳碧水，防晒品茶树下，夜宿清净山庄，享受自然的不二选择。

第八章　脱贫攻坚

中共中央、国务院《关于打赢脱贫攻坚战的决定》（以下简称《决定》），2015年11月29日颁布，是指导当前和今后一个时期脱贫攻坚的纲领性文件，《决定》提出的目标是，到2020年，稳定实现农村贫困人口不愁吃、不愁穿、义务教育、基本医疗和住房安全有保障，实现贫困地区农民人均可支配收入增长幅度高于全国平均水平。确保我国现行标准下农村人口实现脱贫，贫困县全部摘帽，解决区域性整体贫困。

党的十八大以来，抚远紧跟省市部署，认真落实《决定》，把扶贫开发工作纳入区域经济发展战略布局，作为实现第一个百年奋斗目标的重点工作，摆在更加突出的位置，大力实施精准扶贫，不断积累和扩展扶贫开发成果，努力使农村贫困人口摆脱贫困，取得了令人瞩目的攻坚战绩。

第一节　贫困成因简析

一、闭塞偏远

过去，抚远交通很不方便，夏季靠江上走船，冬季靠马拉爬犁，是黑龙江省交通最闭塞的地方之一。直到1968年才建成一条通往内地的砂石公路，由于路况极差，开车到佳木斯市也要2—3天时间，运输成本远远高于内地县（市）。

二、基础薄弱

抚远建制较晚，发展能力和发展水平始终滞后于内地县（市），中苏冷战期间，国家曾一度停止对边境地区的投入，抚远的基础设施长期滞后，且得不到改善。

三、产业单一

渔业和农业过去是抚远的两大经济支柱，由于渔业资源的锐减，工业和商业发展缓慢，形成了长期农业单一的经济格局，财力薄弱，增收渠道狭窄，财政本级收入一直是"吃饭财政"的水平。

四、气候不宜

抚远地处第五积温带，冬季寒冷漫长，夏季低温多雨，地势低洼，洪涝频发，农业生产十年九歉收，农民收入低，是导致困难的主要原因：

黑龙江全长4 300公里，流域面积184.3万平方公里，抚远以上集水面积为143万平方公里。抚远位于黑龙江中游右岸，河流走向由西南向东北，于黑瞎子岛东北角和乌苏里江汇合于哈巴罗夫斯克进入俄罗斯境内，河道较为弯曲，支岔江岛较多。黑龙江洪水具有典型的北方河流特性，历年从11月到翌年4月份为封冻期，5月至10月为畅流期。在畅流期内明显地出现两次洪水过程。一是融雪而形成春汛，二是由降雨而形成的伏汛。最高洪水位比平均水位高出5.5米，一般洪水涨落过程可持续40—50天。

乌苏里江古名称为罗噶江，发源于俄罗斯境内锡霍特山脉西麓，系中俄国境河流，全长890公里，河流走向是自南向北，在黑瞎子岛东北角汇入黑龙江，河道比降极缓，平均比降1/17 800。右岸俄罗斯侧有伊曼河、比金河、霍尔河等较大支流汇入，左岸我侧有松阿察河、穆棱河、七虎力河、阿布沁河、饶力河、别拉洪河等较大支流汇入。其洪水特征与黑龙江基本相同。

鸭绿河发源于同江街津口与勤得利农场之间额图山南侧湿地。从西南向东北流经抚远，在抚远镇西侧汇入大力加湖后向北注入黑龙江，全长194公里，抚远境内河长101.4公里。系平原沼泽性河流，下游河槽窄小，河道十分弯曲，滩地杂草丛生，径流迟缓，洪水期受黑龙江水顶托，回水长17~30公里，汛期洪水漫溢于滩地洼地中，形成季节性积水。

浓江河发源于青龙山南部重湿沼泽地，与鸭绿河平行流入抚远，于抚远镇西入大力加湖向北注入黑龙江，全长199公里，抚远境内河长144.3公里，流域面积2 630平方公里，与鸭绿河同属平原沼泽性河流，滩地多为漂筏，杂草丛生，径流迟缓，在洪水期受黑龙江水顶托，回水长度20余公里。

别拉洪河发源于富锦境内建三江管局所属创业农场北部重湿地，全长267公里，抚远境内河长140.9公里，流域面积4 340平方公里，自南向北于抓吉村南注入乌苏里江。别拉洪河上游无明显河槽，为宽浅洼地，滩地杂草、塔头丛生，大小闭流洼地遍布全流域，径流极为缓慢，往往头一年径流要在第二年10月才能全部排出。

黑龙江干流100多年来多次发生洪水，其中1872年和2013年黑龙江发生全流域洪水，也是黑龙江流域的两次最高洪水位。2013年，进入汛期以来，受持续强降雨和尼尔基、丰满水库泄洪以及俄罗斯境内结雅河来水等影响，嫩江、松花江、黑龙江水位持续上涨。截至8月6日，抚远站水位87.58米已超警戒水位0.08米（警戒水位87.50米），8月15日水位上涨到88.33米，达到历史最高水位（1984年水位为88.33米），9月2日上午8时，水位达89.88米，超过警戒水位2.38米、超保证水位1.88米。此次黑龙江干流发生超百年一遇特大洪水，造成抚远9个乡镇，3个农、牧、渔场全部受灾，受灾村屯达61个，9 460户。受灾人口3.31万人，因灾转移群众5 652户，1.75万人，农田受灾面积达123.09万亩。

乌苏里江干流发生特大洪水也是2013年，进入主汛期以来，受俄方比金河、霍尔河来水和黑龙江洪水倒灌顶托影响，乌苏里江下游水位持续上涨。截至2013年8月19日，乌苏里江海青站水位100.32米，超警戒水位0.02米（警戒水位100.30米），8月21日水位100.74米，超保证水位（100.70米）0.04米，9月3日上午8时，乌苏里江水位已达101.76米，超警戒水位1.46米，超保证水位1.06米，为历史最高水位。特大洪水造成乌苏里江段受灾村屯17个，1 719户。受灾人口0.63万人，农作物受灾面积13.22万亩。

第二节　扶贫工作运行

1986年2月，设立县扶贫办公室，隶属县农委。1994年成立县扶贫救灾办公室，隶属县农委。1996年被省扶贫办授予"争先创优"先进单位。1997年从农委划出，归县政府直接领导。内设综合股，编制仍为3人。被佳木斯扶贫办授予"扶贫工作先进集体"称号。1998年被省扶贫办授予"扶贫战线先进集体"称号。2004年更名为县扶贫开发办公室，2005年人员编制增至8人。2018年更名为抚远开发工作办公室，行政编制13名。其中8

名采取带编入职方式予以调整，设主任（党组书记）1名，副主任2名。

1982年，农村经济体制改革后，对贫困户进行以"扶志气、扶项目、扶资金"为主要内容的扶贫工作，其后又进行科技扶贫。1983年，对1个镇6个公社中的261个贫困户投放扶贫贷款3.5万元，年底，全县565户贫困户2 975人中，脱贫336户1 675人，占贫困户的59.4%。1984年扶持贫困户432户，放款12万元。1985年扶持贫困户179户，放款7.5万元，年末有13户脱贫。

1986年，全县组织86个副科级以上单位，抽调882人组成扶贫助困工作队下农村进行扶贫工作。帮扶贫困户869户。1994年，国家批准抚远县为国家级重点贫困县。省、市两级相应组织有关部门和单位来抚远扶贫，其中省交通厅、省农机局、省农机学院、省航运局、佳木斯房地局、佳木斯农机局、佳木斯中行、佳木斯交通局和国家、省、市工商局来抚远开展帮扶工作。1994年至1997年，国家工商局和省交通厅等部门累计投资6 411万元，解决了二抚公路改造、希望小学、乡村卫生院所、农田路、饮水井、旱改水、畜牧业生产等问题。1998年到2015年，每年扶贫单位和国家投入资金都在1 000万元以上，解决了多年想解而未能解决的难题。

第三节　脱贫攻坚规划

2016年8月，按照党中央、国务院脱贫攻坚决策部署和省委、省政府总体安排，结合脱贫攻坚工作实际，编制了《抚远市"十三五"脱贫攻坚规划》。

一、总体要求

全面贯彻落实党和国家关于扶贫开发、脱贫攻坚的战略部署和一系列会议精神，围绕"四个全面"总体布局，牢固树立并切实贯彻创新、协调、绿色、开放、共享的发展理念，把精准扶贫、精准脱贫作为基本战略，按照省委扶贫开发工作会议的工作部署和要求，以更坚定决心、更精准思路、更有力措施，苦干实干，坚决打赢"十三五"扶贫开发攻坚战，牢牢把握扶贫开发的着力点，做到精准发力、综合施策、大力推进、务求实效。

二、攻坚目标

以全面建成小康社会为总目标，坚持"六个精准"（扶持对象精准、扶贫项目精准、资金使用精准、扶贫措施精准、驻村帮扶精准、脱贫成效精准），科学谋划实施"几个一批"扶贫攻坚滚动脱贫计划，到2017年初，实现农民人均可支配收入增长幅度高于全省平均水平，基本公共服务主要领域指标接近全省平均水平。实现现行标准下68个行政村1.1万建档立卡贫困人口全部脱贫、贫困市摘帽。

到2020年，建成全省扶贫开发示范市，实现脱贫销号村人均可支配收入达到当年全市农村居民人均可支配收入水平的80%以上，脱贫户家庭人均可支配收入达到当年全市农村居民人均可支配收入水平的60%以上，贫困发生率下降到4%以内。贫困村人居环境明显改善，社会事业全面进步。稳定实现全市农村贫困人口"两不愁"（不愁吃、不愁穿），"三保障"（义务教育、基本医疗和住房安全有保障），贫困人口人均可支配收入达到4 000元以上。

三、基本原则

坚持党的领导，夯实组织基础；坚持政府主导，增强社会合力；坚持精准扶贫，提高扶贫成效；坚持保护生态，实现绿色发展；坚持因地制宜，创新体制机制；坚持群众主体，激发内生动力。

四、落实扶贫措施，加快精准脱贫步伐

对我市974户2 009人（其中国标618户1 126人）贫困人口，抓好精准识别，摸清致贫原因和帮扶需求，建立精准扶贫台账，找准症结，靶向治疗，有针对性地制定精准扶贫计划，实施"几个一批"精准扶贫措施到户到人，加快推动精准脱贫。

（一）发展生产脱贫

对建档立卡贫困人口中有劳动能力的385户814人（其中国标197户315人），通过扶贫专项资金支持、行业部门和社会力量帮扶，支持发展产业和就业项目，落实扶贫措施，提升自我持续发展能力。对主要从事农业生产的贫困人口，重点支持发展特色种植业、养殖业，带动发展农产品加工业。对具备职业技能的劳动力，重点加强转移就业指导和服务，支持劳务输出增收。对目前高中以上文化程度的贫困人口，新毕业的"两后生"（初、高中毕业后未就业的），通过实用职业技能培训，鼓励和支持发展就业创业项目。对具备相应资源优势和创业能力的贫困人口，重点支持发展光伏、电商、旅游等新兴业态。加强产业和就业扶贫机制创新，对于经营能力不足、缺少耕地资源、缺少资金的，通过集体经济组织、专业合作社、龙头企业实施项目带动，利用扶贫资源入股，创新股份合作、集体经营、联户经营、委托管理、承包租赁等多元产业化扶贫模式，完善利益联结机制，带动贫困人口脱贫。

重点抓好水稻、杂粮、食用菌、蔬菜等绿色农产品基地建设；扩大畜禽产品生产规模，创办农畜产品龙头企业；发展渔业经济，大力发展群众养鱼；发展乡村旅游业，开辟增收新渠道。在"十三五"期间，主要利用金融扶贫贷款资金，计划建设以下6个产业项目。（1）对俄果蔬生产基地（二期）项目；（2）食用菌生产基地建设项目；（3）通江乡村旅游观光项目；（4）大力加湖旅游景区项目；（5）抓吉赫哲风情旅游景区项目；（6）大力加湖水产养殖基地项目。

（二）转移就业脱贫

针对有劳动能力并愿意学习一技之长进行脱贫致富的81户171人（其中国标32户57人）贫困人口，一是统筹人社、教育、农业、科技、工会、妇联等各类培训资源，集中开展实用技术和致富带头人等培训，加快贫困农户的劳动力转移培训，办好贫困户青年职业技术培训。增强就业创业本领，确保贫困家庭劳动力至少掌握一项实用技术，培训免除食宿和交通费用。鼓励农村富余劳动力发展非农产业，转移就业。开展"百社千企万人"就业行动，实现劳动力供给与需求有效对接。对长期跨省务工的农村贫困人口给予交通补助。对在外务工半年以上的农村贫困人口购买人身意外伤害保险。二是加强小城镇基础设施建设，提高承载能力，提供更多就业岗位，安置贫困劳动力进城就业。城镇公共服务岗位、企业用工等优先安排农村劳动力，对吸纳贫困人口的扶贫企业按规定享受税收优惠，就业岗前培训给予资金补贴。在城镇就业的农村贫困人口，享受与当地群众同等的基本公共服务。三是积极推进偏远的自然村向中心村和小城镇撤并。对退耕还林、还草的贫困户，根据需要实施"以粮济贫"，鼓励他们发展畜牧业。优先保证贫困乡村生态高标准农田、土地综合治理、小流域治理、生态修复等项目建设。

(三) 发展教育脱贫

对建档立卡贫困人口中因学致贫的108户226人（其中国标54户93人），实施教育扶贫工程，阻断贫困代际传递。合理布局农村中小学校，全面改善基本办学条件，加强寄宿制学校建设，提高义务教育巩固率。继续实施第二期学前三年行动计划。完善学前教育资助制度，帮助贫困家庭幼儿接受学前教育。全面落实农村义务教育阶段学生营养改善计划，对贫困家庭中小学生给予就餐补贴，对贫困家庭高中学生免除学杂费。加强农村教师周转宿舍建设，全面落实特困乡村教师生活补助政策。依托职业中学开展农村就业所需的专项职业教育，提高中等职业教育国家助学金资助标准。对高中及义务阶段学生减免学杂费、书费相关费用，由学校代交校服费、保险费及城镇医疗保险费等。对贫困学习进行资助，资助标准为：普通高中生每学年2 000元；职业高中生每学年2 000元；初中生每学年1 250元；小学生每学年1 000元；学前生每学年1 500元。为已考入大学的贫困生提供不需要担保或抵押的信用助学贷款，大学生每学年不超过8 000元，研究生每学年不超过12 000元，贷款期限最长不超过20年。加大对贫困家庭大学生的救助力度。对离校未就业的贫困家庭大学生提供就业支持。全面落实教育扶贫结对帮扶行动计划。

(四) 医保救助脱贫

对建档立卡贫困人口中因病致贫的94户198人（其中国标29户61人），实施健康扶贫工程，防止因病致贫、因病返贫。门诊统筹实现贫困农村全覆盖。贫困人口参加新农合保险个人缴费部分由财政给予补贴。贫困人口全部纳入医疗救助和重特大疾病救助范围。扩大纳入基本医疗保险范围的残疾人医疗康复项目。对贫困人口大病实行分类救治和先诊疗后付费结算制度。建立贫困人口健康卡。建立省市县乡医院结对帮扶机制。

完成贫困地区医疗卫生服务网络标准化建设。支持贫困地区实施全科医生和专科医生特设岗位计划。加强贫困地区传染病、地方病、慢性病等防治。全面落实贫困地区儿童营养改善、新生儿疾病免费筛查、妇女"两癌"免费筛查、孕前优生健康免费检查等重大公共卫生项目。

（五）社会保障兜底

完善低保制度，实施综合性救助，解决贫困户吃、住、学、医等困难，对无法依靠产业扶持和就业帮助脱贫的170户357人（其中国标170户357人），实行政策性保障兜底。进一步加强农村低保家庭经济状况核查工作，将所有符合条件的贫困家庭纳入低保范围，做到应保尽保。加大临时救助制度在贫困地区落实力度。加快完善城乡居民基本养老保险制度，适当提高基础养老金标准，逐步提高保障水平。提高农村特困人员供养水平，改善供养条件。

（六）一事一议帮扶

对上述"几个一批"无法涵盖的136户243人（其中国标136户243人）贫困人口，或突发因素致贫的特殊个案，可以通过一次性救助解困的，经有关机构认定后，采取一事一议的办法帮助其解决困难。对因灾致贫的，实施民政自然灾害生活救助、保险理赔和扶贫帮扶等渡过难关。对农村留守儿童、留守妇女、留守老人及残疾人等特殊群体，加强关爱、服务及救助。

五、发挥行业优势，加快城乡经济发展

充分发挥行业部门扶贫攻坚的骨干作用，围绕解决贫困地区的突出问题，采取特惠政策措施，加大精准扶贫工作力度，改善贫困地区生产生活条件，提升公共服务水平，强化脱贫攻坚的基础支撑。

（一）加快水利、交通、电力基础设施建设

全市涉农部门，围绕"脱贫"这一中心目标，集中财力、物力和人力，向贫困乡村倾斜，突出抓好以农村水、路、电为重点的基础设施建设。开展"五小水利"工程与小型农田水利建设，努力改造低产田；实施农村饮水安全巩固提高工程，解决农村饮水安全问题；推进农村道路建设，解决农村运输难的问题；实施农网改造升级，实现农村动力电网全覆盖。

（二）加快危房改造和人居环境治理

制定贫困乡村危房改造计划，提高贫困户补助标准，探索采取贷款贴息、建设集体公租房等多种方式，全面消除贫困户危房。以工代赈资金，优先支持贫困村山水林田路建设和小流域治理。以整村推进为平台，支持贫困村生活垃圾处理、改厕、村庄绿化美化等项目建设，打造"美丽乡村"。

（三）加快贫困地区特色农业发展

统筹涉农资金，重点支持经济效益好、带动能力强的食用菌、绿色有机稻米、中药材、棚膜经济等优势特色扶贫产业建设，提升品质，创建品牌，提高效益。形成一村一品、一乡一业的特色产业发展格局，建设一批贫困人口参与度高的特色产业基地。加快发展农村服务业，完善农产品流通网络和农业社会化服务体系，促进一、二、三产业融合发展，让贫困户更多分享农业全产业链和价值链增值收益。支持村级集体经济发展，增强新农村发展后劲。制定和完善龙头企业、专业合作社、家庭农场和种养大户等新型农业经营主体扶持政策。加强农业科技成果推广和对农民的技能培训，强化贫困地区人才支撑，完善科技服务体系和社会化服务体系。开展高层次人才精准扶贫基层行活动，培育科技示范户，培训扶贫创业致富带头人。

（四）加大金融扶贫工作力度

充分发挥金融部门脱贫攻坚主力军作用，用足用好金融扶贫政策。建立本级政府扶贫开发投融资中心，统筹承接扶贫开发项目贷款，支持贫困乡村开展水、电、路等基础设施建设及危房改造和产业发展。积极争取国家扶贫贷款，重点扶持带动贫困户脱贫的龙头企业、合作社等新型经营主体，优先支持贫困户发展生产。对农村信用社、村镇银行等金融机构向贫困户提供免抵押、免担保的小额信贷，由财政按基础利率贴息。加大创业担保贷款、助学贷款、妇女小额贷款、康复扶贫贷款实施力度。支持农村开展金融创新，培育发展农民资金互助组织。支持在我市设立小额贷款公司，最低注册资本标准减半执行。鼓励农业信贷担保公司等政府性融资担保机构，对贫困乡村农民创业按时还贷的返还担保费。扩大农业保险覆盖面，积极开展特色农产品保险和农产品价格保险。贫困户农业保险保费个人承担部分，由省级财政全额补贴。

（五）加大科技扶贫工作力度

加大科技引进力度，促进先进实用技术成果在农村应用，解决特色产业发展和生态建设中的关键技术问题。推行科技特派员制度，支持科技特派员开展创业式扶贫服务。鼓励支持各类人才扎根抚远，在职称评聘、福利待遇等方面给予政策倾斜。健全农民创业服务体系，强农惠农政策和农业补贴项目向创业农民倾斜，鼓励和支持贫困农民创业。

（六）加大沟通协调工作力度

积极争取革命老区、民族地区、边疆地区的扶持政策，落实革命老区支持意见，争取扩大对我市的财政转移支付规模。实施少数民族地区综合扶贫工程，改善边疆民族地区中小学办学条件，健全和完善双语教学体系，加强民族地区师资培训。继续实施兴边富民行动，完善边民补贴机制，扩大补贴试点范围，集中改善边民生产生活条件，使边民安心守边、固边。

六、动员社会力量，合力推进脱贫攻坚

（一）落实领导包保责任

强力推进"领导干部脱贫攻坚帮扶责任制"，从2016年开始，全市21名处级以上领导承担包乡、包村、包户任务，指导帮扶乡村开展帮扶工作；全市98个单位585名科级干部承担68个村745户1 446人贫困人口帮扶任务。实行"规划到户、责任到人"，结对帮扶，一定三年不变，不脱贫不脱钩。各帮扶责任人，通过采取"一村一策、一户一法"等综合扶贫措施，确保被帮扶的贫困人口到2018年人均可支配收入达到8 000元以上，实现贫困村"六有"和贫困户"八个确保"工作目标，全部贫困人口彻底脱贫。

（二）组建驻村工作队伍

按照《抚远市脱贫攻坚"规划到户、责任到人"帮扶工作实施方案》（扶办发〔2016〕2号）的包村工作安排，由包村牵头单位一把手为队长，成员单位一把手、乡镇政府包村干部和村联络员为成员，组成驻村扶贫工作队。原则上，每个驻村工作队由牵头单位、成员单位乡镇包村干部和村支部书记四部分组成。由市、乡、村组成的驻村工作队，形成合力抓好驻村帮扶工作，务求实效。牵头单位任驻村工作队队长，负总责。

（三）动员社会各界参与

加大宣传力度，多渠道动员社会各界，通过不同形式参与扶贫。积极争取国家、省定点帮扶单位的支持。出台优惠政策，大力实施招商引资，面向贫困地区引项目、引资金、引人才。鼓励支持民营企业、社会组织、个人参与扶贫开发，引导社会扶贫重

心下移，实现社会帮扶资源与精准扶贫有效对接。支持村企共建模式，鼓励企业通过到贫困地区投资兴业、合作共建、捐资捐助等形式，开展包乡包村扶贫。倡导扶贫志愿者行动，在贫困村构建扶贫志愿者服务网络。组织在春节等重要节日向贫困群众送温暖、献爱心活动。鼓励动员各界社会力量通过"春蕾计划""妇女两癌救助""贫困妇女儿童救助""特殊儿童救助"等公益平台帮助贫困妇女和儿童。加强社会扶贫信息服务网络建设，搭建社会扶贫平台，全面及时公开扶贫捐赠信息，提高社会扶贫公信力和美誉度，探索发展公益众筹扶贫。按照国家税收法律法规及有关规定，全面落实扶贫捐赠税前扣除、税收减免等扶贫公益事业税收优惠政策。

七、建立督导机制，规范帮扶工作行为

（一）建立完善工作考核制度

按照黑龙江省脱贫攻坚工作考核办法，在市脱贫攻坚领导小组领导下，市督导组下设督导综合组、乡镇督导组2个工作组。市督导组下设督导综合组、乡镇督导组2个工作组，围绕精准扶贫和脱贫攻坚，定期开展综合考评。

（二）建立完善监督约束机制

实行最严格的工作督查问责，建立年度脱贫攻坚报告和逐级督查制度，对重点部门、重进行联合督查，对落实不力的部门，市脱贫攻坚领导小组办公室要向市委、市政府报告并提出责任追究建议，对未完成年度减贫任务的部门，要对党政主要领导进行约谈。

（三）建立完善驻村工作制度

全市按照"市领导包乡、部门包村、干部包户"模式，深入落实部门帮扶制度、驻村扶贫工作队制度和下派第一书记促进扶

贫制度。全党总动员，全市干部齐上阵，形成全市上下一心抓脱贫的工作局面。

（四）建立完善金融扶贫机制

采取综合性措施，鼓励和引导商业性、政策性、开发性、合作性等各类金融机构加大对扶贫开发的金融支持。做好与国家开发银行、农业发展银行的衔接工作，承接专项建设基金、地方债和政策性贷款，以易地扶贫搬迁为切入点，以扶贫规划为遵循，向整村推进、产业扶贫等领域拓展，实行与其他业务物理隔离、封闭运行，确保各渠道资金专款专用、协调联动。

八、加强组织领导，保证帮扶职责落实

（一）落实脱贫攻坚领导责任

市委、市政府承担起脱贫攻坚的主体责任，做好精准识别、进度安排、项目落地、资金使用、人力调配、推进实施等工作。成立由市委和市政府主要领导任双组长的脱贫攻坚领导小组，落实党政主要领导第一责任人制度。市委、市政府同各扶贫部门和各乡镇签订责任书，层层压实责任，层层传导压力。市直各部门要按照部门职责落实扶贫开发责任，实现部门专项规划和脱贫攻坚规划有效衔接，充分利用行业资源做好脱贫攻坚工作。各级领导干部要自觉践行党的群众路线，切实转变作风，把严的要求、实的作风贯穿于脱贫攻坚始终。

（二）强化扶贫机构队伍建设

建立扶贫专干、扶贫专员制度，各乡（镇）都落实了扶贫"专干、专员"，各部门也设立扶贫专干，扶贫办统一协调，建立起了沟通迅捷、运转高效的组织管理机制。加强乡镇班子建设，提高乡镇班子履行脱贫责任的能力，落实专职干部具体负责本乡镇扶贫开发工作。加强村级两委班子建设，强化基层

脱贫致富带头能力。加强与精准扶贫工作要求相适应的扶贫开发队伍建设,充实配强扶贫开发工作机构,解决实际困难,提高工作水平。

(三)做好脱贫攻坚宣传工作

坚持正确的舆论导向,全面宣传我市脱贫攻坚取得的成就,准确解读党和政府扶贫开发的决策部署、政策措施,及时、生动、准确报道各地各部门精准扶贫、精准脱贫的好经验、好做法,以典型促进工作。加强贫困群众思想教育引导,大力弘扬自力更生、艰苦奋斗、勤劳致富精神,让群众的心热起来、劲鼓起来、行动上积极干起来,依靠辛勤劳动改变贫困落后面貌。大力宣传打赢脱贫攻坚战的重大意义,加强对重视不够、措施不力、工作落实不到位的地方和部门的舆论监督,营造全社会关心扶贫、支持扶贫、参与扶贫的良好氛围。

第四节 脱贫攻坚办法

一、领导带头 以上率下

市委做出硬性规定:市委书记、市长要走遍所有村屯,主管副书记、副市长要走遍所有贫困户、边缘户。包括市委书记在内,所有市级干部每周至少驻乡办公一天,亲自到一线解决问题;驻村工作队所属的包村单位负责同志,每月至少住村4天,负责推进帮扶工作。

二、党建先行 带动基层

坚持党对脱贫攻坚领导到基层,全市建立处级党员领导干部党建联系点30个。29个重点村全部派驻第一书记,明确为村党支部第一责任人。团结带领村两委和农村党员积极做好政策宣传落实、发展生产经营、矛盾调查化解、贫困人员生活照顾等实际工作。让农村基层党组织和农民党员真正走进群众、服务群众，把党的温暖直接送到群众身边。

三、配强选准　组优队伍

选派最优秀的干部驻村，由单位副职干部担任驻村工作队长。工作队长干不好的，直接由单位一把手替换。全市共派出工作队员317名，完全与本单位工作脱钩，他们与村民同吃同住，用真心换民心，做群众信任和依赖的扶贫人。

四、对接帮扶　全面覆盖

实施"4321"帮扶工程，厅级干部包保4户，处级干部包保3户，帮扶单位一把手包保2户，科级和后备干部包保1户，全市304名干部实现"一对一"帮扶。

五、激励用活　保障得力

市委明确要求突出扶贫工作考核结果运用，在脱贫攻坚中考察选拔干部，让实干者有奔头；落实驻村工作队经费2万元/年，兑现工作队成员生活补贴50元/天，要求各单位优先保障驻村工作队工作所需，使驻村干部能够安心努力工作，工作队员每人每月驻村工作20天以上。

六、培训考核　提升业务

分别开展处级干部、包村单位一把手、驻村工作队员、帮扶责任人考试评分，对不及格者进行补考，将考试成绩在市电视台和政府网站进行通报，累计培训驻村工作队及各级扶贫干部6 000余人次，使全市干部政策把握能力明显增强，工作落实更加到位。

七、发现问题　随查随改

突出问题导向，建立问题台账，实行销号制度，对工作不力干部及时谈话提醒、批评教育。采取约谈、通报批评、查办案件、纪律处分、诫勉谈话等手段，随时解决问题。

八、扩大宣传　营造氛围

全市设立了240个脱贫攻坚微信群，入群人数包括四个工作体系和各乡（镇）场干部及各村村民共计16 194人，分分秒秒传递动态，时时刻刻解决问题。在市电视台和政府门户网站开辟了脱贫攻坚专栏，城乡共安装宣传展板427块、宣传牌503块，悬挂条幅标语997处，粉刷文化墙54块。持续加强政策宣传，在农户家中张贴脱贫攻坚明白栏15 484张，发放连心卡10 827张、《致广大村民的一封信》12 105份、扶贫知识宣传单33 037份、健康扶贫政策解读小手册5 000份，扶贫干部入户宣传39 000余次。努力做到让农村群众知晓政策无盲区，让贫困人员享受政策无疑义。

第五节　脱贫攻坚政策

为确保精准扶贫取得实效，出台了《抚远市扶贫政策32条》，从政策层面建立精准扶贫保障机制。

一、民政扶贫政策

将完全丧失劳动能力和部分丧失劳动能力，且无法依靠产业就业帮扶脱贫的建档立卡人口纳入低保范围，进入低保的建档立卡户享受取暖补贴每户每年200元。

困难残疾人生活补贴每人每月80元，重度残疾人护理补贴每人每月100元。纳入低保的建档立卡家庭失能老人护理补贴每月150元，半失能老人护理补贴每月100元。残联免费提供辅助器具（轮椅、拐杖），协调定点医院医生上门为其办理残疾人证。

二、健康扶贫政策

完善百名医师包村联户制度，对全市建档立卡人口开展签约服务。全面做好建档立卡贫困人口健康体检、疾病筛查和建档救治工作。

将农村建档立卡人口作为医疗救助对象，参加基本医疗保险个人缴费部分给予资助。其中对特困供养人员参加基本医疗保险个人缴费部分给予全额补贴。

门诊统筹政策：不设起付线，政策范围内报销比例为95%，每人每年报销封顶线为200元。

门诊慢性病政策：（1）尿毒症透析、异体器官组织移植术后抗排异治疗、恶性肿瘤放化疗、血友病、慢性再生障碍性贫血、糖尿病、精神病、冠心病、急性脑梗死及自发性脑出血恢复期、ⅡⅢ期原发性高血压、肝炎后肝硬化、慢性肾小球肾炎、类风湿性关节炎、肺结核、病毒性肝炎、肾功能衰竭、帕金森氏病、慢性心力衰竭、慢性阻塞性肺部疾病、风湿性心脏病、癫痫、系统性红斑狼疮共22个病种，年定额标准在城乡居民门诊慢性病定额基础上增加200元，恶性肿瘤放化疗增加3 000元，60岁以下人员报销比例65%，60岁以上（含60岁）人员的报销比例为70%。（2）尿毒症透析，政策范围内药费、化验费、透析费报销比例为75%，年最高封顶线为7万元。

住院治疗政策：乡镇卫生院起付线100元，政策范围内医保报销比例为97%，剩余自费部分由政府予以补贴；一级医院起付标准300元，政策范围内医保报销比例87%；市级定点医院起付标准400元，政策范围内报销比例为80%；省内定点医院起付标准为1 000元，政策范围内报销比例为65%；跨省转院起付标准为1 500元，政策范围内报销比例为55%；未办理转诊手续的起付标准为1 500元，政策范围内报销比例为45%。

大病保险政策：建档立卡人口大病保险起付标准降低50%（由10 000元减少至5 000元），住院报销比例为57%，不设封顶线。

医疗救助政策：不设立起付线，经基本医疗保险、大病保险报销后的政策范围内费用报销标准为：在本市定点医疗机构就诊的，救助比例为80%，转外患者报销比例为70%；普通疾病年救助封顶线为20 000元，恶性肿瘤等重特大疾病年救助封顶线是30 000元；门诊费用救助比例70%，年封顶线为600元。

建档立卡人口就医时用于治疗的甲类药品和甲类诊疗项目全部纳入城乡居民基本医疗保险，按规定比例支付；乙类药品和乙类诊疗项目需个人先自付15%，再按照规定的比例支付。自付部分由政府予以补贴。

建档立卡户在市人民医院、中医院就诊均实行"一免五减"政策，即：挂号费免收，诊查费、检查费、检验费、手术费、床位费均减免10%，如住院实行"先诊治后付费"。

三、教育扶贫政策

学前教育阶段，对符合入园年龄的建档立卡家庭儿童予以资助，资助标准每生每年1 500元。

义务教育阶段，对建档立卡家庭义务教育阶段学生给予生活补助，初中生每生每年2 250元，小学生每生每年2 000元，减免学杂费、书费相关费用，由学校代交校服费、保险费等。

普通高中教育阶段，对建档立卡家庭的全日制普通高中学生进行资助，资助标准为每生每年5 000元，减免学杂费、书费相关费用，由学校代交校服费、保险费等。

中等职业教育阶段，对建档立卡家庭的中等职业学校全日制学生给予国家助学金，资助标准为每生每年4 000元。

高等教育阶段，对已考入大学的建档立卡家庭大学生无偿提供助学金每生每年10 000元；为当年被全日制大专以上院校（含独立学院和民办高校）录取的建档立卡家庭大学生办理国家生源地信用助学贷款，大学生每学年不超过8 000元，研究生每学年不超过12 000元，贷款期限最长不超过14年。

中、高等职业教育阶段（雨露计划）：在校就读的建档立卡学生补助标准为每生每年3 000元。

四、就业帮扶政策

林业看护员、湿地观察员、村庄保洁员及各单位、乡（镇）村屯等用工岗位优先安排给有劳动能力和就业意愿的建档立卡人口。

分类就业扶贫及补贴。加大对农村新成长劳动力技能培训，并根据培训项目分类分别给予每人每年300元、600元、1 500元资金补贴；对创业带头人培训（雨露计划），免除食宿和交通费用。

对外出务工的农村贫困人口由市财政给予交通补助。

五、产业扶贫政策

实施产业项目带动政策。发挥合作社、光伏产业、乡村旅游、黑瞎子岛旅游、边贸互助等产业项目作用，带动贫困户增收。

六、安居扶贫政策

对建档立卡户的危房改造给予政策补贴。（1）D级危房改造补贴28 000元；（2）C级危房改造不高于60平方米，每平方米补贴240元；（3）危房拆除不建的补贴18 000元；（4）租房补助、孝善奖补1 500元/年，补助10年。

根据建档立卡户意愿，如果进城买房，可享受城市棚改居民购房价格。

根据无房建档立卡户意愿，可按廉租房标准支付租金，房源为亮子新村和各乡（镇）、村闲置房。

七、金融扶贫政策

扶贫小额贷款：农业银行、农商银行、工商银行对符合贷款条件的建档立卡贫困户提供5万元以下、1—3年期限、免担保免抵押、基准利率放贷、财政贴息的小额扶贫贷款。

农业发展银行发放农村基础设施建设扶贫贷款、棚户区改造贷款、光伏扶贫贷款和旅游扶贫贷款，支持农村改善生产和生活条件，发展扶贫产业和教育扶贫事业。

八、保险扶贫政策

政府为符合条件的建档立卡贫困人口代缴农村养老保险最低标准的保费，每人每年保费200元。

政府为建档立卡人口代购人身意外保险，每人每年保费30元。

政府为建档立卡户自有并居住的房屋代购农村住房保险。

对建档立卡户从事农业生产的贫困户，保费个人承担部分，由政府全额补贴。

九、产业奖补政策

对务工和自主发展产业增收项目、种植加工等小型产业项目，年增收2 000元以上的贫困户给予奖补政策，每户每年500元。

十、"一事一议"政策

对出现偶发性困难的农户，由乡（镇）、村、工作队共同提出有针对性的帮扶措施，按照程序申报、审批，及时给予帮助，并开展应急性救助。

第六节　脱贫攻坚成果

抚远1994年被列为国家级贫困县，经过24年的不懈努力，到2017年底，建档立卡户371户670人绝大部分脱贫。未脱贫人口减少到34户67人，贫困发生率0.21%。2018年8月17日，国务院扶贫办在北京举行新闻发布会，向中外媒体介绍了抚远等40个贫困县的退出情况，抚远市以群众满意率全省第一的成绩顺利实现脱贫摘帽。经过2018年持续帮扶，抚远市剩余的34个贫困户，全部达到脱贫标准。2019年，未出现返贫和新增贫困人口。

一、突出的攻坚成果受到一致好评

在艰难的攻坚路上，按照"六个精准""五个一批"要求，牢牢锁定攻坚目标，下足功夫精准发力，实现了脱贫路上"不漏一户，不落一人"的攻坚目标，成为全省首批"脱贫摘帽"县

（市），"32条扶贫政策"、"共享账户"、"孝善基金"的创举，受到国家和省、市考评组的一致好评。

一是整合扶贫资源，发挥专业扶贫、行业扶贫和社会扶贫的作用，加强金融扶持，投入8 000多万元，提前消除贫困。

二是突出产业扶贫支撑，集中使用产业收益300多万元，600多名建档立卡和特殊人口受益，人均增收3 000多元。

三是改善乡村环境，大力推进农户"厕所革命"。加快改造农村公路，积极开展乡村环境综合整治大会战，不断刷新村容村貌，为全面推进乡村振兴打下坚实基础。

四是实施饮水安全工程，出台《抚远市农村饮水安全工程实施方案》，筹集4 966万元资金，用于饮水安全治理。

五是实施"三通三有"建设，出台《抚远市道路建设及通班车工程实施方案》《抚远市健康扶贫工程实施方案》《抚远市贫困村文化室、卫生室、村办公室、建档立卡贫困户安全住房保障实施方案》等文件，使29个贫困村均接通硬化路、有线电视和宽带，均有文化活动场所、卫生室和医务人员，全部实现了"三通三有"的扶贫目标。

二、新颖的帮扶形式收到明显成效

一是建立爱心超市，增加保障渠道。动员社会力量，打造了"社会众筹互动平台"，将社会捐赠的物资统一管理，重点保障粮食、衣物和生活用品供应，为每位贫困户定期发放爱心卡和代金券，免费按需领取吃穿用品。2018年，全市共接受社会捐助服装鞋帽被褥等日用品10 075件（套），米面油折合人民币价值90余万元，爱心超市在社会扶贫和贫困需求对接中发挥了独特作用。

二是拓宽就业渠道，245名建档立卡人口被聘为护林员，人均增收4 000元，325名建档立卡人口被聘为保洁员、安全巡护员等，人均增收2 000元。

三是实施新型经营主体带动战略，组织全市200多个家庭农场，100多个农民合作社帮扶贫困户，带动100多户400多名贫困人口走出了困境。

四是建立共享账户，助力贫户增收。将政府可支配的资产资源收益作为"共享资金"，纳入共享账户统一管理，同步建立共享账户与贫困户联结机制，按贫困户收入情况做好统筹分配，使每个贫困户都能通过"共享资金"实现增收。2018年"共享账户"共计收益418.95万元，发放合计206.76万元，人均受益3 000余元。新华社以"东极"抚远："共享账户"为贫困户"分红"为题，对抚远市以共享发展理念助力脱贫攻坚的做法给予了广泛的宣传。

三、有力的防控措施得到共同认可

脱贫摘帽后，巩固提升又成为脱贫攻坚的工作重点，在专项推进工作中，市委市政府积极探索防止脱贫户返贫的防控办法，积极探讨控制贫困发生率的有效措施，创新工作实践，防控成效得到了帮扶人和被帮扶人的共同认可。

一是用好奖补政策，激发内生动力。实施勤劳增收奖补办法，贫困户靠自身劳动年度增收2 000元以上的给予500元奖励，鼓励他们通过庭院种养、加工制作、打工等力所能及的方式主动增收。2018年为214户自主年增收2 000元以上的贫困户发放了奖励，并对28名不等不靠、勤劳致富的贫困户进行公开表彰。

二是做好"防滑"帮扶，防控"边缘户"入贫。在做好帮扶贫困户工作的同时，时刻关注容易致贫的边缘户，对他们也同样安排"一对一"帮扶，因户施策、积极应对，全力防控边缘户滑入贫困行列，严格控制贫困发生率。

三是搞好环境整治，整合资金推进农村基础设施建设。开展环境整治行动，安装路灯1 626盏，花草绿化45万平方米，硬化边沟2.1万米，围栏改造2.42万米。实施"厕所革命"，建设室内厕所500个，所有行政村全部建设了垃圾填埋场，配备了保洁员，切实解决农村环境脏乱差问题。

四是抓好党建引领，与基层党建相结合。紧扣农村基层党组织建设质量提升三年行动，按照"四有"标准（有好的领导和带头人、有活动场所和经费保障、有主题和实践载体、有培训和管理），新建、扩建和修缮活动场所46个，78个远程终端站点设备更新率达到100%；实施"头雁培养计划"，结合村"两委"换届，一次性成功选举出村党支部书记49人，培养135名后备干部和47名党员致富带头人，基层党组织的战斗堡垒作用和党员先锋模范作用得以充分体现。

第七节　巩固提升任务

以巩固提升为目标　坚持摘帽不摘责任，摘帽不摘政策，摘帽不摘帮扶，摘帽不摘监管；继续加大扶贫开发力度，优化整合扶贫基金，大力实施精准扶贫，确保脱贫户不返贫；持续巩固贫困村"三通三有"和贫困人口义务教育、基本医疗和住房安全"三保障"；确保统筹城乡区域发展得到不断提升，农村产业结构调整取得重大突破，农民生产生活条件得到不断改善，农民收入不断增加；确保贫困发生率控制在1.5%以内。

以精准施策为职责　继续逐村逐户制定扶贫规划和差别化措施，重点加大农业、养殖业等开发扶贫力度，实施整村扶贫开发工程，不断增强巩固提升内在发展能力。分类扶持脱贫户，对有劳动能力的支持发展特色产业和转移就业，对湿地周边等生态脆弱地区实行生态保护扶贫，对丧失劳动能力的实施兜底保障，为因病致贫提供医疗救助。继续加强贫困地区村级公路、农田道路、水利、电力等基础设施和公共服务设施建设。加大扶贫培训力度，全面提高贫困地区综合生产能力和农民素质。改革扶贫资金管理，提高扶贫资金使用效率。落实扶贫责任，引导和鼓励社会力量以多种形式参与扶贫开发。

以乡村振兴为统领 把"有能力"的"扶起来"，按照"一户一策"的思路，积极帮助有条件的脱贫户实现就业，发展庭院经济等帮扶产业，不断增加收入；把"扶不了"的"带起来"，针对部分脱贫户缺乏劳动力，难以自我发展的实际，由政府帮助贫困群众以产业扶贫资金入股，由有关企业、合作社和致富能人、党员干部带动其创收；把"带不了"的"兜起来"，聚焦完全丧失劳动能力及因病、因残新发生的贫困户，在落实国家普惠性社会保障政策的基础上，统筹整合光伏发电、蔓越莓基地、合作社收益、边民互贸、旅游开发等产业收益纳入共享账户。确保这部分贫困群众年人均增收3 000元以上，实现稳定脱贫，努力形成巩固提升促进乡村振兴的农业农村工作新常态。

附 录

一、地名浅释

抚远一带，远古时期就有人居住，遗留下的一些令人捉摸的地名。这里仅就《抚远县志》和《抚远史料选编》等资料集成简介，谨供参考。

（一）伊力嘎（依力噶珊）

抚远旧称。伊彻满语意为"花"，赫哲语释为"沙滩"或"金色的渔滩"。"噶珊"为村屯之意，所以抚远在设治之前应称"依力""依里""依勒"当不误。几种说法综合起来理解为"山花烂漫的滩头渔村"较为贴切。

（二）抚远（绥远）

绥者，安抚也。远者，地处边远也。抚远（绥远）乃镇抚边疆，绥抚远人之意。清末（1909年）在东极设治时立名"绥远"，亦可谓朝廷之用心旨在绥抚边民。绥抚同义，1929年易"绥"为"抚"，除含义不变外，也是沿用了旧称。唐朝时的渤海抚远府曾位于这一带。

（三）抓吉

在清末之前是指位于乌苏里江东岸的抓金山下的一个屯子，时称抓金屯。后来被大水冲毁，居民大部分迁居到江西岸现址居住，并将原屯名"抓金"带了过来，以后逐渐演变为抓吉屯；抓吉系赫哲语"蕞尔吉"的转音，是祈祷神灵的颂语。也有人认为是伊彻满语"长木头垛"之意。

（四）浓江

河名。一说认为"龙江"一词演变而来，因其河上往来之蛇较多而称为"龙江"（民间称蛇为小龙）；一说认为浓江之浓，赫哲语为"绿色的山谷"，赫哲人称绿色为"尼乌格步力"，浓江里即此音转。此外，浓江之浓，满语也是绿色的意思。

（五）海青

明代称海楚，原音"海楚洪"，伊彻满语意为"小锅"。名称由来推测可能源于本地历史上为著名渔场，渔民搭窝棚支小锅做饭，因而得其名；也有人认为"海青"一词系汉语词被少数民族引用。海青，是古代帝王猎捕天鹅时所用的大雕，即海东青之简称。因古时海青出产海东青并作为海东青的聚散地而得名。

（六）别拉洪河

赫哲语释为"甩弯子"，河道位于沼泽区，河床不规则，在延伸中拐弯较多，故称。伊彻满语意为大水漫流之河，又作圈河，即泡沼相连的河，水大则漫散。

（七）毕尔窦河

伊彻满语意为"水淀"或"积水泊"，该河为别拉洪河的支流。

（八）国富镇

国富镇一名系借用而来，因此处乌苏里江东岸苏联境内有村落称"云南果夫"，遂称本屯为国富镇。1948年以后，该屯居民迁至现四合村，原屯废弃。

（九）瓦盆窑

民国期间，有一户汉族人在此处烧制泥瓦盆，销往东安镇、国富镇一带，伪满时期破落，遗留地名。

（十）蒿通

原音"霍吞"或"霍通"，伊彻满语意为"城"。该处原为古城遗址所在，1940年前后，被江水冲刷掉了。在阿布胶河口北8公里，正对苏联维诺格拉多夫卡。

（十一）和罗

即海青乡大岗一带。和罗在满语中意为山之"谷"或"壑"，因此处正对乌苏里江东岸和乐河口而得名。

（十二）乌苏里昂阿卡伦

该址位于抚远三角洲（黑瞎子岛）东北端，濒临黑乌两江汇流处，昂阿，伊彻满语"口"或"嘴"意，卡伦，哨卡的意思。乌苏里昂阿卡伦，即乌苏里江口哨卡。

（十三）生德库

原名生牛库，"土改"时嫌此名不好听，改为生德库。满语，渔亮子之意。

（十四）黑龙江

满语叫萨哈连乌喇，因黑龙江水黑，古名黑水，土人亦称黑河，北史谓之完水，唐书谓之室建河，至辽史始有黑龙江之称，金时又称混同江。

（十五）乌苏里江

伊彻满语为"下游"的意思，译成汉语即下游的那边。又作"下江"的意思。乌苏里江明代称"阿速江"，又作亦速里河，清光绪年间称乌子江、戊子江，后改称乌苏里江。

（十六）抚远镇

1909年设治时期称伊力嘎，1919年称第一区伊力嘎，1929年称第一城区，1941年称抚远村，1949年称抚远街，1952年称抚远镇。其前身虽然已言明，却也非平常。城南的亮子油库有原始村落遗址，城东有明代所建的莽吉塔城站遗址。1919年，时任县知事高铎根据居民和商人的建议，上书陈述县治迁入"黑瞎子岛"之利，未准；五十年代后期，县址一度迁往同江镇，但曾几何时却又搬了回来；1969年中苏边境局势紧张，为安全起见，曾设想迁至寒葱沟，未成。如此这般，抚远镇仍为抚远的政治、经济、文化中心。

抚远镇三面环山，一面临水，紧凑的山城，井然的街市，给人以袖珍之感。有玩笑者云"一袋烟的功夫蹓完抚远街"，并不夸张。若问有什么特色，且不说破冰垂钓的渔翁，穿冰鞋自由滑行的孩童，孤零零鹤立鸡群的楼房，高耸的锅炉烟囱。单讲讲滑溜溜一街冰雪，时而铜铃叮当，马蹄得得，鞭花响爆，便有大翘头爬犁驶来，执鞭者头顶"孬头"皮帽，美滋滋载人载货。每近年时，百货、饭馆、旅店，甚至政府门前，卸套的马儿慢嚼爬犁上的羊草，恰是画家、摄影师的难得题材。随着时代的推移，20世纪60年代后，抚远镇日见其大，表现是，市政布局已有了西山、沿江、发电厂、砖厂、反修队、东粮库、新区等区域划分。如你工作在江边，家住新区，上班的路途不住脚的走，也需半个时辰。抚远镇，你说什么没有？只是规模小，数量少而已。如："百货"，但无"二百""三百"之分。是个地地道道的袖珍县城。打比方，抚远镇是个罗裙冠钗的村姑娘；再打比方，也像个精选粮物的大簸箕，簸呀簸，扬弃了不适，沉积了精华。

（十七）乌苏镇

旧称窝集口，又名交界牌（即与俄罗斯交界的地方，从前曾于江边竖着"耶"字界石标牍，证明乌苏里江此处以主航道中心线为两国领属分界）。具有边、老、小、早的特点。

边，是华夏东极边徼。位于抚远水道下口，西距抚远镇约35公里，南距乌苏镇政府约10公里，北临抚远三角洲（黑瞎子岛），东与俄罗斯"卡杂科维茨沃"（二站）隔江相望。

老，是百年渔业捕捞滩地和中苏边贸古镇。据史料记载，1875年以后，乌苏镇就是抚远重要的渔业捕捞滩地，每到春秋两季的鱼汛期，这里便成了最热闹的地方。白天渔歌阵阵，夜间渔火点点，一派繁忙景象。民国初年乌苏镇有福茂源、亿中立、广兴玉、裕丰泰、同茂巨、福巨昌、荣香九、元增盛、同巨酒庄等10余家小商号。有警察区分所和税捐分局各1处。据熊知白所著《东北县治纪要》记载，届时乌苏镇"户数二十，人口一百五十人。近年居民有自山东烟台移至者。杂货店十余户，均为苏式建筑，规模不小，货品颇丰富。来此购货者，以移住在左岸之朝鲜农民及俄国人为最多，故商业较活泼。是全以对岸苏领地为商业范围"。

小，是世界上少有的袖珍小镇。区划面积约500公顷，建筑物（码头、道路、房屋）占地面积仅24公顷，不仅面积小，而且人口少。1920年9月以后，由于兵灾匪祸，乌苏镇10余家小商号先后破产。镇中居民相继迁到他乡另谋生路。1929年中东路事件暴发后，9月6日下午1时，苏联远东军在两架战机和四艘舰艇的炮火支援下，向中国乌苏镇发动全面进攻，中国东北军第九旅四十二团二营两个连的官兵奋起抵抗，但终因寡不敌众，战斗至傍晚，乌苏镇失守。两个连队百余人全部阵亡，乌苏镇在苏军炮火中变成一片废墟。日伪统治时期，只有到了大马哈鱼汛期，才允许渔民来乌苏镇滩地捕鱼，渔期过后，仅剩有伪警察在这里值守。解放后，乌苏镇作为渔业捕捞滩地一直没有定居住户。20世纪80年代初的"镇长"老张1家3口人，系抚远渔场职工户，因年迈退休后，渔场又指派继任者老韩孑然一身，既是镇长，又是镇民。平时，这里仅有边防兵的巡逻脚步声，只有到了春秋鱼汛期和旅游团队到来时，小镇的寂静才被打破。现在，这里也仅有哨所、码头、宾馆、船管站、东极广场各一处。

早，夏至时节，日出的时间在凌晨2时—2：10时之间，此时，祖国大地的绝大部分人还在甜美的梦乡，而乌苏镇已经见到了昧旦到质明的日出过程，金轮荡漾，美不胜收。

1984年8月中旬，中共中央总书记胡耀邦为乌苏镇边防哨所题写了"英雄的东方第一哨"八个大字。1986年8月，镌刻胡耀邦题词的大理石纪念碑在哨所院内落成，碑身由墨绿色大理石拼镶而成，高2.5米，长6米，宽0.42米。碑座用花岗岩分级砌成。占地约140平方米。碑的背面刻有1986年黑龙江省顾问委员会主任陈雷的题诗："振国卫东疆，神州日月长，乌苏壮甲士，故垒若金汤。" 2005年8月改建，碑身为一面迎风招展的国旗，昭示着祖国神圣的主权不容侵犯；像一艘破浪的航船，承载着和平与发展的美好愿望；像一团熊熊的火炬，预示着五千年的华夏文明生生不息，代代相传。2014年，抓吉镇更名乌苏镇，这里只有称之为"乌苏镇哨所"，才能与乌苏镇政府区分开来。

乌苏镇哨所

（十八）黑瞎子岛

又名"抚远三角洲"（俄称大乌苏里岛），位于黑龙江、乌苏里江汇合处，两江主航道中心线中国一侧，距通江乡小河子村东北2公里。该岛由于呈不规则三角形，故名抚远三角洲，又因早年这里常有黑瞎子出没而俗称黑瞎子岛。地理坐标为东经134°25′19″至135°04′48″，北纬48°16′38″至48°27′03″。该岛由3个岛系93个小岛组成，是黑龙江流域最大的江岛，是祖国最早迎接太阳的岛屿。岛长约6万米，最宽处约1.5万米，总面积约为335平方公里，相当于70个钓鱼岛，500个珍宝岛，比新加坡的国土面积略小一些。黑瞎子岛平均海拔40米，距中方岸边约100米，距俄岸约250米。此岛扼黑、乌两江正流通路。明朝太监亦失哈从1413年至1432年，曾先后10次率大规模船队，经此岛东北侧到黑龙江下游巡视，并在黑瞎子岛东北部设有古驿站，名"药乞站"。是海西东水陆驿站之一。

黑瞎子岛自古以来就是中国领土。乾隆年间，清政府在此岛上设3个村屯，即摩噶乌珠噶珊、穆克德赫噶珊和乌苏里昂阿卡伦。

1901年，中国居民有15户住在岛上瓦盆窑、达子营、黑瞎子通等地，从事农业和渔业生产。

1909年，绥远州设治后，便在该岛征收柴草税。第二任知州春融首次在绥远城办学时，学童均从该岛招收。1913年绥远州改称绥远县后，曾酝酿把县治迁至黑瞎子岛上。

1911年，沙皇俄国公然禁止中国船舶沿黑瞎子岛外侧的黑龙江、乌苏里江两江主航道航行，清政府对此提出了严正抗议。1929年中东路事件后，苏方强行驱逐岛上中国居民，公然霸占了此岛，控制了北面黑龙江与东面乌苏里江的全部水域，并在岛上建有牧场和军事设施。在银龙岛、北代岛及东正教堂处分别建有5个边防哨所。沿中国侧岛边设有铁丝网约40公里，抚远水道上下口都有俄方炮舰驻守。俄方在岛上还建有2个农场：一个在岛中北部黑龙江南岸，建有楼房15栋（多为5层），1个厂房，1个水塔，3个大烟囱，4个立式油罐，1个俱乐部；另一个在岛中东部，开垦耕地6 074公顷，修建了2~6米高的防水堤坝31.6公里和环岛公路；在明月岛上建有阿穆尔航道局和修船厂，7栋楼房（均为2层），多个平房，1个水塔，1个烟囱。在抚远水道与乌苏里江汇合处北岸，俄方建有一座高28米的东正教堂，附近还有一处小型直升机场；在银龙水道中部修筑了一条拦河锁坎；在乌苏里江上诺沃村附近建有上岛舟桥，共有浮舟107个，全长800米，舟桥两端有固定桥墩。舟桥合拢时，桥上可通汽车，舟桥打开时，水上可通舰船。

1949年以后，我方尚可绕黑瞎子岛北、东进入乌苏里江逆流行船而上。在三年困难时期，物资匮乏，航船用柴油供应紧缺，而绕黑瞎子岛的船舶由抚远至饶河需要走一昼夜时间还多，如此"费油"很不划算，于是经有关部门批准，改航于抚远水道。时间久了反倒成了惯例，苏联方面遂在抚远水道北端黑龙江处与乌苏里江江口处各驻一艘白色炮艇，至此结束了中方船舶绕黑瞎子岛而行的历史。后来苏方黑瞎子岛与哈巴罗夫斯克市之间架设了一道活动浮桥，行船时打开，不行船时合拢可通行汽车。中方船舶若绕航，需预约通行。

2004年，根据《中华人民共和国和俄罗斯联邦关于中俄国界东段的补充协定》，黑瞎子岛西部归中国约171平方公里，东部归俄罗斯约164平方公里。

2008年10月14日，中俄两国政府在黑瞎子岛举行了"中华人民共和国与俄罗斯联邦国界东段界桩揭幕仪式"。两国外交、国防、公安等部门及地方代表共同出席了仪式。

野熊乐园

同日，中国外交部和俄罗斯外交部通过换文确认《中华人民共和国政府和俄罗斯联邦政府关于中俄国界线东段补充叙述议定书》及其附件正式生效。

两国边防部队已开始按双方勘定的国界线履行防务。至此，黑瞎子岛西侧回归中国，标志着中俄长达4 300多公里的边界线全部确定，形成了"两国一岛"新格局。

黑瞎子岛上江汊纵横，林草丰茂，栖息着大量的珍稀野生动物和淡水鱼类。主要长有柳树、榆树、杨树、柞树和小叶樟牧草。江河中鱼类较多，主要有鲤鱼、鲫鱼、鲢鱼、白鱼、鳌花、鳊花、鲫花、牛尾巴、鲶鱼、狗鱼、嘎牙子、鳊条、哲罗、鲟鳇鱼和大马哈鱼。回归后，黑龙江省政府设管委会负责保护与开发管理。辟建了北大荒生态园、湿地公园、野熊园等保护与观光景区。北大荒生态园包括观光植物园、接待中心、会议中心、管委会办公楼、生态园别墅；湿地公园以水和湿地景观为主体，以木栈道的形式设置游览线路，建有休息平台，云角亭和景观平台；野熊园是中国最大的黑熊主题动物公园，拥有黑熊100多只，狍子40多只，鹿20多只，野猪20多头。还有野兔、狐狸等小型动物若干。2018年7月3日，经民政部批准，抚远市增设黑瞎子岛镇，11月28日正式挂牌。原属通江乡的东安村、东升屯、东富屯和原属水产渔场的南岗村划归黑瞎子岛镇。是时辖区有4个村屯，264户，570口人；总面积238.2平方公里（含黑瞎子岛171平方公里），耕地面积176 000亩。

如今的黑瞎子岛已经成为世界瞩目的旅游胜地和边防重镇。

二、遗迹遗址

抚远遗迹遗址较多，主要有三岔口渡口、五道沟渡口、别拉洪渡口和关家亮子渡口；莽吉塔古城遗址、亮子油库遗址、苏联军营旧址、三岔口东南4号遗址和六道沟遗址；绥我边陲碑、德惠旁流碑、苏联海军英雄烈士纪念碑。

（一）古渡口

三岔口渡口 位于浓江乡生德库村西约3公里处。从清末到民国初年，这里是赫哲人的居住点。

此地所以叫三岔口，是因为浓江河的三条支流在此交汇。即黑鱼泡河、醉江河、西河，这三条河的下游均注入浓江河。

清末民初，赫哲人在这三条河里捕鱼的船只长年不断，其船只也自然地成了当地的交通工具。人们如欲过河，不论时间早晚，只要站在河岸边高呼一声，便会有渔船来将你渡过河去。即使在半夜三更，这里的渔民也不怕麻烦。当地渔民有养狗的习惯，一有动静，狗的吠声就会告知主人，所以在这里过河是十分方便的。渔民们非但渡你过河，而且还不收你分文的报酬，充分体现了赫哲族人的善良、古朴的民族风气，这使每个过河的人都很感动。

伪满洲国时期实行小屯并大屯，在三岔口居住的居民被并到三岔屯里去，只留下一两户人家住在那里。由于日伪特务经常从那里路过，他们横行霸道地欺压渔民，这一两户渔民就迁走了。从此，三岔口渡口便名存实亡了。

五道沟渡口 位于五道沟横跨浓江河的高压电线杆下。这段线路，在浓江河的东面是高山，西面是平原。浓江河内经常通行船只，横河而架的电线如果距水面不足20米时，在涨水期便会阻碍帆船通行。因为中小帆船桅杆的高度都在10至15米之间，再加上水位高涨的因素，电线矮了就会碰到桅杆。所以河西平原上的电线杆要加高到与河东山上的线杆平齐的程度，这样河西的线杆就得用两根线杆接起来。由于电杆过高，既怕被风刮倒，又怕涨水时被水冲倒，所以就嘱托在那附近居住的一户姓赵的居民给看着，一旦发生意外就随时报告，直到1939年大并屯时。

姓赵的那一户居民在河西平原上，既种地也打鱼，他有一只小船，生德库居民来往于县城多在这里渡河。姓赵的为行人摆渡毫无怨言，村里人对他很感激，村民们经常拿些食物给他，补其生活，慰其劳苦。大并屯时姓赵的被迫迁到抚远县城，从此五道沟渡口也就再无人摆渡了。

别拉洪渡口 位于海青乡北约25公里处乌苏里江西岸的别拉洪河口向内行1.5公里处的别拉洪亮子。该亮子是向外流水的亮子，因此又俗称为活水亮子。

别拉洪亮子是抚远县城通往海青乡的主要通道。因此别拉洪渡口就成为横渡要津。这个渡口和县内各地的渡口一样，行人从此渡河吃住都不用发愁，吃饭不要钱，睡觉有热炕头，要想过河随时都行。在民国时期，这个渡口曾设过一只三页板船，在河的两岸各立一根木桩，两个桩上拴一粗绳或粗铁线，横着扯紧，再在船头部位拴一根细绳，分头拴在河两岸木桩上，一短绳有铁圈套在河中高悬的粗绳或铁线上，两河岸上的行人到河边上将木桩上的绳子自行拉拽就可以过河了，是一个十分便利的渡口。

1970年之后，由于别拉洪河上游开垦荒地，这条蜿蜒北行的活水河也逐渐干涸了，行人过河当然也用不着渡船了。

关家亮子渡口 位于海青乡四合屯河口，一开始是姓吴的人建的，于民国初年让给姓关的人。又因为渡口旁是一个挡鱼的亮子，也是姓关的老头挡的，故称作关家亮子渡口。主人叫关占之，大伙都叫他关老头，他在渡口旁挡的亮子是单独作业，在亮子周围都没有人家。关家亮子渡口是乌苏里江下游至饶河境内的行人必经之路。

在抚远的渡口大都没有指定的船只作摆渡，用渔船摆渡过客是沿袭下来的习俗，并且还无偿的为行人安排住宿。关家亮子渡口也是这样，因此颇受当地群众称赞。关家亮子渡口从民国初年一直延续到1968年老关头去世。

(二)古遗址

莽吉塔古城遗址 莽吉塔古城是明代设置的海西东水路城站五十五城的第十城,系五国城(依兰、汤原、桦川、绥滨、抚远)的第五城。西南距抚远镇约10公里,东距通江乡小河子村1.5公里,位于西北、北、东北三面临水的城子山(俗称老头山、又名白山)上。古城城墙沿山势走向而筑,呈不规则的马蹄状,东北宽,西南窄。南城墙45米,东城墙203米,西南墙380米,北面和西面借天然峭壁危岩为障,未筑城墙。

古城城围总长为1 068米。夯筑墙体,层次分明。西侧挖有护城壕,痕迹至今可辨。目前城墙高低起伏不平,最高处达到2至3米,低处为0.5~0.8米,基阔4~6米,顶宽为0.6~1.5米。古城仅有一

古城遗址

门,在东南城墙中部略偏南有一豁口,宽为7米,高1.8米。城内有石砌水井一口,现已被填平。城北临江石崖下,有一天然石洞,人们称之为"白四爷洞",洞深4米,高2米左右,宽1米,现已被建筑在白四爷庙里。

古城内外草木丛生,地表腐殖土厚达30多厘米,地表看不到其他任何迹象。是2006年5月25日国务院批准的第六批全国重点文物保护单位。

亮子油库遗址 位于亮子村西北1公里处的亮子油库院内,在蛇山中部凹处的西南缓坡上,西南角距浓江河仅40米左右。两侧分别为蛇山的西北山头和东南山头,东北距抚远镇6公里,西南不远处则是大力加湖闸门。遗址所在地原为新发亮子旧址(现油

库所在地）。

该遗址面积东西约100米，南北200米左右。地表现为耕地。地表文物分布比较丰富，从断层观察，文化层厚约60~80厘米。

遗物以陶片为多，还可以见到打制、压制和磨制的石器、石片等。陶片多为手制夹砂陶，大都有纹饰，并可以见到辽金时期的轮制灰陶片；石器有石斧、刮削器、石片、石镞等，都是些比较成形的有研究价值的文物。

该遗址属于新石器时代至早期铁器时代遗址，距今约7 000多年。是1986年黑龙江省人民政府公布的第二批黑龙江省文物保护单位。

亮子村北城址　位于亮子油库北约300米。属汉—南北朝时期遗址，是2014年11月28日黑龙江省人民政府公布的第六批黑龙江省文物保护单位。

东方红村西南遗址　位于东方红村西南，属新石器时期遗址，是第六批黑龙江省文物保护单位。

双胜村西3号遗址　位于双胜村西，属汉—南北朝时期遗址，是第六批黑龙江省文物保护单位。

南岗村东北遗址　位于南岗村东北，属辽金时期遗址，是第六批黑龙江省文物保护单位。

三岔口东南4号遗址　位于浓江乡生德库村西南约3公里处（原三岔口屯）东南的一条东西走向的大漫岗上。北距同抚大堤0.5公里，西距黑泡河50米，东北临西河与醉江河汇合处（即三岔口）。遗址面积呈不规则长方形，南北长约800米，东西宽约130米，面积大约10万平方米。移植表面现已辟为耕地。1980年5月，省、地考古队对三岔口遗址进行了考察，从采集到的大量陶片看，应为辽金早期遗址。

该遗址东南2公里处尚有同期墓葬54座（也有记载为64座

的），是迄今为止抚远境内发现的最大的一个古墓群。这片古墓群南北200米宽，东西达500多米长，像一条长方形的丘状带铺在柞树林里。古墓大小不一，大部分为1~2米，也有个别突出的。现周围大部分已被辟为农田，但没有破坏到墓群的完整。1982年考古队曾对这片古墓进行了普查，发掘清理了两座墓葬，这两座墓葬属火葬形式，只发现了一些碎陶片，应属辽金时代或更早期的人类栖息地。是2019年抚远市人民政府公布的县（市）级文物保护单位。

六道沟遗址 位于抚远镇西南约3.5公里处的浓江河东岸，紧邻浓江河的一级台地，台地靠近浓江河岸较低，向东逐渐升高，呈慢坡状。遗址东部、东北部为抚远山脉。东西约50米，南北约30米。地表遗物分布零散，有夹砂褐陶片、夹砂红陶片等，还有少量的打、压制石器、石片等。亦可见到少量的辽金时期轮制的灰陶片。从采集的标本看来，遗址属于早期铁器时代，但还有辽金时期的遗物参与其中。就是说这里是个风水绝美的宝地，各个时期都有人类在这里生活。

（三）苏联军营旧址（1号、2号）

苏联军营旧址（1号） 位于黑瞎子岛中方所属区域的东南部，距抚远水道1公里。营区面积10 125平方米，由主楼与发电房、车库、锅炉房、油库、马厩、犬舍等组成。是1976年建造的，属现代建筑文化遗产。

苏联军营旧址（2号） 位于黑瞎子岛西南部，营区占地面积2万平方米，由主楼和发电房、车库、修车间、锅炉房、油库、井房、马犬舍等组成。是1974年建造的，属现代建筑文化遗产。

这两处旧址属于近现代（1974—1976年）重要史迹代表性建筑，是第六批黑龙江省文物保护单位。

（四）纪念碑

绥我边陲碑 绥远县第三任县知事高铎（字仲容）在任4载，非常注重守护边境领土，离任时全县绅商为其竖德政碑一座。此碑为花岗岩磨制，高1.3米，宽0.65米，厚0.22米。正面眉头刻"蜀泸高仲容县长德政"一行小字。中间为高铎亲自题写的"绥我边陲"四个大字。下款是"民国五年八月吉日，绥远阖境绅商等敬立"一行小字儿。背面无铭文。

绥我边陲碑　　　　　德惠旁流碑

德惠旁流碑 县内商民为弘扬县知事何庆颐政绩，在西山公园立花岗岩碑一座，高1.3米，宽0.66米，厚0.2米。正面刻"德惠旁流"四个大字，下款为"绥远绅农商同江段有银等立，民国十四年五月"。其背面铭文为：绥邑为吉林东北边徼，旧为赫哲部落，隶属于三姓旗署，以地处极边视同瓯脱。赫哲习俗专事渔猎，为汉人足迹罕至之区。清季创始州牧，民国建元改为县治，历数任而襄平。何公其葛来宰斯邑，下车伊始见人员稀少，市面荒凉，于是广招徕、施教化、劝农兴学、除暴安良，即令五年渐臻繁庶。县境荒僻，夙称滥薮。乃浚濠筑垒，予为筹防，日夜经营，不辞劳瘁。十年冬，股匪数百猛扑县城，公督率商民，激励团警，复于陆军洽合，不避艰险，登垒对敌，相持两昼夜匪势不支乘宵遁去。是役也，毙匪念余名，受冻毙者尤众。商民所以幸免钜祸者，实赖思患予防之力也。由此休养生息，阖境乂安。每当公余之暇与商民接洽，蔼言可亲，无官场气派，凡地方利弊一经询悉，立予兴革。相处数年俨如家人父子。政简刑轻，狱无冤系，江北俄民遇有避难而来者，莫不如意抚恤。其柔远睦邻有如此，偏得天眷斯民，使我公乂安长治，则地方由庶而富，由富而教，不难循序而致也。于戏甘棠，蔽芾渥承，长养之恩，勒石铭勋，永志生成之德，聊陈政绩用寿琬琰。（杨印亭撰　赵奎荣书）

苏联海军英雄烈士纪念碑　以苏联海军某部尼克莱·尼古拉耶维奇·高鲁布果夫上蔚为首的27名烈士，1945年8月9日，为打击日本侵略者解放抚远英勇牺牲。为纪念他们伟大的国际主义精神及其不朽

苏联海军英雄烈士纪念碑

的功绩，抚远市人民政府建造了"苏联海军英雄烈士纪念碑"。

"苏联海军英雄烈士纪念碑"前后共建造了三次。

第一次，它是在抚远刚解放时，由苏军驻抚远司令部提议经县地方维持会筹建，位置在县城国民小学操场西北角，是木质结构，规模很小。碑身高约3米，碑座1.5米见方，铁铸红五星置于碑尖。碑正中无文，左为俄文，右为中文。俄文意译为：1949年8月9日苏联红军解放抚远县城时与日本军战斗而牺牲的红军27人永垂不朽。

第二次，是1955年由县民政部门筹建的，碑址位于西山北头东侧。是水泥套砖结构，碑身高达十几米，因质量不佳，几年后便破旧不堪。

第三次，是1958年在原地重建的。为纪念中苏两国人民的崇高友谊，省人民政府支持预拨资金13万元，由省内设计部门做了设计图纸和沙盘模型，在地区内调集了200多名能工巧匠，组成施工队伍。抽调了1台苏式"吉斯5"卡车，几条地航拖船做运输工具，在石头窝子开采花岗岩石料。经过两年的积极筹备，于1960年5月初正式施工，11月上旬基本竣工。

这座纪念碑碑高30米，主碑正面书写着"苏联海军英雄烈士纪念碑"11个大字；碑后身刻有时任省委书记欧阳钦同志题词："中苏两国人民用鲜血凝成的友谊万古长青"。主碑两侧，还有小型陪塔两座。碑前有可容纳500人的石铺平台和台阶。碑园草木葱郁，古树参天，空气清新，风景绮丽。1984年和2004年，两度对整个碑园进行了全面维修，还在碑园增建了门楼和围墙。是抚远市青少年爱国主义和国际主义教育基地。

三、大事简记（1909—2020年）

1909年

6月2日，清政府根据东三省总督徐世昌奏请，正式批准在黑乌两江汇流处西岸伊力嘎地方设立绥远州，直属吉林行省东北路道管辖。

1910年

6月，勘定临江州与绥远州州界。

10月3日，首任知州席庆恩离职，由候补知州春融接任。

1911年

是年秋，知州春融创设公立国民学校一所，招收学童16人。

1912年

11月18日，胡成喆接任绥远知州，设警察事务所。

1913年

3月2日，绥远州改称绥远县，归依兰道管辖。

是年秋，邝广接任绥远县知县，建监狱房一栋。

1914年

5月25日，吉林省行政公署颁发绥远县木质印信一颗，6月1日正式启用。

是年，乌苏镇有对苏贸易商号10余家。

1915年

10月，绥远县知事高铎到任。

11月，县预备巡警改称绥远县预备保卫队。

1916年

2月22日，俄军十余人骑马持枪越境追捕人犯，侵扰乌苏镇商民，巡官冯长年率警力阻拦射击，俄兵还击数枪退回俄境。

1917年

侨居俄属伯力、庙街等地的朝鲜人和华人相继搬迁到绥远县城居住。中俄民间走私贸易量成倍增加。

1918年

8月，因绥远县商少地荒，经北京（北洋军阀政府）国务院批准不设税卡。

1919年

12月，黑河警备司令条陈乌苏里江中俄界牌案：据清咸丰十年条约，（耶字）界牌应立于乌苏里江与黑龙江汇合处。"不料俄人明占潜侵，已西进乌苏里江九十里，立耶字界牌于通江子入乌苏里江处。而混同江（即黑龙江——编者注）、乌苏里江及通江子三水之间所成地面（即黑瞎子岛——编者注）竟为俄所有"。

1920年

1月，县知事何庆颐到任。

是年，县内各商号组成商务会，同时建立起"商团"，实行武装经商。"九一八"事变后，商团解散。

1921年

绥远县邮政局开始营业。冬季因交通堵塞，绥远邮局信件委托苏俄中转，并直接到俄卡扎克维茨沃（二站）办理退领手续。邮路为绥远—卡扎克维茨沃（二站）—哈巴罗夫斯克（伯力）—满洲里。中东路事件爆发后此邮路废止。

1922年

因苏俄西伯利亚极东地方战火未熄，苏俄伯力（哈巴罗夫斯克）总督加紧排华，致使由苏境迁返于绥远县的华人商人日渐增多。

1923年

苏俄开始禁止中国船只在黑瞎子岛外测航行。

1924年

绥远县中俄（苏）民间走私活动开始向极盛发展，走私输出货物包括鸦片、汉药、酒类，输入货物有金属制品、武器弹药、缝纫机、杂货、盐等。

1925年

9月，驻依兰陆军步兵混成第九旅旅长李杜一行十余人，来绥远视察防务。

1926年

绥远县地方为县知事何庆颐立功德碑一座，正面书"德惠旁流"四字，背面铭文记载其治理绥远的政绩。

1927年

3月，刘鸿谟接任绥县知事。

9月，绥远县有线电报局开始营业。电话机10台左右。

1928年

绥远县设司法承审员，担任审判工作。

苏联出兵占领中国领土黑瞎子岛（现名抚远三角洲——编者注）

1929年

5月11日，绥远县公署改称绥远县政府，县知事改称县长。

9月6日，中东路事件爆发后，苏联远东部队向绥远县乌苏镇发起进攻。守军百余人全部阵亡。

9月27日，绥远县改称抚远县。刘鸿谟改任抚远县县长。

1930年

9月12日，依兰镇守使令抚远县严禁种植罂粟。

1931年

3月，根据北满特委指示，中共饶河县委改为中共饶河中心县委，朴元彬为书记，崔石泉、徐凤山（李阳春）、李一平为委员。下辖饶河、抚远两个区委和宝清特别支部。

9月18日，日本帝国主义在中国东北的关东军，悍然炮击沈阳中国军队驻地，发动了震惊中外的"九一八"事变。

9月19日中共满洲省委发表《为日本帝国主义武装占领满洲宣言》，指出日本要变东北为其殖民地，号召东北人民奋起反击，赶走日本侵略者。

9月24日，依兰镇守使兼第二十四旅旅长李杜向其所辖各县通电，呼吁军民团结共同抗日。

1932年

年初，在中共抚远区委的领导下，抚远县人民群众组织了有上千人参加的反日群众大会和示威游行。七月间，又选送了进步青年参加了中共饶河中心县委在宝清小城子沟里秘密开办的军政讲习所。

5月，原驻同江陆军42团书记赵鼎澄来抚远县任县长。

是年秋，混入饶河抗日救国军的郭荣庭、邓良摸（又名邓维新）叛变，投降日本侵略军，并受命辖治抚远。

1933年

2月11日，人民抗日武装——防贤队于清晨包围抚远县城，与守城地方保卫团持续战斗了三昼夜。

1934年

2月，伪抚远公署成立，抚远县第一位日本参事官藤吉保家到任。抚远县人民从此沦于日本侵略者的铁蹄之下。

9月7日，"营口"号客轮护航队起义，日本参事官藤吉保家被击毙。

10月16日，第二位日本参事官安腾道夫到任。

1935年

春，忠善堂募化资金建的"白云寺"庙竣工。1947年"土改"时被群众拆毁。

8月20日，在中国共产党的组织下，原在虎林、饶河、宝清、抚远各县的抗日游击队伍被改编为东北抗日联军第四军（军长为李延禄）第四团，李学福任团长，朴振宇为副团长，崔石泉为参谋长，李文斗为政治部主任。

是年，抚远县成为抗联游击队活动地区之一。

1936年

6月，抚远县开办无线电报业务，隶属"满洲电信电话株式社会"。

11月，在下江坚持抗日的君子仁、北海、三江、宝山、友好、东山、访贤、海鸥、永远等小股抗日武装纷纷加入中国共产党领导下的抗日统一战线，本月正式组建了东北抗日联军第七军，发布了《东北抗日联军第七军宣言》，第七军军长由陈荣久担任。第七军下设三个师，第一师师长陈荣久（兼任），第二师师长李学福，第三师师长景乐亭。第七军在虎林、饶河、抚远、同江、富锦等广大地区浴血奋战，为驱逐日军光复国土，解放东北人民，解放全中国立下了丰功伟绩。

1937年

7月7日，日本侵略军制造借口在卢沟桥发动事变，炮轰宛平城。驻守在该地区的国民党二十九军冯治安师吉星文团奋起抵抗。第二天，中国共产党中央委员会发布了《中国共产党为日军进攻卢沟桥通电》，号召全中国同胞和军队团结起来，筑成民族统一战线的坚固长城，抵抗日本的侵略。从此，全民族的抗日武装斗争进入了一个新的时期。

1938年

1月24日，抚远县国富镇居民21人不堪日伪的残酷统治越境逃往苏联。

2月，抚远县小河子居民103人越境逃往苏联。

3月，抚远县抓吉屯居民12人为逃脱日伪的欺压，越境逃往苏联。

是年，抚远县设立管烟所4处，定时足量供应烟膏。

1939年

1月，实行街村制，全县设抚远、海青、太平、勤得利4村。

5月27日，抚远县东安镇伪警察队10名警察登乌苏里江上的南通岛（又称南屯岛）巡逻，遭苏军阻击，翌日，大批伪军出战，被苏军击沉舰艇三艘，伪军死77人，伤110人。

1940年

是年，县城至浓江，县城至飞机场，海青至石头山多条公路开始修建，总长度49公里。

1941年

是年，在临江正阳门外建设码头一处。兴农合作社成立。

1942年

7月6日午夜，在中国共产党"中国人不打中国人""团结起来一致抗日"的宣传感召下，驻抚远县东安镇伪靖安军国如阜、齐连生、周岩峰等人组织了武装起义。枪杀了傅中尉等四人后，带领全连71人分乘十几条小船横渡乌苏里江，投靠了东北抗联。

1943年

抚远县居民中有日本人123人，白俄罗斯人38人。

1944年

9月，日本依兰开拓团、东亚产业、北满水产、林谦商店组织970人到海青捕鱼。

1945年

8月8日，苏联对日宣战；8月9日，抚远解放。

11月21日合江省政府在佳木斯成立，李延禄任主席，李范五任副主席。抚远县隶属合江省管辖。

11月29日，中共合江省委工委派孙为等14人到富锦地区开展工作，并成立富锦军分区和富锦专员公署，抚远县归其管辖。

1946年

6月1日，中共合江省委决定，撤销富锦地委和富锦专员公署，设立富锦中心县委。抚远县归其管辖。

是年秋，抚远县裕东渔业公司成立，刘雁来为经理。

1947年

2月12日，合江省政府任命孙为为第三专属专员。第三专属下辖富锦、集贤、绥滨、同江、抚远五县。

是年秋，抚远县城第一个国营商店——为民商店成立。同时建立了榨油厂和糕点厂。

1948年

1月1日，东北民主联军改称为东北人民解放军（东北军区）。东北民主联军合江省军区改称为东北人民解放军合江省军区。届时抚远县县大队改称东北人民解放军抚远县大队。

1月，抚远县开始进行土地改革运动的摸底工作。向广大群众广泛宣传中国共产党关于"发动群众，平分土地，实行耕者有其田"的思想。

春，抚远县为民商店用换来的一千多斤鸦片去佳木斯换回县大队需要的军装和部分口粮，并购买了一些医药用品。4月15日建立起抚远县第一个人民医疗机构——抚远县群众卫生所。

1949年

1月，中共合江省委通知在新国旗未确定前所有集会一律悬挂中国共产党党旗。

4月21日，中国人民解放军遵照毛泽东和朱德《向全国进军的命令》横渡长江。南京解放，宣告了国民党反动派统治的覆灭。

10月3日，抚远党政机关干部和人民群众在抚远镇举行盛大集会，庆祝中华人民共和国成立！

1950年

12月8日，富锦县邮电局所属抚远县邮政营业所开始营业，所长罗宗原。由县政府通信班代办邮政的历史宣告结束。

1951年

春，抚远县裕东公司改为抚远县水产公司，归松江省水产厅领导。

4月，抚远县建制撤销，改为松江省直辖抚远渔业特区。

7月，抗美援朝委员会抚远县分会成立。

1952年

5月10日，根据松江省政府指示，抚远特区所辖东安区移交给饶河县。原抚远渔业公司东安办事处同时移交。

8月，松江省政府决定撤销抚远特区，恢复抚远县建制。

1953年

11月10日，抚远县人口普查登记工作结束，全县总人口为3 482人，其中男2 114人，女1 368人。

1954年

1月，抚远广播站建立。

5月，县妇幼保健站建立。

6月19日，松江省与黑龙江省合并，抚远县归黑龙江省管辖。

7月，县文化站建立。

10月1日，中共合江地委、合江地区专员公署成立，抚远县归其管辖。

10月，县人民武装部改为兵役局。

1955年

3月26日，抚远县邮政局建立。

4月18日，抚远县人民政府改称抚远县人民委员会，有委员9人。

是年，抚远县与饶河县沿瓦盆窑河划界。

1956年

1月，抚远县对手工业和资本主义工商业进行社会主义改造。

2月9日，县水产供销公司成立，与省水产局领导的抚远水产公司合署办公，分别核算。

5月29日，抚远县商业科成立。

6月，在西山公园下重建砖质"苏联海军英雄烈士纪念碑"。

7月，县新华书店建立。

8月27日，县爱国卫生运动委员会、县卫生防疫站同时成立。

9月18日，抚远县卫生院改称抚远县人民医院。

10月，抚远贸易公司成立。

11月2日，县卫生科建立。

12月21日，县粮食局和县粮食购销公司成立。

1957年

7月10日，抚远、勤得利、海青三处油厂合并成立抚远县第一制油厂。

8月8日，抚远县初级中学成立。

8月，抚远县城镇居民口粮实行计划供应。

11月，县农业技术推广站和县畜牧兽医总站成立。

12月20日，抚远县电影放映队建立。

是年，县兵役局改为人民武装部。

1958年

3月20日，省水产局所属抚远渔场下放给抚远县管理。

4月，县文化馆建立。

8月8日，中共抚远县委召开农村工作会议。

9月25日，抚远县开始组建乡级人民公社。年末共建立人民公社4个，入社农户2 849户。

1959年

3月15日，建立抚远县人民公社，实行一县一社政社合一，乡改为管理区。县委、县人委为人民公社领导机构。

4月，根据黑龙江省人委决定，原富锦县所属同江乡划归抚远县，同江改为镇。抚远县民兵师成立。

12月，根据黑龙江省委和合江地委的指示精神，抚远县与合江农场（原称"八五六"农场）合并后，一套人马挂三个牌子，即：抚远县人民委员会、抚远县人民公社、抚远县国营农场。与此同时，抚远县东片的抚远镇、海青、抓吉3个人民公社和西片的同江、勤得利两个管理区，以及原县水产局所属的全部网、亮子队均划为省水产基地，重新组建国营抚远渔场，场部设在抚远镇。下设海青、抓吉、抚远镇和同江等4个渔业分场。渔场由省水产局领导。

年底，全县共建人民公社6个，2 242户。

1960年

6月16日 根据合江地委指示，原合江农场改称抚远农场。

全县有人民公社10个，3 463户。

1961年

3月，抚远渔场划归黑龙江省水产事业管理局直接领导。

6月8日，经合江专署批准，抚远县海青公社建制撤销，划归抚远镇领导，抚远镇政权工作与抚远渔场合一。

年底，全县有人民公社9个，4 386户。

1962年

1月29日，抚远渔场变成纯粹的全民所有制企业。

1963年

10月15日，黑龙江省水产事业管理局批准抚远渔场在海青设立渔业分场，通江、黑龙江、浓江、街津口、交界牌（即乌苏镇）、抓吉等6个渔业队为直属渔业队。

1964年

是年，抚远开展学雷锋、学南京路上好八连，在企业中争创"五好"活动，提倡树立"三老"（即当老实人，说老实话，办老实事），"四严"（严格要求，严格组织，严肃的态度，严明的纪律），"四个一样"（领导在和不在一个样，分散作业和集中作业一个样，鱼少和鱼多干劲一个样，坏天和好天工作一个样）的工作作风。大力开展比、学、赶、帮的竞赛活动。

1965年

8月23日，国务院决定恢复同江县建制，原抚远县所属西部的乐业、三村、街津口、八岔公社及勤得利乡划归同江县管辖。

1966年

1月，抚远、同江两县移交工作开始。

4月，抚远县治由同江镇迁回抚远镇。

7月，中共抚远县委派出"文化大革命"五人工作组进驻抚远中学，"文化大革命"运动开始。

1967年

4月，二抚路（富锦县二龙山至抚远县抚远镇）开始建筑，1969年4月工程全部竣工，公路干线全长235公里，是抚远同内地联系的重要通道。

7月，农机修配厂建成投产。

8月，县人民广播站建成并开始工作。

是年，县发电厂建立，装机容量为50千瓦。

1968年

11月2日，县革委发出《关于认真宣传贯彻中国共产党第八届扩大的十二次中央委员会全会公报和迎接毛主席赠给首都工人毛泽东思想宣传队芒果来抚远县敬仰的决定》。

1969年

1月1日，根据毛泽东关于"农村是一个广阔的天地，到那里是可以大有作为的"指示，首批131名杭州知识青年来抚远县插队落户。

是月，县农具修造厂建立。

3月4日，抚远县水产研究所成立。

4月下旬，省、地派驻抚远的毛泽东思想宣传队队员邓兴华在浓江河为救一落水知青而牺牲。

是年，由于中苏边境武装冲突时有发生，本着打完了再建设的思想，全县基本建设停止。

1970年

1月，为适应战备，县革命委员会决定在距抚远镇50公里处的寒葱沟建设三线基地。

7月，抚远县冷饮厂建成并投产。

11月4日，地方国营抚远县制酒厂成立。

1971年

4月12日，抚远县印刷厂建立。

是年，完成乌苏镇护岸工程1 250米。

1972年

3月7日，成立抚远县水产科同时成立抚远渔场，实行政企合一。抚远县渔场对外又称水产公司。

7月17日，抚远县广播事业管理科建立。

7月18日，抚远县体育运动委员会成立。

1973年

4月13日，县委提出当年全县革命和生产任务：以批修整风为纲，继续进行思想和政治路线方面的教育；深入开展"工业学大庆，农业学大寨"的群众运动；认真贯彻执行以农业为基础，以粮为纲，积极发展渔业，相适应的发展为农、渔业服务的地方工业。

1974年

3月4日，中共抚远县委批准县总工会和教育科《关于中小学重派"工宣队"和重建"贫管会"的请示报告》，同意重新派工宣队进驻学校。

3月，抚远县罐头厂建立。

1975年

12月25日，中共抚远县委召开全县"农业学大寨"会议。

是年，抚远县新建东方红、曙光、向阳三个人民公社。抚远县遭受旱灾。

1976年

1月8日，周恩来逝世，全县广大干部群众认真收听广播，用各种形式沉痛悼念周恩来。

3月10日，成立县外贸科、外贸公司。

9月9日，毛泽东逝世。中共抚远县委、县革委召开追悼大会。各界群众佩戴自制的小白花，沉痛悼念伟大领袖毛泽东。

10月6日，粉碎江青反革命集团的消息传来，全县人民衷心拥护，热烈欢庆。"文化大革命"结束。

1977年

1月16—19日，中共抚远县委召开第二次"农业学大寨"会议。

1月31日—2月3日，中共抚远县委召开"工业学大庆"会议。

8月29日，县革委批准建立国营抚远县汽车修配厂。

1978年

2月，抚远县业余滑雪队队员第一中学学生王积信先后获国家和省少年"高山滑降"第一名奖牌，为抚远争得了荣誉。

5月，抚远县第一家个体户商业如意服装店开业。

6月4日，县科学技术委员会成立。

7月5日，建立燃料公司，隶属于物资科领导。

12月7日，合江地委对《抚远县体制问题的报告》给予批复。基本精神是：在农村改变工资制，实行工分制。

1979年

2月12日，根据中共黑龙江省委指示精神，县委决定撤销工厂、农场、生产大队、学校、研究所、商店、机关和其他企事业单位的革命委员会，实行党委领导下的厂长、队长、校长、所长、经理分工负责制。

3月17日，抚远县地方航运公司成立。

9月14日，中国农业银行抚远支行成立。

11月11日，县第二小学成立。

1980年

县革委会改称县政府。

1月7日，中国人民建设银行抚远支行成立。抚远县地方国营农场正式建立。

6月，县图书馆建立。

7月14日，县老干部工作委员会成立。

8月1日，以县第一中学重点部为基础成立抚远县第二中学，并定位县重点中学。

9月14日，中共抚远县委统一战线工作部成立。

1981年

1月，抚远水运码头动工修建。

7月6日，县委决定成立县儿童、少年工作委员会。

1982年

4月，抚远县电视转播台建立，每天播放从北京录制的电视节目3—4小时。

4月，抚远县国营渔场开始实行"浮动工资，联利（亏）计酬"的经营责任制。

9月1日，县第一中学首次招收职业高中班一个，学生20余名。

1983年

1月10日，县烟草公司成立，为省烟草公司直属企业。

4月13日，原水产供销公司与县罐头厂合并，成立"黑龙江省抚远县水产罐头联营公司"。

5月，抚远县水产罐头头联营公司生产的红烧鲤鱼和酥鲫鱼罐头在广交会上展出，受到港商欢迎。

6月28日，成立县志办、党史办、文史办，并开展工作。

6月30日，抚远县第一所正规幼儿园建成，面积780平方米。

7月24日，县人民政府在抓吉公社进行政社分设的试点工作。抓吉乡人民政府正式成立。

10月，全县完成600百万斤的粮食包购任务，名列全地区、全省第一位。

1984年

1月23日，中国工商银行抚远县支行开始营业。

7月24日，市委办公室下发《关于党政机关在职干部不要与群众合办企业的通知》，指出"今后不要再提让党、政机关干部先富起来"的口号。

8月中旬，中共中央总书记胡耀邦视察边防时，为乌苏镇哨所题字"英雄的东方第一哨"。

9月，县第一中学改为县职业高中学校。

12月15日，中共合江地委、合江行署撤销，实行地市合并，抚远县归佳木斯市管辖。

冬，抚远滑雪队员王福山在全国少年滑雪比赛中，一人独获三个项目第一名，得金牌三枚、银牌三枚、铜牌一枚。

1985年

2月1日，县委、县政府分开办公。

4月27日，县人民政府下发《关于机关事业单位职工住宅实行自建公助问题的有关规定》。规定职工自建住房，每平方米公助100元，产权原则归己，但7年内不得转卖。

9月15日，抚远电视卫星地面接收站建成，10月1日正式转播中央电视台节目。

1986年

6月7日，中共中央总书记胡耀邦题写的"英雄的东方第一哨"纪念碑奠基典礼仪式于上午9时在乌苏镇举行。省、省军区领导，佳木斯市、抚远县领导，建三江管局、合江军分区的领导参加典礼。

8月14日，"英雄的东方第一哨"纪念碑落成典礼仪式在抚远县乌苏镇举行。沈阳军区司令员刘精松、政治委员刘振华和省、市、县领导参加仪式并在仪式上讲话，部分领导为纪念碑落成题词。

1987年

8月1日，中共中央顾问委员会委员、全国著名经济学家于光远一行15人来抚远县视察。

1988年

4月29日，抓吉乡中心校第一幢教学楼动工兴建，总建筑面积1 200平方米。

9月24日，抚远县建成中国第一个现代化鲑鱼放流站，县领导参加了鲑鱼放流站建成剪彩仪式。

1989年

1月13日，抚远县委、县政府于佳木斯大学商定成立佳木斯大学抚远县函授站，设中文、文秘两个班，招收学员250名。

5月4—5日 抚远县首批大马哈鱼苗放流仪式在放流站举行。省水产部门领导，佳木斯市人大、市政府、建三江农垦系统领导出席放流仪式。

1990年

6月1日，抚远县大力加湖闸枢纽工程举行开工典礼。松辽委基建处、省水利厅基建处、佳木斯市水利局设计院、市三经办及县几个班子的领导，大力加湖指挥部全体成员，施工单位（省水利三处）领导，及县直部、委、办、局领导参加典礼。

6月29日，中共抚远县委召开庆"七一"表彰大会，作出向优秀共产党员别拉洪水文站站长李俭学习的决定。

8月24日，《抚远县经济发展研究》一书正式公开出版发行。

10月26日，抚远县第三中学教学楼竣工交付使用，建筑面积3 084平方米。

1991年

6月2日，黑龙江省文物普查小组到抚远，普查县境内的省级文物保护区并征集文物。经过20余天的跋涉，发现古遗址10处，遗物点6处，普查征集文物494件。

6月26日，抚远县别拉洪水文站站长李俭被评为全省优秀共产党员标兵，即日起程赴哈尔滨市参加全省优秀共产党员表彰大会。

1992年

5月21日，国函〔1992〕53号《关于同意黑龙江省抚远口岸的批复》，同意开放抚远口岸开展对外客货运输业务，明水期利用船舶运输，封冻期利用汽车运输。

7月1日，抚远口岸办公大楼破土动工，县领导参加了奠基仪式。

7月2—4日，俄罗斯哈巴罗夫斯克边区以费林阔夫为团长的代表团应邀来抚远进行友好访，双方对水运、客运、旅游等事项达成共识。

8月13日，国家旅游局批准抚远县与俄罗斯哈巴罗夫斯克开展"一日游"活动。

8月31日，抚远县委、县政府举行隆重仪式，欢送毛德柱考入清华大学，朱德明考入北京航空学院赴京上学，为抚远教育史上填补了无清华的空白。县领导出席欢送会并作了讲话。

10月2日，俄罗斯哈巴罗夫斯克首批"一日游"游客到抚远县。

10月14日，抚远县首批到俄罗斯哈巴罗夫斯克"一日游"旅客起航到俄观光。

1993年

1月11日，抚远县大豆浸油厂出卖给泰国泰华房地产股份有限公司独资经营。

3月4日，抚远口岸乌苏镇通道首次过货剪彩仪式在乌苏镇举行。

3月25日，抚远县委、县政府下发《关于鼓励党政机关事业单位的工作人员兴办经济实体或服务实体的暂行规定》。

5月9日，一艘满载着1 050吨三角钢的俄罗斯货轮，从哈巴罗夫斯克码头驶向抚远港，此为抚远县对外开放客货运输口岸以来，首批利用水上通道从俄方运输的货物。

5月10日，抚远口岸查验部门挂牌仪式在海关大楼院内举行，抚远海关筹备处、抚远船舶检验处、抚远港务监督局、抚远动植物检疫局、抚远进出口商品检验局等海关联检部门正式挂牌开展业务工作。

同日，抚远县航运公司二九0船队满载375吨货物首次由抚远港起航，驶向俄罗斯哈巴罗夫斯克港，航运公司领导与合江地航处领导为首航仪式剪彩。

5月20日，抚远县国内直拨电话本日18时正式开通。

9月20日，抚远县有线电视安装开工典礼在抚远镇举行，县领导到会并剪彩。

1994年

4月15日，C3网工程调通竣工，抚远县程控电话实现国际、国内电话自动直拨。4月22日举行庆典仪式。

5月17日，抚远县大力加湖闸枢纽工程竣工。水利部松辽委建设管理处、省水利厅、县委、县政府领导在竣工仪式上讲话。

7月28日，抚远县委、县政府下发《关于加强拍卖"五荒"工作的决定》，成立拍卖"五荒"领导小组。

1995年

2月21日，东方豆制品公司（原浸油厂）正式恢复生产，县领导前往祝贺。

10月16日，二抚公路抚远县出口段改造工程举行竣工典礼仪式，黑龙江省交通厅、佳木斯市人大常委会、市交通局、县委、县政府的领导参加典礼仪式。

1996年

7月27日，全国著名画家姚少华、陈志良、于淼应县政府邀请来抚远县作画。

8月14日，抚远县科委和中国水产科学院黑龙江省研究所有关人员到抓吉镇八盖村进行"名优特鱼"鱼苗放养。

1997年

1月1日，抚远至富锦逐日邮路班车正式开通。

1月3日，抚远县浸油厂与佳木斯铁路分局老龄委在前进镇联合修建的铁路专用线通车并举行通车典礼。

3月11日，抚远县交通局运管站投资近15万元购置2台豪华中巴，开通环城线路。

3月13日，佳木斯市委党校主办的1997经济管理大专班在抚远县农场局会议室举行开学典礼，53名干部参加学习。

6月6日，抚远县鲑鱼放流站第二次人工繁殖6万尾鲟鳇鱼苗成功。

9月22日，黑龙江省农垦总局为"东方第一哨"送电工程竣工剪彩仪式在乌苏镇举行。

12月19—25日，抚远县与国家工商局在北京工商局办公大楼、北京建工学院两地联合举办今日抚远图片展，共展出43幅反映抚远风光等六个方面图片，参观者达上万人次，中央电视台、人民日报、中国工商报等各大媒体分别给予报道。

1998年

8月26日，抚远县委、县政府召开抗洪抢险紧急动员大会，县领导要求全县党政军警民要以水为令，投身到抗洪第一线。

9月21日，中华人民共和国驻哈巴罗夫斯克总领事王国士一行8人到抚远县慰问受灾群众，县领导代表全县人民将一面绣有"驻外使节，情系灾区"的锦旗送给中国驻哈巴总领事馆。

1999年

7月27日，抚远县首次采用人工降雨，46 667公顷耕地解除旱情。

7月28日，抚远县移动公司正式成立。

9月28日，为庆祝中华人民共和国成立50周年，俄罗斯远东地区边防管理局马恩欣科少将率代表团及歌舞团一行40人，首次到抚远县访问演出。

2000年

9月1日 在省县交通部门的扶持下，县医院共投资230万元（其中自筹40万元），购进一台日产日立全身CT机，结束了县医院无CT机的历史

12月31日，根据专家测算，中国最先进入新世纪第一秒的地方是抚远县的乌苏镇。为迎接新世纪的到来，抚远县委举行"拥抱新世纪中国第一秒"大型系列活动。团县委组织全县团员青年

在东方第一哨乌苏镇举行"东极喜迎新世纪千人宣誓仪式"。

2001年

2月9日，抚远县寒葱沟镇、寒葱沟镇红旗村、浓江乡双胜村分别被省政府授予全省村镇建设"双百千"先进村镇。

9月13日，通江乡行政区域合并：东升村、东富村并入东安村，东海村、胜利屯并入东红村。

2002年

1月19日，中国电脑体育彩票抚远销售点正式成立，填补抚远县一项空白，标志着抚远经济发展又进入了一个新的时期。

6月2日，饶河县300吨大米从乌苏镇出境运往俄罗斯哈巴罗夫斯克。

6月28日，由上海市经委、上海市人民政府协作及佳木斯市人民政府联合举办的上海商品展示订货会在抚远东方中俄贸易大市场举行开业庆典。

6月30日，县水务局向大力加湖投放白鲢鱼苗21万尾，这是抚远县首次大批量向大力加湖投放鱼苗，此次投放的鱼苗是水务局与大连双星渔业有限公司共同合作，从加拿大引进的鱼种，在大连将受精鱼卵运抵抚远县进行繁育的。

2003年

4月30日，抚远县水产养殖场购进50万尾草根、鲫鱼、鲤鱼和鲢鱼幼鱼苗成功放养到乌苏镇后河天然鱼塘中，至此抚远县已建水产养殖基地10处，水面达60多万平方米，近十种鱼苗投放养殖。

6月6日，由抚远县稻农种植，县东极米业有限公司加工生产的1 000吨乌苏镇牌大米，在江边码头装运，将运抵罗罗斯市场。这是抚远县自行生产加工的第一批出口国外的绿色大米。

6月17日，佳木斯市老区建设工作会议在抚远召开。

10月8日，全国首例人工繁育乌苏里鲢在抚远获得成功，孵化乌苏里鲢4万尾，成活率85%。

10月22日，抚远被农业部评为"中国鲟鳇鱼之乡"和"中国大马哈鱼之乡"并颁发了证书和标牌。

12月26日，抚远县疾病预防控制中心落成并投入使用。

2004年

5月23日，小灵通移动电话投入使用，农村网络正式全面铺开。

12月，抚远县第一部行业部门志《抚远县人民医院志》出版并在内部发行，填补了抚远县医疗机构无志的空白。

2005年

6月6日，由抚远县水产局科研人研究孵化的500万尾黑龙江野鲤鱼苗投放到大力加湖内，这是抚远县大规模放流鲟鳇鱼、大马哈鱼苗等之后的又一个新品种大规模放流。

6月16日，上午8点，中俄首次联合勘察抚远三角洲（黑瞎子岛），中方代表团成员及其他代表团成员乘船自乌苏里江的乌苏镇江段起航驶向阔别了近80年的宝岛抚远三角洲。此次中俄双方代表首次联合勘查，履行中俄两国元首共同签署的《中华人民共和国和俄罗斯联邦关于中俄国界东段的补充协定》。这是近80年来中国人第一次登上该岛。

6月21—22日，"赫哲族第七届乌日贡大会"在抚远县国际客运广场隆重召开。

8月1日，由抚远县浓江乡双胜村农民生产的12吨甘蓝通过抚远口岸出口到俄罗斯哈巴罗夫斯克市场，实现了抚远县地产甘蓝出口零的突破。

8月8日，抚远县"英雄的东方第一哨"新碑揭幕，佳木斯市领导、军分区领导和委县、县人大、县政府和县政协的领导以及部队官兵代表参加了揭幕仪式。

2006年

7月20—21日，原中共中央政治局常委、中央纪律检查委员会书记、中华全国总工会主席尉健行来抚远县视察。

7月27—28日，全国人大副委员长李铁映，全国人大教科文卫委员会副主任委员宋法棠，全国人大财经委员会委员谭乃达一行来抚远县视察。

11月1日，抚远县行政中心奠基仪式。

2007年

3月16日，抚远县血库顺利通过省卫生厅专家组验收，正式成立。

6月6—7日，中共中央政治局常委、中央纪律检查委员会书记吴官正来抚远县视察。

9月16日，抚远大蜂山风力发电场建设奠基仪式。

12月18日，由加拿大天马集团国际资产管理公司投资的"大大抚远世界贸易中心"举行开工奠基仪式。

2008年

7月18日，"回望青春"杭州知青回访团回到阔别40年的抚远。

7月26日，水利部水规划总院专家来抚远县考察乌苏镇灌区项目。

8月27—28日，中共中央政治局常委、全国政协主席贾庆林视察抚远。

9月2日，全省发展水产养殖业现场会在抚远县召开。

9月5日，全省小城镇建设工作抚远经验交流会召开。

9月12日，远东苏维埃港市市长谢列卢果夫斯基与抚远签署了抚远与苏维埃港城市建设友好县区协议。

10月14日，黑瞎子岛举行了中华人民共和国与俄罗斯联邦国界东段界桩揭幕仪式。

10月27日，抚远污水处理厂开工奠基。

11月10日，新建前进镇至抚远铁路抚远站站场（广场）奠基仪式举行。

2009年

7月20日，前抚铁路开工庆典仪式。

2010年

5月19日，黑龙江省佳木斯公路路政管理处抚远所揭牌仪式举行。

5月21日，中国联通抚远分公司"沃3G"正式商用启动仪式。

6月8日，中共中央政治局常委李长春来抚远县视察。

8月7—8日，由原省政协副主席李敏率领的中国东北抗日联军老战士代表团与俄哈巴边区教育部部长巴吉列夫斯基率领的俄罗斯卫国战争老战士代表团，在抚远县共同举行庆祝世界反法西斯战争胜利65周年联谊活动。

8月28日，新建东极机场奠基仪式举行。

9月6—7日，中央政治局常委、中央纪律检查委员会书记贺国强视察抚远。

2011年

7月20日，中国黑瞎子岛旅游首发仪式举行。

8月18日，中国银行抚远支行正是挂牌成立。

8月30日，总政歌舞团来抚远县慰问演出。

9月16日，全省旅游名镇暨新农村建设现场会在抚远县召开。

11月8日，在北京钓鱼台隆重举行的"跨越新十年2011中国品牌总评榜颁奖盛典暨中国城市发展创新峰会"上，抚远县获得"联合国宜居生态城市"荣誉称号。

12月6日，前抚铁路通车庆典仪式隆重举行。

2012年

5月10日，抚远环路建设工程开工庆典仪式举行。

6月5日，全省"东极环保杯"自行车邀请赛在抚远县举行。

7月18日，中共中央政治局常委、全国人大常委会委员长吴邦国来抚远县视察。

8月10日，东北四省区合作行政首长联席会议在黑瞎子岛召开。同日，乌苏大桥合龙仪式举行。

8月18日，抚远县举办中国·抚远首届东极国际文化节中俄文艺交流晚会。同日，抚远县举行传染病防控国家重点实验室黑子岛合作研究基地揭牌仪式。

8月28日，抓吉镇"吉荣苑"安置小区工程开工典礼。

9月23日，抚远县举行抚远莽吉塔深水港运营庆典仪式。

9月27日，省交通厅组织举办乌苏大桥主体交工剪彩仪式。

12月18日，抚远县举行前抚铁路客运开通运营仪式。

2013年

2月24日，2013首届中国华夏东极抚远至神州北极漠河冰雪汽车挑战赛在抚远县隆重开赛，并举行赛车发车仪式。

4月16日，黑龙江省民族博物馆鱼皮制作技艺工作站和赫哲族鱼皮制作技艺传习所揭牌仪式在抓吉镇举行。

7月5日，中共中央政治局委员、国家副主席李源潮来抚远县视察。

11月4日，中共中央政治局常委、国务院总理李克强来抚远县视察，并组织召开会议安排部署灾后重建工作。

2014年

6月23日，原中共中央总书记、国家主席、中央军委主席胡锦涛来抚远视察。

| 附 录 |

7月25—6日，原中央政治局常委、全国政协主席李瑞环来抚远视察。

8月8日，抚远县首届中俄青少年友好交流营启动仪式举行，县委领导及哈巴教育局领导出席了启动仪式。

8月12日，在北京举行了抚远至北京航线首航新闻发布会暨"金秋抚远（黑瞎子岛）、风情哈巴"旅游推介会。县领导、机场办及县旅游局、近百家北京旅游公司参加了新闻发布会。

8月26日，抚远—北京民航航线正式开通。

8月30日，2014黑瞎子岛—海南岛自行车百人万里大骑游首站在黑瞎子岛东极宝塔出发。县领导及黑龙江自行车运动协会领导出席首站出发仪式。

9月20日，首届黑瞎子岛中俄自行车友谊赛隆重举行。县领导出席开幕式并致辞。省体育竞赛管理中心主任祁跃东以及俄罗斯哈巴市副市长塞夫切尼卡·斯维特拉娜，俄罗斯哈巴市体育局局长列奥诺夫·亚历山大等出席开幕式。

9月20日，2014黑瞎子岛首届中俄公路自行车友谊赛颁奖晚会在人民广场隆重举行。

2015年

2月4日，2015首届中国冰雪越野拉力赛暨第二届两极汽车挑战赛在抚远县开赛，县领导出席发车仪式并讲话，国家体育总局汽车摩托车运动管理中心汽车一部副主任赖宝贵宣布比赛开始。

6月21日，2015年抚远县与俄罗斯哈巴罗夫斯克市友好协议签约仪式在江南郸会议室举行。

7月4日上午，2015中国·黑瞎子岛全国户外嘉年华暨户外运动休闲系列赛开幕仪式在太阳广场举行。

7月9日，三江国家级自然保护区举行了濒危鸟类放飞仪式。黑龙江省林业厅领导，县委领导和三江国家级自然保护区管理局领导及俄罗斯阿穆尔流域保护区领导一同参加了放飞仪式。

7月15日，国航上海—哈尔滨—抚远航线正式开通。

8月18日，东极小镇项目开工建设。

9月22日，"黑瞎子岛杯"鲟鳇·马哈鱼首届全国烹饪技能大赛暨抚远饮食文化研讨会在抚远县江南邨饭店举行。

11月13日，由黑龙江省军区援建的乌苏镇赫哲族村文化活动室正式投入使用。省军区政治部和县委领导冷出席活动室启用揭牌仪式。

12月24日，抚远大力加湖恢复冬捕。

2016年

1月1日，2016中国东极黑瞎子岛新年日出马拉松赛在抚远人民广场开幕。

1月15日，国家民政部复函省政府（民函〔2016〕14号文件）同意撤销抚远县，设立县级抚远市。

1月22日，抚远市举行市委、市人大、市政府、市政协、市纪委县改市揭牌仪式。

4月12日，抚远东极机场到俄罗斯哈巴罗夫斯克机场国际航线开通。

5月7日，黑龙江日报驻抚远记者站成立。

5月23—24日，中共中央总书记、国家主席、中央军委主席习近平一行在省委书记王宪魁、省长陆昊等人陪同下来抚远视察。

6月15日，2016年全国青少年科学健身普及活动黑龙江站暨"黑龙江省科学健身校园行活动"在抚远市第一小学举行。

6月29日，穿越大界江2016"人教杯"中俄乌苏里江橡皮艇拉力赛暨中俄国际帆船赛颁奖文艺晚会在人民会堂举行。

6月30日，抚远市与黑龙江建筑职业技术学院签署市校合作协议。

7月4日，"中国两极穿越东极抚远—北极漠河·黑龙江中俄边境自驾游远征"活动在抚远启动。

7月7日，黑龙江煤炭职业技术学院抚远分院成立。同日，黑龙江省科普大篷车队边疆百地千场万里行活动启动仪式在抚远市举行。

7月20日，"黑龙江大学、抚远市亮子油库遗址联合发掘开工仪式"在亮子油库遗址发掘现场举行。

8月12—24日，第三届中国抚远—俄罗斯哈巴罗夫斯克国际教育交流会在抚远市召开。

8月26日，抚远市与阿里巴巴集团电商扶贫战略合作签约仪式在江南邨举行。

8月27日，抚远市与阿里巴巴集团举行联合保护鲟鳇鱼、大马哈鱼种群合作意向书签约仪式。

8月31日，中共中央政治局常委、中央书记处书记刘云山来抚远调研。

9月21日，中国赫哲族民间文化传承基地授牌仪式暨庆祝抚远大马哈鱼节活动在乌苏镇举行。

9月26日，2016年中国抚远—俄罗斯哈巴罗夫斯克妇女交流座谈会在抚远市召开。

10月7日，2016抚远与哈巴罗夫斯克中俄家庭联谊活动在抚远市举办。

11月2日，抚远市举行合作建立黑龙江省科学院抚远蔓越莓研究中心签约仪式。

11月4日，抚远港口铁路专用线开通暨整列首发仪式隆重举行。

11月8日，莽吉塔产业园区正式启动建设。

11月21日，抚远航空口岸开通冬季航线。

2017年

1月1日，"黑龙江冰上马拉松赛"在抚远举行。

1月17日，省验收组对抚远市水运口岸货检迁至莽吉塔港进行检查验收。

3月29日，省政府黑瞎子岛配套功能区东极小镇PPP项目在北京中国PPP基金总部正式签约。这是黑龙江省首个由中国PPP基金参与投资落地的国家级PPP示范项目。

4月12日，抚远市政府于哈尔滨东金集团联合发展跨境农业产业园项目在抚远市行政中心七楼会议室举行签约仪式。

5月5日，抚远市举办"一路向东，与爱同行"千人竞走公益活动，动员社会力量资助贫困生。

6月2日，抚远市人们政府与哈尔滨师范大学在江南邨会议室签署市校战略合作协议。

6月10日，由抚远市高效农业合作社联社、黑龙江省科学院、黑科技有限责任公司、抚远市玖成水稻种植专业合作社四方共投资的东极高科功能食品有限责任公司成立，举行了黑龙江省功能食品中试研发基地——东极高科功能食品项目签约仪式，并签订了投资协议书。

6月28日，2017第二届"人教杯"黑瞎子岛中俄帆船友好邀请赛在抚远市开幕。

7月20日，抚远食品检验检测中心和黑龙江省检验检疫技术中心抚远分中心成立。

7月29日，由中华人民共和国农业部、黑龙江省人民政府主办，黑龙江省农委、抚远市人民政府承办的2017年中俄边境水域黑龙江鲟鳇鱼类增殖放流活动在黑瞎子岛举行。

8月7日，发现中国之美、中国黑龙江三江湿地首部风光环保电影《等儿的湿地》开机仪式在抚远市三江自然保护区核心区举行。

8月8日，"阿里巴巴·抚远鲟鳇鱼公益放流活动"在黑瞎子岛举行，20.88万尾鲟鳇鱼苗放流黑龙江。

10月10日，龙江银行股份有限公司佳木斯抚远支行正式成立。

2018年

1月1日，"2018中国东极抚远——黑瞎子岛龙江冰上马拉松"在黑龙江省抚远市鸣枪开赛，开启了全球极限冰雪运动在中国的第一跑。吸引了中国（香港、台湾）、俄罗斯、韩国、新加坡4个国家的2 000多名马拉松专业选手和马拉松爱好者，迎着新年的第一轮旭日，在千里冰封的黑龙江冰面上挑战极限。

7月3日，按照《民政部关于同意黑龙江省设立抚远市黑瞎子岛镇的批复》（民函〔2018〕110号）文件精神，黑瞎子岛镇正式成立。辖区总面积238.2平方公里，主要包括东安村、东富村、东升村、南岗村和黑瞎子岛中方一侧的171平方公里土地。

7月4日，中国关工委主任顾秀莲等来抚远市第三中学，为中国第38个"中国关心下一代教育基地"揭牌，并捐赠人民币50万元。

7月20日，"黑瞎子岛·中俄户外嘉年华暨2018徒步中国·黑瞎子岛全国徒步大会"开幕式，在抚远市人民广场举行。

8月8日，2018年中俄边境水域黑龙江鲟科鱼类增殖放流活动在黑龙江抚远段水域举行，20.88万尾鲟鳇鱼苗放入黑龙江。

8月17日，国务院扶贫办在召开的贫困县脱贫摘帽新闻发布会上宣布抚远县退出贫困县，抚远正式脱贫摘帽。

12月7日，开通了抚远市——哈巴罗夫斯克市2018年下半年至2019年上半年冬季临时客运包机航班。

2019年

4月1日，俄罗斯哈巴罗夫斯克市的春令营师生团队（27人）来抚远市，开展为期一周的文化交流活动。

5月2日，"华夏东极抚远首届开江节"在江边广场开幕。当日吸引了外地游客和当地市民8万余人参与活动，先后举办了文艺会演、百锅宴、篝火晚会、啤酒节等活动。

7月20日，"2019中国·黑瞎子岛中俄水上户外嘉年华"开幕式在抚远市人民广场举行。

8月8日，抚远市举办第三届"阿里巴巴·抚远鲟鳇鱼公益放流活动"。

12月24日，"中国工农红军华夏东极国门红军小学"授旗、授牌仪式在抚远市人民会堂举行。抚远市第一小学正式加入红军小学队伍，成为全国挂牌的300所红军小学之一。

2020年

6月18日，华为技术有限公司云计算大数据中心项目落户抚远。

8月10日，抚远市举行2020年养护水生生物增殖放流活动，30万尾鲟鱼苗开启了它们的"野外生活"。

10月15日，抚远市跨境农业仓储加工物流园区建成运营。

11月末，哈电集团生物质热电联产项目正式并网发电。

四、人物传略

（一）革命烈士（按牺牲时间排序）

1.于文合（1888.6—1940.1） 男，山东莱阳马连庄人，1929年2月参加革命，粮站会计，牺牲于山东莱阳。

2.方庆振（1906—1947） 男，辽宁凤城石门人，1945年参加革命，桃源区方家村村长，牺牲于桃源区。

3.贾永兴（1929.6—1947） 男，山东泰安县人，1946年2月参加革命，人民解放军战士，牺牲于山东莱芜战役。

4.赵志恒（1922.12—1947） 男，黑龙江富锦市人，1947年2月参加革命，东北第四野战军战士，牺牲于东北战争。

5.刘本和（1926—1948） 男，黑龙江富锦市人，1947年2月参加革命，抚远公安队班长，牺牲于抚远。

6.张宝树（1923—1948） 男，黑龙江富锦市人，1947年2月参加革命，抚远公安队副班长，牺牲于抚远。

7.王青山（1929—1948） 男，黑龙江富锦市人，1947年2月参加革命，抚远公安队通讯员，牺牲于抚远。

8.李林（1930—1948） 男，黑龙江集贤三道岗人，1946年3月参加革命，东北人民解放军战士，牺牲于四平。

9.刘庆厚（1927.11—1948） 男，辽宁辽中县人，1946年参加革命，人民解放军一四〇师四一九团二营四连战士，牺牲于辽西。

10.王思礼（1925.3—1948） 男，山东蓬莱大辛店人，1948年2月参加革命，大辛店支前队民工，牺牲于大辛店。

11.毛学尧（1916.12—1948） 男，山东掖县三元乡人，1946年参加革命，华东人民解放军战士，牺牲于淮海战役。

12.周青春（1927.8—1949） 男，山东掖县人，1946年参加革命，人民解放军战士，牺牲于四平战役。

13.李道忠（1927—1949） 男，山东人，1947年2月参加革命，人民解放军某部队二营五连战士，牺牲于山东马山。

14.殷兴阁（1930—1950） 男，山东胶南县人，1948年11月参加革命，中国人民志愿军战士，牺牲于朝鲜战场。

15.刘明德（1927.4—1950） 男，黑龙江肇东人，1950年6月参加革命，东北野战军第三十九军班长，牺牲于朝鲜战场。

16.武明升（1929.12—1950） 男，山东掖县人，1948年参加革命，东北野战军第三十九军二师班长，牺牲于朝鲜战场。

17.于世芳（1925.6—1951） 男，辽宁丹东市人，1948年参加革命，人民解放军一九七师五九〇团三营七连班长，牺牲于朝鲜战场。

18.陈凤岐（1921.6—1951） 男，辽宁岫岩县人，1947年8月参加革命，东北野战军第三十九军一师班长，牺牲于朝鲜战场。

19.陈岩（1928.5—1951） 男，吉林榆树县人，1947年12月参加革命，华东人民解放军班长，牺牲于朝鲜战场。

20.邓兴华（1917—1969） 男，中国党员，黑龙江方正县人，黑龙江物资局组长，牺牲于抚远。

21.赵凤林（1945—1977） 男，辽宁锦县班吉塔人，1964年3月参加革命，人民解放军81 681部队司令部参谋，牺牲于抚远。

22.任久义（1930.5—1995） 男，辽宁锦西人，1967年12月参加革命，在抚远县11号标工作，牺牲于抚远。

23.张志国（1974—2005） 男，黑龙江富锦市人，抚远县民警，执勤时牺牲于抚远。

24.姜海涛（1936.12—？） 男，山东胶南县人，1951年6月参加革命，人民解放军战士，牺牲于抚远，牺牲时间不详。

25.王天伦（1931.7—？） 男，山东胶南县人，1947年6月参加革命，华东人民解放军战士，牺牲于晋中战役（牺牲时间不详）。

（二）抗战英雄

1.祁致中（1913—1939）山东人，原名祁宝堂，跑关东到东北金矿做工。"九一八"事变后,与7位工人结盟起义,报号山头为明山,开始抗日活动。1934年3月,他率队参加了土龙山农民暴动,联合谢文东消灭了日寇第十师团三十六联队。之后在中共汤原中心县委的领导下,英勇善战,并加入了中国共产党,在勃利、桦川一带活动。1936年其部队改编为东北抗联独立师,他任师长;1937年独立师又改编为东北抗联十一军,他任军长。其部队于1937年春冬两季先后三次转战抚远,给抚远镇、太平镇(现属饶河)和海青渔场的日伪军以沉重打击。1939年,祁致中为东北抗日斗争献出了生命,年仅26岁。

2.薛华(1905—1990)辽宁省建昌县人,1935年8月参加东北抗联,先后任东北抗联独立师副师长,第十一军副军长。1937年12月末,祁致中军长去苏后,军队150人交由他率领。曾率队转战抚远、海青、北野马山、小河子一带,给日伪军以沉重打击。在东北抗战进入最艰难的历史阶段,他始终带领部队坚持战斗,多次粉碎敌人的"讨伐"和"围剿"。

1938年入苏,1959年回国,在本省桦南县陶瓷厂工作。1989年经桦南县委讨论批准为东北抗联老干部。1990年9月病逝,享年85岁。

3.李学福(1902—1938)吉林省延吉县山菜沟老虎山人,曾用名李保满、李学万,祖籍朝鲜咸境北道。1916年随父迁居饶河县新兴洞,后又搬到三义屯。成年后,因仗义疏财,乐善好施,被推荐为三义屯保长。

1931年"九一八"事变后,东三省沦陷于日本人之手,地方匪盗肆起,民不聊生。李学福率众揭竿而起,组织抗日救国会和抗日游击队,后加入东北抗联,首任东北革命军第四军二师副师长。1936年扩建为七军,任二师师长。3月,陈荣久军长牺牲,遂代理军长,率新编二师转战抚远、同江和富锦，多次给日伪军以重创，战绩卓著。1938年2月，因患半身不遂，赴苏联比金医治无效，同年8月8日逝世于比金城。时年36岁。

4.崔石泉（1900—1976）原籍朝鲜平安北道龙川郡，1900年出生，中学读书时参加民族运动而被囚禁2年。1922年流亡到中国，就读于云南讲武堂，1925年任黄埔军校5期6区队队长，1926年加入中国共产党，翌年参加广州起事。1928年奉派来东北黑龙江省通河县发展地下党组织，1930年秋暴动失败，后至宝清，再深入饶河等地开展活动。1933年与李学福等成立抗日救国军，任指导员，后升为四团、二师、七军参谋长。1939年以后，任东北抗日联军第二路军总指挥部参谋长。光复后回朝鲜，改名崔庸健。初任朝鲜保安局长，后任保卫相、人民共和国次帅、朝鲜劳动党中央委员会常务委员、副委员长、人民委员会委员长、共和国副主席等职。1976年9月19日病逝，终年76岁。

5.王汝起（1905—1940）曾用名王坚，1905年生于山东省黄县王家村，今龙口市芦头镇七夼村。1923年闯关东来到黑龙江省宁安县（旧称宁古塔）上马河村河东的小河套长岭子屯（今湖北村）。1932年创办红枪会，成为早期东北抗日义勇军力量之一。1933年王汝起率领"红枪会"义勇军加入中国国民救国军第三旅，编为第八团，任团长。1934年2月，经中共吉东局决定，周保忠在宁安东南山区组建"绥宁反日同盟军"，王汝起率队毅然加入。从此，在党的直接领导下，王汝起走上了新的抗日救国道路。1935年加入中国共产党，1938年任七军一师师长。1939年率部进入抚远、同江一带开展抗日游击活动，以坚定的革命意志和顽强的斗争精神，率部夜袭杨木林子，智取抓吉镇等，屡建战功。

1940年5月，王汝起亲自率领60余名战士前往大岱河袭击伪军伐木场。在秃头山与敌人展开激烈战斗，数倍与我的日伪军死伤惨重，但在接近胜利时，不幸中弹牺牲。临终时还对战士说："同志们，继续战斗啊，我是不能为党继续工作了……"年仅35岁。

6.彭施鲁（1916—2009）曾用名王国梁、王鹏华，1916年1月19日出生在河南省武涉县小董村的一个地主家庭里。1932年考入湖南省焦作市中学高中部，1934年加入中国共产主义青年团。1935年在北京参加了"一二·九"抗日救亡运动和"一二·一六"学生抗日救亡爱国运动。当年12月18日，参加东北抗联，为了同家庭彻底决裂并适应工作需要，改名彭施鲁。1937年先后任抗联四军司令部警卫连指导员、二师四团政治委员。1939年调任抗联第七军第一师政治部主任。1939年率警卫连和二团100多人开赴抚远开辟新的游击区，与王汝起一道在指挥杨木林子阻击战、智取抓吉伪警察署等战斗中，立下了赫赫战功。1940年8月，抗联第七军整编为东北抗联第二路军第二支队，彭施鲁任二支队教导大队政委。入苏后，在八十八教导旅任指导员、连长、营参谋、旅参谋等职。1945年9月，回国后任中共佳木斯地区委员会书记，公开身份是苏军佳木斯卫戍司令部副司令员，1946年8月以后分别在东北军政大学合江分校、东北军区军政学校、第七步兵学校、军事师范学校、军事训练部、中国人民解放军体育学校、国防科工委任职，少将军衔。离休后，还经常参加各种党史工作会议，他的最大的愿望是将自己的余热全部贡献给党。2009年11月7日因病医治无效，在北京逝世，享年93岁。

7.刘雁来（1902—1967）1902年生于山东平阴县一个贫苦的农民家庭里，从小就只身跑到黄河边上一个风船上打零工自谋生路了。辛亥革命后，军阀割据，战火连年，加之自然灾害，人们剥光了树皮，挖净了草根也难得填饱肚子。为了活下去，少年刘雁来跟随一群乡亲逃难下了关东。

1918年，他来到了北国江城哈尔滨，在东亚轮船公司造船厂工作，一干又是十几年。年近三十的刘雁来，仍是个穷光蛋。1931年"九一八"事变，日寇侵略我东北的炮声打响了。刘雁来毅然走上了革命道路。来到了三江下游，邻近苏联的团子山（饶河境内）、抚远一带，参加了高玉山的抗日部队，后转为地下救国军进行革命活动。他首先被派到我国鲑鱼之乡——抚远海青渔场，以开浆子馆为名，进行地下活动。后来又到了饶河的小寒葱沟，在那里住店当伙计。在南来北往住店的人员中，串联了一批不愿意当亡国奴的英雄好汉，护送到山里，拉起了队伍，加入了东北抗联第七军，不久被整编为第一师，刘雁来任副师长。1940年春改编为抗联第二路军第二支队第一大队，刘雁来任大队长。

从此，刘雁来开始走向军人抗日救国的道路，他率领这支队伍，经常活动在饶河、抚远、同江、宝清等地。从乌苏镇到挠力河，从青龙山到燕窝岛，在这块沼泽连片，人烟罕见，蚊蠓成群，茫茫千里的山林水野中，浴血奋战，给日本侵略统治者以沉痛打击。

1943年，整个东北抗日战争进入了极其困难的时期，疯狂的日伪军，对抗联队伍进行残酷的"围剿"。在粮食弹药物资极度缺乏的困境中，刘雁来所率部队，几经转战，仅剩下十几名同志了。为了保存这点革命火种，于年底撤到乌苏里江东。入苏后，刘雁来所率领的部队，被编入周保中、崔石泉、李兆麟、冯仲云等所领导的"东北抗日联军教导旅"。在这期间，他在接受政治教育和军事训练的同时，还经常被派出带领配备有电台的情报小部队，深入我国东北边境地区袭击敌人，侦察敌情，发动群众抗日，为迎接东北抗战的最后胜利做了积极贡献。

1945年8月9日，苏联对日宣战，在苏军的强大攻势下，不可一世的日本关东军溃不成军。8月15日，日本政府宣布无条件投降。这时，在苏联由周保中、李兆麟等同志所领导的中共东北委员会，为适应新形势的需要进行了改组，刘雁来被补选为委员。抗联教导旅亦同时被改编为五十七个小组，在周保中、李兆麟、冯仲云三位同志带领下，分别进入东北七个地区五十七个市、县，开展党的工作。刘雁来和彭施鲁同志被派到佳木斯。当时，佳木斯、富锦等地，已经成为重要的战略后方。王旭、孙为、刘雁来组建了富锦地委（王旭任书记，孙为任专员兼司令员，刘雁来为副司令员），担负起发动下江各县人民开展"土改"、肃清匪患、巩固后方、支援前线的艰巨任务。在当年曾和日本帝国主义战斗过的三江平原，刘雁来亲临战场，在友邻部队的有力配合下，率部千里奔袭追剿匪徒，历经两年多的奋战，终于全歼尤德荣、刘洪山等曾嚣张一时的光复军。匪患平息，党又派他回到抚远组建并担任"裕东"公司经理。为开发抚远和改善人民生活做了大量的工作。1950年刘雁来调省航运局做领导工作。60年代初，当年曾和刘雁来在一起并肩战斗过的老首长，前朝鲜国家领导人崔庸键（原名叫崔石泉）来东北访问时，还打听过刘雁来的情况。

1967年5月14日，刘雁来同志因病逝世于哈尔滨市，终年65岁。

五、纪事图表

（一）抚远市域内乡镇行政区划表（截至2019年12月31日）

乡镇名称	建制时间（年）	行政村（社区）名称
抚远镇	1909	河西村、红光村、西山社区、临江社区、新兴社区、新建社区、中心社区、城南社区
海青乡	1919	永安村、永发村、永富村、海旺村、海宏村、海兴村、海林村、海滨村、海源村、四合村、亮子里村、海青村
乌苏镇	1919	永丰村、永胜村、东兴村、东胜村、赫哲村、八盖村、朝阳村、万里村、北岗村、东河村、抓吉村、别拉洪村
通江乡	1949	东发村、东红村、东风村、团结村、小河子村、东辉村
浓江乡	1949	创业村、双胜村、生德库村、浓江村
浓桥镇	1975	建兴村、东极村、建设村、建国村、长征村、东方红村、新远村、新海村、新江村
寒葱沟镇	1975	红星村、红卫村、新兴村、东岗村、红丰村、红旗村、农富村；良种场
别拉洪乡	1975	民富村、民丰村、利国村、利民村、利华村、利兴村、利强村
鸭南乡	1992	平原村、镇西村、红胜村、四排村、新胜村、鸭南村
黑瞎子岛镇	2018	东安村、南岗村

（二）抚远市域内农场行政区划表（截至2019年12月31日）

国有农场名称	建置时间（年）	管理区数	作业站数量（生产单位）	居民委（社区）数
前锋农场	1968	9	16（作业站）	4（居民委）
前哨农场	1973	9	16（作业站）	4（居民委）
二道河农场	1984	7	15（作业站）	1（社区）

(三)抚远市老区乡(镇、场)村一览表(截至2019年12月31日)

老区乡(镇、场)名称	含老区村的乡(镇、场)名称	老区村名称
乌苏镇★(8)		八盖村、永丰村、永胜村、东兴村、东胜村、万里村、朝阳村、赫哲村
浓江乡★(3)		生德库村、双胜村、创业村
	抚远镇(1)	红光村
	海青乡(2)	海兴村、海旺村
抚远农场★(8)		四合村、亮子里村、海青村、东河村、东风村、团结村、北岗村、农江村
	抚远渔场(4)	抓吉村、小河子村、别拉洪村、南岗村

说明:

1.★为老区乡、镇、场,括号内为老区村数。

2.乡镇老区村是按行政区划列表的,农渔场老区村是按隶属关系列表的。

后 记

《抚远市革命老区发展史》一书，是《全国革命老区发展史》丛书的一个分册。历经近两年的时间，几易其稿，即将付梓。本书是系统梳理抚远发展历史的一项重要成果，也是献给中国共产党建党100周年的一份厚礼。

本书的编写，开始于2018年10月。第一章由赵广智编写，第二章由王秀坤编写，第六章由李喜编写，第三章、第四章、第五章、第七章、第八章和附录等由丛云生编写。2019年10月，由主编进行核稿、合编，并按中国老区建设促进会、黑龙江省老区建设促进会和佳木斯市老区建设促进会的要求，以时为经，以事为纬，融合古今，统一编写体例，对文字叙述的风格、语言、标点、数字的使用等一系列技术问题做了规范化编修。2020年10月完成初稿。经顾问和市委史志办公室初审，12月形成送审稿，先后送佳木斯市革命老区县发展史专家审读小组和黑龙江教育出版社及中共黑龙江省委党史研究室审读，并根据审读意见，又进行了认真修改。2021年初获准印行。

本书的编写，参考了反映和记载抚远风土人情、革命斗争、经济和社会建设的党史、县志、年鉴和文史资料（《抚远县志》《中共抚远县组织史资料》《抚远年鉴》《抚远文史资料》《抚远史料选编》《抚远县史料选编》《在这片土地上》《抚远抗日烽火》《东北抗日联军斗争史略》《东北抗日联军的斗争》《彭施鲁传略》《抗联女杰吕庆芳》《八岔赫哲族村志》《祁致中传》《中共同江县党史与抗日斗争史资料》）；走访了有关知情人和曾在抚远工作过的老领导；查阅了有关史馆档案，多方佐证，拾遗补缺，力求全面、真实、客观。在摘编有关资料和文章时，为尊重作者，尽量原文采用。在表述历史事件和历史人物上，不掩饰真相，不夸张事实。

  本书的编写，收录或改编了彭施鲁、齐连生、徐树春、付兴文、张基太、于成敏、韦稽通、赵家和、赵致允、李茂喜、刘青山、刘颖、陈淑华、吕品和吕雪松等老干部和年轻人的有关作品，限于体例和格式，没有括注姓名，敬请谅解。

  本书的编写，先后得到了佳木斯市老区建设促进会时任会长李淑香同志、王君清同志和各位副会长、秘书长、副秘书长的亲切关注和悉心指导；有幸得到了黑龙江省地方志终审专家、佳木斯市地方志主编富宏博先生的细致审读和严谨校正；得到了时任中共佳木斯市委常委、抚远市委书记周宏同志、沈滨同志，市长张子通同志、葛立彬同志及有关市领导的高度重视和大力支持。市委组织部、市委宣传部、市人民武装部、市委办公室、市人大办公室、市政府办公室、市政协办公室、市扶贫开发工作办公室、市委史志研究室、市发改委、市妇联、市科协、市委机要和保密局、市文旅局、市民政局、市财政局、市农业农村局、市水产局、市水务局、市自然资源局、市林业和草原局、市教育局、市卫健局、市医疗保障局、市工信局、市住建局、市商务和口岸局、市统计局、市交通运输局、市房产局、市退伍军人事务局、市投资促进中心、市农场事务中心、市浓桥粮库有限责任公司、各乡镇和驻抚中省直单位等许多部门的领导和同志在提供历史资料、协同走访查档等方面积极参与，主动配合。在此，一并致谢！

　　编纂出版这样一部史书，我们尚属首次，虽然我们认真征研，努力编修，但由于编纂能力和文字水平有限，疏漏或不当之处，敬请知者指正。

编者
2020年12月12日